电力普遍服务社会福利及补偿机制研究

郭 森 赵会茹 李春杰 赵浩然 著

中国电力出版社
CHINA ELECTRIC POWER PRESS

内 容 提 要

本书分为电力普遍服务社会福利及其函数构建与测度、电力普遍服务社会福利漏损形成机理及度量、电力普遍服务补偿机制公平-效率机理研究三篇。上篇主要介绍了电力普遍服务社会福利内涵及测度的基本理论、电力普遍服务受助个体福利感应显著性影响因素识别、电力普遍服务受助个体福利感应影响机理及主客观福利的测度、电力普遍服务受助个体福利感应函数的构建与测度和电力普遍服务社会福利函数构建与测度。中篇主要介绍了个体福利感应差异带来的福利漏损的度量、实施主体机会主义行为带来的福利漏损的度量以及网络外部性带来的福利漏损的度量。下篇主要介绍了电力普遍服务补偿机制决策准则及方式、电力普遍服务成本补偿激励机制设计、电力普遍服务收入补偿激励机制设计和电力普遍服务补偿机制实施保障：电力普遍服务基金。

本书既介绍理论知识，又附有实际案例，可供电力企业、科研院所和高等院校的相关电力普遍服务研究的工作人员以及其他公益性垄断性行业（如邮政、电信、供水等）的普遍服务研究人员使用。

图书在版编目（CIP）数据

电力普遍服务社会福利及补偿机制研究/郭森等著. —北京：中国电力出版社，2019.8
ISBN 978-7-5198-2790-8

Ⅰ. ①电… Ⅱ. ①郭… Ⅲ. ①电力工业－社会服务－社会福利－补偿机制－研究
Ⅳ. ①F407.61

中国版本图书馆 CIP 数据核字（2019）第 187571 号

出版发行：中国电力出版社
地　　址：北京市东城区北京站西街 19 号（邮政编码 100005）
网　　址：http://www.cepp.sgcc.com.cn
责任编辑：孙世通（010-63412326） 何佳煜
责任校对：黄　蓓　朱丽芳
装帧设计：赵姗姗
责任印制：钱兴根

印　　刷：北京九州迅驰传媒文化有限公司
版　　次：2019 年 8 月第一版
印　　次：2019 年 8 月北京第一次印刷
开　　本：710 毫米×1000 毫米　16 开本
印　　张：12.75
字　　数：233 千字
定　　价：42.00 元

前言

1986 年世界环境发展委员会发布的报告中首次强调了能源普遍服务的重要性，并深刻阐述能源与贫困之间的联系，呼吁全世界行动起来为所有人提供能源服务。当今，许多国家已经开始将获得能源服务权纳入生存权体系，并由国家予以积极保障。党的十八大提出了全面建成小康社会的目标。国务院能源发展“十二五”规划将实施能源民生工程、推进城乡能源基本公共服务均等化作为七项重点任务之一；将提高能源普遍服务水平，保障和改善民生作为我国能源发展的根本出发点和落脚点。电力工业作为重要能源领域，其发展水平，尤其是电力普遍服务水平，是实现上述战略目标的重要标志。

当前，我国电力普遍服务已基本完成“户户通电”初级阶段，现已进入“保障基本用电需求”发展阶段。满足偏远及落后地区居民和城镇低收入居民基本用电需求，提高居民电力消费水平，以价格合理、服务一流为准则向居民提供电力，是全面建设小康社会和促进城乡能源基本公共服务均等化的重要实现途径。本书从全面建成小康社会和提高能源普遍服务水平的角度出发，依据电力普遍服务内涵，系统研究电力普遍服务社会福利效应，探究受助对象所处地区的经济发展水平、家庭收入水平、文化背景、生活习俗等对其福利感应的作用关系，并藉此构建电力普遍服务社会福利函数，探究电力普遍服务社会福利漏损的成因并予以度量，在此基础上，探究电力普遍服务补偿机制的公平—效率机理，为电力普遍服务公共政策的立论依据和实施效果分析奠定理论基础。

本书是华北电力大学产业经济研究所近年来针对电力普遍服务问题开展研究的最新成果总结，是对已有专著《电力市场环境下的电力普遍服务》的进一步深化及拓展。本书得到了国家自然科学基金项目“电力普遍服务社会福利漏损及其补偿机制研究”（71373076）和华北电力大学“双一流”建设经费的支持。本书是研究团队集体智慧的结晶，感谢李泓泽教授和孙晶琪副教授的建议以及研究生霍慧娟、蒋慧娟、范耀文等的研究工作！感谢国内外相关专家学者的指导和帮助！书中借鉴和引用了国内外有关研究成果，书后附有参考文献，在此表示衷心感谢！感谢国家自然科学基金委管理学部的大力支持与帮助！

随着我国电力体制的深化改革和电力市场的逐步完善，电力普遍服务这一问题的研究面临着新的挑战，需要进一步理论创新和实践探索。囿于我们的知识水平和能力，书中难免存在不足和待商榷之处，恳请读者批评指正！欢迎读者与作者进行深入的交流和探讨，如有需要，请电邮至 guosen@ncepu.edu.cn，谢谢！

作　者

2019 年 4 月

目 录

上篇

电力普遍服务社会福利及其函数构建与测度

电力工业是国民经济和社会发展的重要基础行业和先行部门。作为具有自然垄断特征的网络型公共产业，电力工业具有普遍服务的性质。电力普遍服务既是能源普遍服务的重要组成部分，也是落实全面建成小康社会发展目标、能源领域实现“补短板”、推进精准扶贫的具体体现和重要抓手。电力普遍服务水平不仅体现了一个国家对人们生存权和发展权的保障程度，也是实现能源基本公共服务均等化、全面建成小康社会等战略目标的重要标志，还是衡量政府为民理政绩效状况的重要指标。

在竞争性市场中，有形商品或财产对人的效用（福利）可以通过竞争均衡（帕累托最优）来体现。而电力普遍服务是通过政府公共政策实施的，其服务对象是弱势群体，受助个体的福利感应具有明显的主观性，不同受助个体由于收入水平、文化背景、消费习惯等因素的影响，对此会有不同的福利感应。由于电力普遍服务公共政策实施效果不能用帕累托概念进行评价，以往国内对这一公共政策实施效果基本上是从电力公司履行社会责任以及村通电率、户通电率、消除无电人口数等予以评价的，这种评价标准虽然直观，但对于电力普遍服务的社会福利改进以及公共政策执行的效率评价缺乏有力的理论支撑。基于此，本篇从福利经济学角度，通过构建电力普遍服务社会福利函数，测度电力普遍服务这一公共政策给受助对象带来的福利水平，从而实现对电力普遍服务公共政策实施效果的评价。

第1章　电力普遍服务社会福利内涵及测度的基本理论

电力普遍服务的实施能够提高偏远及落后地区居民的生活水平，促进地区社会和经济的协调发展，是全面建设小康社会和促进城乡能源基本公共服务均等化的基本前提。电力普遍服务这一公共政策的实施效果可以通过其给受助对象带来的社会福利感应体现。本章对电力普遍服务社会福利内涵及测度的基本原理进行介绍。首先，阐述电力普遍服务的内涵及其性质；其次，分析电力普遍服务的公共政策属性，并提出现阶段我国电力普遍服务的实施标准；最后，介绍社会福利的内涵及主要的测度方法，并阐述电力普遍服务社会福利测度的基本思路。

1.1　电力普遍服务的内涵及性质

普遍服务是人类社会发展到一定阶段后，由政府从维护全体公民平等地位和基本权益的角度，通过制定法律、政策和具体措施，旨在使全体公民无论收入高低，无论居住在本国的任何地方（包括农村地区、边远地区或其他高成本地区），都能以普遍可接受的价格，满足某种基本生活需求而推行的一项政府公共职能。普遍服务的概念虽然是从电信事业发展出来的，但是这一概念也适用于所有网络型公用事业。

2002 年国务院关于电力体制改革的文件《国务院关于印发电力体制改革方案的通知》明确指出：监管社会普遍服务政策的实施是国家电力监管委员会的主要职责之一。国家电力监管委员会将我国电力普遍服务定义为“国家制定政策，采取措施，确保所有用户都能以合理的价格，获得可靠的、持续的基本电力服务”。上述定义揭示了我国电力普遍服务包括三层含义：普遍可获得性，即全社会各类用户都应当得到电力服务；非歧视性，即所有用户都应当被同等对待；可承受性，即服务的价格应当为大多数用户所能接受。关于上述电力普遍服务的定义基本上融入了网络型产业普遍服务所应具备的三大共性，但考虑到电力市场化改革的影响，电力普遍服务还需要在上述三大共性的基础上特别强调"强制性"，这意味着普遍服务是责任企业的一项义务或责任约束，是国家法律与政策要求企业必须做到的一项社会责任。

电力行业具备垄断性，而自然垄断行业具备四个方面的特征：① 向社会提供生活必需品或者服务；② 产业厂址具有地域优势；③ 具有规模经济的资本密集型产业；④ 产品需要通过某种协调机制直接供给消费者。上述特征抽象表征后可以概括成为四种类型的自然垄断行业：一是占据特殊资源型；二是信息封闭型；三是政策优惠型；四是特殊产业型。

现代自然垄断理论认为，在产品的生产阶段或者配送阶段都可能存在规模经济，尤其当产业存在网络供应系统时，其规模经济效应更加明显。因此，自然垄断产业的固定成本一般具有投资巨大、专用性强、使用时间长的特点，一旦投入就往往形成巨大的沉没成本。由于电能无法大规模储存，电力产业的生产过程表现出瞬时性和连续性。电力产业具备以下特征：一是产业的服务网络系统较为稳定，网络的覆盖面大，容易形成规模经济从而形成垄断；二是沉没成本较高，如电力产业的技术和设备投入都具有较高的专用性，成本收回较慢；三是普遍适用性，电能是全社会公认的基本能源，需要向消费者提供可接受的电力产品；四是特许经营权，这一特许经营权不仅允许企业进行电力生产，还要求电力企业必须保证电力的充足供给。

基于电力行业自身的特质与普遍服务领域的共同特征，电力普遍服务具有如下性质。

第一，历史规范性。从一般意义上讲，当某项人类劳动成果成为当时社会的文明象征和基本生活条件时，由政府通过公共职能推进该项成果的全社会普及，就有了普遍服务的概念，因此其内涵是随着社会的发展而不断变化的，电力普遍服务也具有这种历史规范性。

我国电力普遍服务的发展可以分为以下几个阶段。第一阶段为 1949—1992 年。1949 年，全国范围内只有在北上广等大城市郊区有少量农村用电，城市用电也不能完全得到保障，这一阶段普遍服务的主要任务是保障城市供电，满足人口密度大的城市用电需求。第二阶段为 1992—2005 年，这一阶段的普遍服务的主要任务是扩大电力覆盖范围，供电到各主要的乡镇。1992 年我国农户通电率为 87%，边远地区存在 1.2 亿农村人口没有实现通电。截至 2005 年年底，国家电网公司供电区域实现了县县通电，乡、村、户通电率分别达到 99.9%、99.8%、99.4%，南方电网公司系统供电区域内行政村通电率 99.52%，户通电率 98.43%。

第三阶段为2005—2015年，这一阶段的普遍服务的主要任务是扩大电力覆盖范围，供电到较为偏远的自然村。2005年南方电网区域内还有大概41万没有通电的用户，加上地方供电企业，全国有200多万无电户，到2015年，随着内蒙古、云南、甘肃、四川等地无电人口的全面通电，我国基本实现了“户户通电”的目标。目前我国电力普遍服务进入新阶段，保障基本电力需求，缩小城乡差距，保障用电公平成为现阶段的普遍服务主要任务。

第二，公共政策性。电力普遍服务旨在保证向居住在偏远地区的家庭或城镇低收入居民（受助对象）提供基本的电力服务。电能是一种无形的、不能被大规模储存的特殊商品，因此必须通过电网传输，并要做到生产和消费的瞬时平衡。电力生产发、输、配、售高度协调的技术关联性决定了电力普遍服务的供电边际成本很高，因此不可能实行市场定价机制。再则，从电能消费者的角度来看，由于电能已经成为现代社会生产和生活的最基本消费需求，其需求价格弹性很小，价格机制在此反应不灵敏。因此，解决偏远地区或低收入人群的基本用电需求不能依靠市场机制，推进电力普遍服务必须依靠政府的公共政策。为推进电力普遍服务，我国出台了一系列的相关政策，具体见表1-1。

表1-1　　电力普遍服务主要政策

政策文件	实施时间
“电力扶贫共富工程”	1992
《关于改造农村电网改革农电管理体制实现城乡同网同价的请示》	1998
《“新农村、新电力、新服务”的农电发展战略》	2006
《全面解决无电人口用电问题3年行动计划》	2013
《关于进一步深化电力体制改革的若干意见》	2015
《配电网建设改造行动计划（2015—2020年）》	2015
《关于加快贫困地区能源开发建设推进脱贫攻坚的实施意见》	2016

（1）电力扶贫共富工程。1992年电力工业部提出“电力扶贫共富工程”，其内涵为：一是让无电区通上电，使全国农户通电率达到95%，让9亿农民都拥有用电权；二是用电水平低的要进一步提高用电水平。

（2）两改一同价工程。1998年国家出台《关于改造农村电网改革农电管理体制实现城乡同网同价的请示》，在该政策中提出了“两改一同价”，其中“两改”是指改革体制、改造电网，“一同价”则是指统一城乡用电价格，实现同网同价。

（3）农电发展战略。国家2006年1号文件指出的社会主义新农村建设，国家电网提出了《“新农村、新电力、新服务”的农电发展战略》，加快农村电网建设，实施“户户通电”工程，提高农村电气化水平，建立服务社会主义新农村建设的长效机制。

（4）户户通电工程。国民经济和社会发展第十二个五年规划纲要提出，“十二五”时期使全部无电地区人口用上电。2013 年国家能源局发布了《全面解决无电人口用电问题 3 年行动计划》，提出了到 2015 年底全部解决最后 273 万无电人口用电问题的目标。

（5）电网公平无歧视服务。2015 年 3 月，中共中央、国务院颁发的《关于进一步深化电力体制改革的若干意见》（中发〔2015〕9 号）指出，电网企业要保障电网公平无歧视开放，按国家规定履行电力普遍服务义务，同时还指出各种电力生产方式都要严格按照国家有关规定承担普遍服务义务。

（6）城乡用电普遍服务均等化。2015 年，国家能源局颁布的《配电网建设改造行动计划（2015—2020 年）》提出要进一步提升供电能力，实现城乡用电服务均等化；提升乡村电力普遍服务水平，加快边远贫困地区配电网建设，加大电网投资力度，切实解决边远贫困地区用电问题。

（7）普遍服务补偿。2016 年，国家能源局《关于加快贫困地区能源开发建设推进脱贫攻坚的实施意见》任务分工中指出，电力司、新能源司和监管司要制定电力普遍服务补偿机制，会同有关部门研究建立偏远少数民族地区电力普遍财政补偿机制，出台优惠财政政策，解决人口较少、电量较小的偏远地区农村电网运行维护费用不足问题，支持电网企业做好电力普遍服务工作。

第三，福利漏损的客观性。电力普遍服务作为一项政府公共职能，具有在给定时期和区域内的统一性和普适性，而电力普遍服务受助对象受家庭收入水平、文化背景、生活习俗等影响，使得不同受助对象对于电力普遍服务的福利效应不同。再者，在电力市场环境下电力普遍服务的实施主体（电力公司）可能会出现“寻租”或“撇脂”等机会主义行为。另外，由于电能是无形的，不能被大规模储存，必须通过网络传输，且要做到发输配售瞬时平衡，因此这种特定的网络公共产品必然具有外部性。以上因素都将导致电力普遍服务社会福利的漏损，即以某一经济量衡量的公共政策目标与实际效果之差。

第四，公共政策公平 – 效率的权衡性。电力普遍服务的内涵决定了其主旨是体现公平，然而，如果仅以公平作为其成立的根据，这样的公共政策是不利于社会进步的。另外，由于上述福利漏损的客观必然性，就有了如何提高公共政策效率的问题，其目标就是要实现社会福利漏损最小。因此电力普遍服务必然要涉及公平与效率关系的权衡问题。

1.2 电力普遍服务公共政策属性分析

1.2.1 公共政策的内涵及核心理论

1. 公共政策的内涵及分类

国内外学界对于公共政策有不同的定义。从行政角度出发，学者托马斯·戴伊认为公共政策就是政府选择做哪些事情而不做哪些事情；伍德罗·威尔逊认为公共政策是由政治家制定并由行政人员执行的法律和法规；张金马界定公共政策是党和政府用以规范、引导有关机关团体和个人行动的准则或指南；宁骚指出公共政策是公共权力机关经由政治过程所选择和制定的为解决公共问题、达成公共目标、以实现公共利益的方案。从价值分配角度出发，学者戴维·伊斯顿提出公共政策是对全社会价值的权威性分配。从政策制定角度出发，学者拉斯韦尔指出公共政策是一个包含了目标、价值观和实践的，经过设计的计划；陈振明认为公共政策是国家（政府）执政党及其他政治团体在特定时期为实现一定的社会政治、经济和文化目标所采取的政治行动或所规定的行为准则，它是一系列谋略、法令、措施、办法、方法、条例等的总称。从政策过程角度出发，安德森认为公共政策是一个或者一组行动者为解决一个问题或相关事务所采取的相对稳定的、有目的的一系列行动。

综合国内外学者对公共政策的概念界定，可以看出公共政策具备以下要素：① 公共政策首先指向公共权力，制定主体是权力机关政党和政府；② 公共政策的目的是规范组织和个人行为，实现一定的社会政治、经济、文化目标；③ 公共政策的表现形式是法律、法规、计划等政府规范性文件；④ 公共政策最终指向一定的社会价值分配；⑤公共政策是系统的过程。

从包含内容来看，公共政策可以分为经济政策、政治社会政策和科教文体政策。公共政策的分类如图 1－1 所示。

2. 公共产品理论

公共产品理论是公共经济学的核心理论，其研究内容主要是公共部门应提供什么服务以及提供多少服务的问题。公共产品是相对私人产品而言的，纯公共产品的定义是“任何人对某种产品的消费都不会导致其他人对该产品消费的减少”，这一定义指出了公共产品的两个原则：一是“非排他性”原则，二是“非竞争性”原则。非排他性是指公共产品的消费不排斥其他人的消费。非竞争性是指消费者关系中缺乏竞争性。由于存在市场失灵，萨缪尔森在公共物品和私

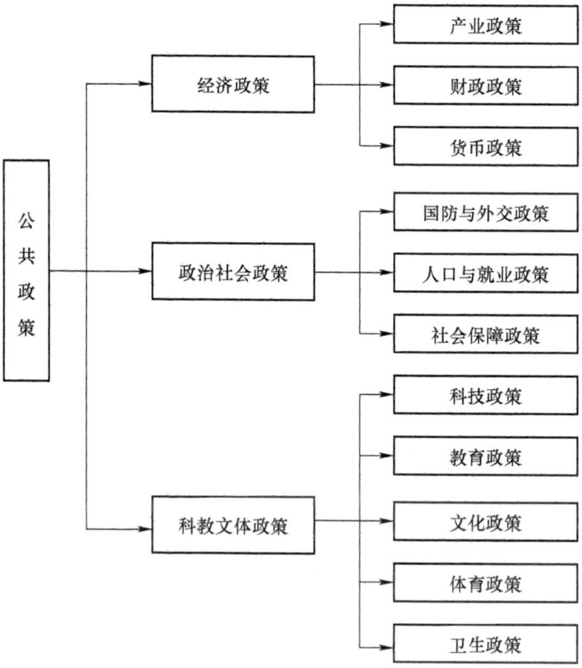

图 1－1　公共政策分类

人物品配置的一般均衡模型中指出，价格机制和信号机制都不能实现公共产品的有效供给，而是需要公共部门即政府或政府的供应企业来垄断提供。公共产品的资金来源可以采用政府强制性征税等措施。

从垄断性产业产品（如自来水、电信、电力等）所具备的公共性质来看，普遍服务是提供公共产品的一种形式。曼昆认为公共产品有自然垄断和共有资源两大类；布朗和杰克逊认为天然气、电、排污系统等公用设施由于不可分割性（特别是网络分配）而出现边际成本递减的规模经济效应，这意味着这类公用设施属于公共物品的范畴；植草益认为自然垄断产品诸如水、电、气等属于准公共产品的范畴；罗森斯坦·罗丹认为电力、运输和通信是一个社会的基础产业，通用的通信或交通运输网具有公共产品的性质，有人排除在外不与他人联通是无法令人接受的。由于普遍服务的提供产业和服务具有一定的准公共产品性质，普遍服务体现出显著的公共利益特征。

公共利益是一个富含价值的概念，起源于西方的正值思想，一般反映某些影响所有人并受到普遍承认的利益，强调全社会成员共同的利益，这意味着追求一个整体中大多数人民的共同利益。公共利益规制理论认为规制是为了保护全体公众或人数众多的社会集团。按照著名学者植草益的论述，公用事业部门具有两重性特征，即公共性和企业性。公共性与普遍服务义务的特点相关；企业性则与企业提供这种产品和服务的可维持程度相关。这两个目标之间存在一定的矛盾和冲突，主要体现为普遍服务就意味着公用事业产品和服务必须是被广泛接受的，企业性则表现为普遍服务提供部门需要有一定的盈利能力。

普遍服务作为一项公共政策由来已久，早在 20 世纪初美国电信领域就提出了“普遍服务”的概念，成为最早进入公共政策视野的普遍服务。根据产业组织理论，普遍服务的模式也适用于其他垄断性网络产业，比较典型的普遍服务包括电力、电信、邮政等产业的普遍服务。近年来，随着现代能源服务对社会发展重要性的日益突出，能源普遍服务也逐步进入公共政策的视野，成为解决贫困与发展的关键因素。

1.2.2 现阶段我国电力普遍服务实施标准

不同经济发展时期电力普遍服务有不同的工作重点。电力普遍服务可分为三个发展阶段：第一阶段是解决无电人口的用电问题；第二阶段是保障受助对象的基本用电需求；第三阶段是缩小城乡居民的电力消费差距，进而缩小城乡差距，并据此提出了分阶段实施标准。目前，我国电力普遍服务“户户通电”目标已基本实现，无电人口的用电问题也已基本得以解决，城乡也实现了“同网同价”，现阶段普遍服务的目标是保障受助对象的基本用电需求。

电力作为一种基本公共服务，实质上是“以人为本”执政理念的具体体现，我国基本公共服务均等化战略制定就是从人的全面发展出发，这与阿玛蒂亚·森的发展观具有一定的耦合性。阿玛蒂亚·森认为人的基本需要应该用功能性活动和能力来表示，功能性活动是指人们在生活中实际所做的事情或所处的状态，有价值的功能性活动包括有充足的营养、避免过早的死亡等；能力则是可能完成的功能性活动组合，代表着人的选择自由。阿玛蒂亚·森认为人类自由是最大程度上满足每个人的可行能力。可行能力是指人们能够通过自己的努力来过自己意愿生活的能力，包括免受困苦的基本可行能力以及能够识字算数政治自由等方面。可行能力理论指出弱势群体主要表现为社会所提供的机会没有满足个人的基本需求。电力普遍服务所要满足的基本用电需求，是使得受助对象免于寒冷、苦力等生活困苦，满足受助对象照明等基本生活需求所需要的电量，这一基本电量是对受助对象基本生存权和自由的保障。

电力作为一种基本的能源，是衡量能源贫困的重要考量。能源贫困是可持续发展管理研究的重要领域之一，研究表明能源、贫困、发展之间存在着紧密联系。能源贫困体现在用能结构差、用能能力弱以及生活用能水平低等方面，衡量能源贫困的方法有基于物理能源或是定义贫困线的能源消耗量，这些方法定义了满足基本生活标准的需求量及服务。我国农村地区的能源贫困集中体现在用能结构差，生物质燃料和煤炭占用能比重较高，因为使用固体燃料等导致的污染引起较大的健康风险。这一人群的特征是由于难以支付、难以获得等原因无法获取电力等现代化清洁能源服务，这与电力普遍服务的可承受性、非歧视性内涵一致。电力普遍服务的基本电力需求是以解决能源贫困为出发点，改善基本用能结构，提供满足基本生活标准的需求量及服务，本书也将之称为电力普遍服务实施的“目标电量”。

1.3 电力普遍服务社会福利的测度

1.3.1 社会福利的内涵

福利经济学认为，社会的发展目标不是物质的增加，也不是GDP不断增长，而是社会福利的不断增长。如果所有社会成员的个人福利都增加了，那么社会福利也就增加了。所以，社会福利首先是所有人的福利，社会福利的大小取决于影响社会成员个人福利的所有因素。个人主义福利经济学认为社会福利仅取决于社会成员的个人福利，与其他方面无关；非福利主义经济学认为社会福利还取决于个人福利相互影响的相关方面，如自由、个人权利等。

1.3.2 社会福利测度的方法

旧福利经济学认为，经济学是解决物质福利或者经济福利的，因为整个社会的福利应该是所有个人效用的简单加总，即社会福利等于所有社会成员个人效用的和，而个人效用则可以使用物质福利或效用来表示。旧福利主义的效用概念基本上等同于生产能力，是客观的且可以直接度量的基数效用。旧福利经济学只关心两大类人，即穷人和富人的人际比较，其同时认为社会应该使整体福利达到最大，而收入的边际效用是递减的，所有收入分配应当倾向于穷人以提高整体社会福利。新福利经济学建立在序数效用概念的基础之上，采用帕累托标准作为社会福利状态的判断。福利主义认为，社会福利高低的度量是福利经济学的核心内容，而社会福利的高低首先取决于个人福利的高低。

个人福利可以被看做是个人的快乐，这种快乐包括感官的享受和痛苦以及精神上的愉悦和折磨。一般情况下，个人福利可以用个人的效用或偏好来表示。根据所获得的信息，个人度量包括序数可度量性、基数可度量性、比率可度量性和完全可度量性等等。福利主义除了考虑收入和财富以外，还包括收入和财富的福利价值，即个人对于私人物品的可获得性以及价格，而公共物品往往决定了私人物品对于个人的价值。非福利主义认为要获得效用主义以外的公平、平等、正义以及个人权利等。

社会选择理论主要是根据个人排序得出社会排序，把集体选择规则中所反映的价值看做是相对基本的，而个人排序不是基本的。社会选择理论在坚持福利主义的前提下，拓展了效用所包含的信息量，提出了效用的可度量性、绝对可度量性、序数可度量性等不同的信息含义，采用不同的社会福利函数实现了社会福利的测度，其主要的社会福利函数及其特点如下。

（1）古典功利主义的社会福利函数。函数形式为

$$W=U_1+U_2+\cdots+U_i \tag{1-1}$$

理论主张：代表社会成员福利水平的U_i是用基数效应来度量的；社会成员的福利函数是所有社会成员的福利或效用的简单加总。

（2）柏格森－萨缪尔森社会福利函数。函数形式为

$$W=W\left(Z_1,Z_2\cdots\right) \tag{1-2}$$

理论主张：社会福利只取决于被认为影响福利的所有可能的实值变量，在许多问题中包含三个价值判断：福利主义、强帕累托标准和严格准凹性。

（3）伯努利－纳什社会福利函数。函数形式为

$$W=U_1 \bullet U_2\cdots U_i \tag{1-3}$$

广义的伯努利纳什函数为

$$W=\prod\left(U_i\right)^{ai} \tag{1-4}$$

理论主张：社会福利水平为所有社会成员效用水平的乘积，对个人效用取对数以后该函数就成为效用主义社会福利函数。与庇谷古典福利函数相比，该社会福利函数更强调平等性质，收入分配越平均采用连乘法得到的社会福利越大。

缺陷：① 当某一效用水平为负而其他效用水平为正时，社会福利水平也为负，而与其他社会福利水平为很小的正值的社会状态相比，这实际上不一定是一种不可取的社会状态；② 当某些效用水平为极小的纯小数时，同样会出现上述情况。

（4）最大最大或精英社会福利函数。函数形式为

$$W=\max\left(U_1,U_2,\cdots,U_i\right) \tag{1-5}$$

理论主张：社会福利取决于社会中效用最高或境况最好的那部分人的福利水平，所以社会应该使最大效用者的福利最大化。从社会选择理论的角度来看，精英社会福利函数满足完全可比性、序数可度量性、福利主义和弱帕累托标准。

（5）最大最小或罗尔斯社会福利函数。函数形式为

$$W = \min\left(U_1, U_2, \cdots, U_i\right) \tag{1-6}$$

理论主张：社会福利取决于社会中效用最低的那部分人的福利水平。该函数假定每个社会成员都有基本的自由，他们无法预知自己处在何种效用水平上，而且，每个人都是风险厌恶的。阿罗认为罗尔斯的函数只是个人期望效用假设的一个特殊情况。从社会选择理论解决阿罗不可能性定理的角度来看，罗尔斯社会福利函数满足完全可比性、序数可度量性、福利主义和弱帕累托标准。

（6）阿罗社会福利函数。函数形式为

$$R = f\left(R_i\right) \tag{1-7}$$

理论主张：由定义在社会状态集合 X 上的个人偏好排序 R_i 确定社会排序 R 的某种社会决策规则。阿罗的社会福利函数与柏格森－萨缪尔森的社会福利函数是不同的，因为它本身是某种社会决策规则，它的自变量是个人排序，因变量是社会排序，它的函数值才正好对应一种柏格森－萨缪尔森的社会福利函数。

（7）新古典效用主义的社会福利函数。函数形式为

$$W = \sum \pi_i U_i \tag{1-8}$$

式中：U_i 为作为社会中某个人的效用；π_i 为某个人的效用概率。

理论主张：该函数是维克里和豪尔绍尼在传统效用主义社会福利函数的基础上考虑不确定性因素后得到的。豪尔绍尼认为一个人的偏好与他的非个人偏好或者伦理偏好是有区别的：个人偏好是有条件的，伦理偏好是无条件的，它适用于所有人；伦理偏好并不取决于自身福利的变化。

（8）等弹性社会福利函数。函数形式为

$$W = \frac{\sum_i a_i (u_i)^{1-\rho}}{1-\rho} \tag{1-9}$$

式中：$1-\rho$ 为社会福利无差异曲线的替代弹性，是常数。

理论主张：如果 ρ=0 且 $a_i=1$，则该函数就成为古典功利主义社会福利函数；如果 $\rho \to 1$ 且 $a_i=1$，则该函数的极限形式就是伯努利－纳什社会福利函数；如果 $\rho \to \infty$，则该函数就成为罗尔斯社会福利函数。

因此，等弹性社会福利函数为古典功利主义、伯努利－纳什社会福利函数和罗尔斯社会福利函数的一般形式。

（9）阿特金森社会福利函数。函数形式为

$$W = \frac{1}{1-a} \sum_p^r [(X_i)^{1-a}] \tag{1-10}$$

理论主张：该函数把社会成员分为穷人（p）和富人（r）两部分，他们的间接效用函数分别为 X_p 和 X_r；a 表示厌恶不平等的参数，a 越大，表示社会越厌恶不平等，越重视穷人的效用。

1.3.3 电力普遍服务社会福利测度的基本思路

在竞争性市场中，有形商品或财产对人的效用（福利）可以通过竞争均衡（帕累托最优）进行描述。而电力普遍服务则是通过政府公共政策实施的，其服务对象是弱势群体，受助个体的福利感应具有明显的主观性，不同受助个体由于收入水平、文化背景、消费习惯等因素的影响，对此会有不同的福利感应。

由福利经济学可知，社会福利和影响社会福利的各种因素之间存在着一定的函数关系。社会福利函数能够表明某种社会状态所对应的社会排序是什么；根据特定的社会福利函数，可以明确社会所追求的目标是什么。如果能够找到这种特定的社会福利函数，就意味着可以对所有社会状态进行完全的排序，从而可以对所有社会成员的福利状态进行评价。而由阿罗不可能性定理可知，忽视个体主观评价并试图从个人效用函数导出社会福利函数是不可能的。

综上，要想对电力普遍服务社会福利效应进行评价，受助对象主观感应的量化是关键。为此，首先要从受助个体的福利效应分析入手，探究影响个体福利的主要因素以及它们的作用机理。一般意义上讲，影响电力普遍服务受助个体福利感应的主要因素有家庭收入水平、文化背景、健康状况、生活习俗、用电行为等。这些因素综合作用于电力普遍服务受助个体的福利效应，其中蕴含的科学问题是理清哪些因素是客观的（满足基数可度量条件），哪些因素是主观的（不满足基数可度量条件），以及上述诸因素对个体福利感应的作用机理及其量化问题。由福利经济学可知，在各主体主观感应不满足完全可比的条件下，任何试图通过个体福利的累加得到社会福利的尝试都将在逻辑上出现悖论。

要构建电力普遍服务社会福利函数，首先要分析影响受助个体福利的主、客观因素，揭示它们对个体福利函数的作用机理，并通过量纲归一化或无量纲化处理，实现上述各因素的人际间可比，继而运用福利经济学理论，构建电力普遍服务社会福利函数，可以得到在特定区域电力普遍服务实施所对应的社会排序，从而能够得出社会福利最大点所对应的电力普遍服务提供最佳状态点，即“目标电量”。

实现个人信息的完全可比，尤其是伦理方面信息的完全可比是电力普遍服务社会福利函数构建的关键。如前所述，电力普遍服务受助个体之间受收入水平、文化背景、健康状况、生活习俗、用电行为等因素的影响，对电力普遍服务的福利感应是有差异的。其中，收入水平是一种客观因素，满足福利经济学的基数可比条件，而文化背景、消费习惯等则是主观因素，只有揭示这些因素对个体福利感应的作用机理，才能实现个人信息的完全可比。西方学者在这方面做了许多有益的尝试，在给定公平、正义等伦理假设的前提下，提出了若干具有代表性的理论，如弗雷提出了一种“没有嫉妒的公平”、潘泽尔和施迈德勒提出了平均等价分配的公平概念。但由于上述公平理论依然没能很好地解决社会排序问题，一些人开始尝试借鉴伦理学方面的研究成果，如以罗尔斯、诺奇克以及阿玛蒂亚·森为代表的主张生存权、没有强制性的自由以及经济平等的“正义的理论体系”，豪尔绍尼伦理偏好由期望效用最大化决定等理论。本书在总结前人研究的基础上，基于阿玛蒂亚·森的“可行能力”方法构建电力普遍服务个体福利感应函数，进而推导出电力普遍服务社会福利函数。

第2章　电力普遍服务受助个体福利感应显著性影响因素识别

电力普遍服务个体福利感应是受助个体为满足其基本生活需求而对电力普遍服务这一公共政策给予的一种主观评价，其受个体自身的文化背景、教育程度、收入水平、健康状况、生活习俗、用电习惯等多种因素影响，不同受助个体对电力普遍服务给其带来的福利感应水平存在一定的差异性。为识别影响电力普遍服务受助个体福利感应的显著性因素，本章在分析电力普遍服务受助个体福利感应基本内涵的基础上，结合国内外研究文献，通过实地调研和专家咨询，梳理影响个体福利感应的多种因素，构建影响因素指标体系，‘并运用有序Probit（Ordered Probit）模型识别影响电力普遍服务个体福利感应的显著性因素。本章识别出的个体福利感应显著性影响因素能够为后文构建电力普遍服务个体福利感应函数奠定指标基础。

2.1　受助个体福利感应分析

电能在当代经济社会及人类发展中占有十分重要的地位。当前电力企业担负着电力普遍服务的职责，如为农业生产提供低价电、满足弱势及落后群体用电需求等，具有公益性，电力普遍服务相比其他行业也更为重要。电力普遍服务作为一项重要的政府公共职能，其目标是使全体社会公民不受地域空间的限制，都能以合理、可接受的价格获得基本用电服务。电力普遍服务的实施能够解决无电地区及偏远地区居民用电问题，有助于老少边穷地区经济社会的发展，是政府承担公共服务职能和履行社会责任的重要体现和途径。

幸福作为一种主观精神层面的感受，是人的精神或意识对自我进行觉知时的满意状态。福利感应是行为个体对其现有生活状态或所面对的经济社会活动的一种感官反应，是一种度量行为个体幸福程度的重要手段和方式。行为个体的福利感应是一个涉及哲学、心理学、社会学、经济学等多学科、复杂的概念体系，在很大程度上反映个体的认知思维和情感心理，其受个体特征、经济条件、社会状态等多种因素影响。对行为个体福利感应的研究也是当前福利经济学研究的一个重点和难点问题。电力普遍服务是一项由政府主导的公共服务，在具体实施过程中由电力企业承担及完成，受助对象主要是居住在偏远或落后地区的农村居民和城镇低收入居民。受助个体对电力普遍服务的福利感应受个体行为特征、用电行为及方式、所处的经济社会环境等多种因素的影响，影响机理错综复杂。对影响电力普遍服务受助个体福利感应的因素进行分析，能够识别出关键影响因素及其对受助个体福利感应的影响程度，可以为电力普遍服务社会福利函数的构建提供基础，这有助于当前福利经济学关于如何克服阿罗不可能性定理以实现社会福利函数的构建这一难点问题的解决。同时，对电力普遍服务受助个体福利感应影响因素的研究也能够为相关政策制定者和电力普遍服务实施者对如何提高受助个体福利感应水平提供有针对性的参考建议。

电力普遍服务受助个体的福利感应是受助行为个体对电力普遍服务的主观感受，对其评价一般分为多个有序等级，如"非常满意""一般满意""不满意"等。考虑到这个特点，本书借鉴数理统计理论中有关"秩"的概念，提出"福利感应秩"这一概念表征受助个体对电力普遍服务福利感应具有多个等级的特点，即受助个体对电力普遍服务的福利感应是离散、有序、多元的，而非无序、二元的。

Ordered Probit 模型是一种分析多类别离散定序型数据的回归模型，近年来已被广泛应用到经济社会问题，如农民消费因素识别、纳税意愿、生活满意度影响因素等问题。本书综合考虑人口社会学因素、经济因素和用电行为因素，基于福利感应秩角度，通过对电力普遍服务受助个体的实地走访及调查问卷，运用 Ordered Probit 模型定量分析影响电力普遍服务受助个体福利感应的主要因素，并对其进行分析，以期为个体福利感应函数和社会福利函数的构建奠定基础。同时，本部分的研究结果也可以为相关政策的制定和实施提供一定参考。

2.2 受助个体福利感应显著性影响因素识别方法简介

作为一种多元离散选择模型，Ordered Probit 模型能够将非连续分类定序型被解释变量与解释变量建成线性函数关系，近年来在多类别离散数据问题中得到了较为广泛地运用。Ordered Probit 模型中被解释变量为要进行分析的多元有序离散变量，解释变量是影响被解释变量的多组因素集合，其可以为离散变量，也可以为连续变量。Ordered Probit 模型的基本原理如下所述。

设电力普遍服务受助个体福利感应 y 由 5 个等级表征，即“非常不满意”“不太满意”“一般满意”“比较满意”“非常满意”，解释变量 $\boldsymbol{x}$ 由一组福利感应影响因素变量组成。当用多元离散变量 y 作为被解释变量进行回归分析时，会产生不一致和异方差问题，因此要将离散变量转化为连续变量 y^*。假设存在一个无法直接观测的连续变量 y^*，其为解释变量 $\boldsymbol{x}$ 的连续函数，则两者之间的线性关系如下

$$y^* = \beta \boldsymbol{x} + \varepsilon \tag{2-1}$$

式中：y^* 为转化之后的被解释变量（称为决策倾向）；β 为回归模型待估计参数；$\boldsymbol{x}$ 为解释变量的集合；ε 为随机扰动项，代表对 y^* 产生影响但被模型忽略的其他因素，服从正态分布，即 $\varepsilon \sim N(0,1)$。

方程（2－1）即为 Ordered Probit 模型的潜回归方程。由于 y^* 在实际中无法直接测量，因此需要通过 y 来获取。

设 $\alpha_1 < \alpha_2 < \cdots < \alpha_{j-1}$，表示未知的切割点（阈值参数），由于本书中 y 由 5 个等级表征，因此存在 4 个切割点 α_1、α_2、α_3、α_4。y 和 y^* 的关系为

$$y=\begin{cases}1, & 若 y^* \leqslant \alpha_1 \\ 2, & 若 \alpha_1 < y^* \leqslant \alpha_2 \\ 3, & 若 \alpha_2 < y^* \leqslant \alpha_3 \\ 4, & 若 \alpha_3 < y^* \leqslant \alpha_4 \\ 5, & 若 y^* > \alpha_4\end{cases} \tag{2-2}$$

那么，y 对每个取值概率可用公式（2－3）计算得出

$$\begin{cases}P(y=1|x)=P(y^* \leqslant \alpha_1|X)=P(\beta x+\varepsilon \leqslant \alpha_1|X)=\Phi(\alpha_1-\beta x) \\ P(y=2|x)=P(\alpha_1 < y^* \leqslant \alpha_2|X)=P(\alpha_1 < \beta x+\varepsilon \leqslant \alpha_2|X)=\Phi(\alpha_2-\beta x)-\Phi(\alpha_1-\beta x) \\ P(y=3|x)=P(\alpha_2 < y^* \leqslant \alpha_3|X)=P(\alpha_2 < \beta x+\varepsilon \leqslant \alpha_3|X)=\Phi(\alpha_3-\beta x)-\Phi(\alpha_2-\beta x) \\ P(y=4|x)=P(\alpha_3 < y^* \leqslant \alpha_4|X)=P(\alpha_3 < \beta x+\varepsilon \leqslant \alpha_4|X)=\Phi(\alpha_4-\beta x)-\Phi(\alpha_3-\beta x) \\ P(y=5|x)=P(y^* > \alpha_4|X)=1-\Phi(\alpha_4-\beta x)\end{cases} \tag{2-3}$$

式中：$\Phi(\cdot)$ 为标准正态分布的密度函数。

在具体操作时，虽然 y^* 是不可观测的，但是 y^* 所属的区间是可以确定的，因此可以根据某种已知分布，将 y^* 与所处区间的概率相关联，进而运用各个所处区间的样本概率，通过最大似然估计方法即可以获得参数 β 的估计值。

在确定潜回归方程后，可以计算各个解释变量的边际贡献，以此来进一步了解各解释变量对被解释变量的影响方向（正或负影响）和影响程度。某个解释变量的边际贡献指在其他解释变量取均值条件下，该解释变量变动 1 个单位时对被解释变量选择的概率影响，其可由下式计算得出

$$\begin{cases} \partial p_1(x)/\partial x_k = \beta_k \Phi(\alpha_1 - \beta x) \\ \partial p_j(x)/\partial x_k = \beta_k \left[\Phi(\alpha_1 - \beta x) - \Phi(\alpha_j - \beta x)\right] \\ \partial p_5(x)/\partial x_k = \beta_k \Phi(\alpha_5 - \beta x) \\ 2 < j < 4 \end{cases} \tag{2-4}$$

2.3 受助个体福利感应影响因素选择

综合考虑电力普遍服务受助对象个体特征、所处环境和用电习惯，在总结国内外研究文献、实地调研和专家咨询的基础上，选取人口社会学因素、经济因素、用电行为因素表征受助个体福利感应的可能影响因素（即解释变量）。

（1）人口社会学因素：人口社会学变量能够体现电力普遍服务受助个体的特征和异质，包括年龄、性别、教育程度、家庭常住人口数和健康状况。

（2）经济因素：经济变量主要表征电力普遍服务受助个体的经济条件和状况，包括家庭人均月收入、对收入的满意度和收入来源。

（3）用电行为因素：用电行为变量表征电力普遍服务受助对象在一定经济社会环境下的电能消费及使用特征，包括平均停电次数、每月电费和家用电器（本书以电视机为代表，因为其是除照明外受助个体最常使用且最需要使用的家用电器）使用时间。各变量的具体含义及取值特性见表 2-1。

表 2-1 变量解释

变量	变量名	变量含义	取值	变量取值解释
Y	受助个体福利感应	受助个体对电力普遍服务的主观感受及评价	1～5	非常不满意 = 1；不太满意 = 2；一般满意 = 3；比较满意 = 4；非常满意 = 5
X_1	年龄	个体生存的时间长度	1～8	0～12 岁 = 1；12～18 岁 = 2；18～30 岁 = 3；30～40 岁 = 4；40～50 岁 = 5；50～60 岁 = 6；60～70 岁 = 7；70 岁以上 = 8
X_2	性别	男女两性的区别	0～1	男 = 0；女 = 1
X_3	教育程度	个体受文化教育的程度	1～5	小学及以下 = 1；初中 = 2；高中 = 3；大专 = 4；本科及以上 = 5
X_4	家庭常住人口数	常住在家的人口总数	n	数值型变量

续表

变量	变量名	变量含义	取值	变量取值解释
X_5	健康状况	个体自身身体状态	1～5	非常不好＝1；不好＝2；一般＝3；比较好＝4；非常好＝5
X_6	家庭人均月收入	按家庭人口平均化的个体每月经济收益	1～10	500 元以下＝1；500～800 元＝2；800～1100 元＝3；1100～1500 元＝4；1500～2000 元＝5；2000～2500 元＝6；2500～3000 元＝7；3000～4000 元＝8；4000～5000 元＝9；5000 元以上＝10
X_7	对收入的满意度	个体对其收入的主观感受及评价	1～5	非常不满意＝1；不太满意＝2；一般满意＝3；比较满意＝4；非常满意＝5
X_8	收入来源	个体获得收入的途径	1～5	无＝1；务农＝2；作坊＝3；打工＝4；其他＝5
X_9	平均停电次数	一段时间内（通常为一年）个体经历的停电次数	1～3	从来不＝1；1～2 次＝2；经常停电＝3
X_{10}	每月电费	个体所在家庭每月支付的用电费用	1～11	0～10 元＝1；10～20 元＝2；20～30 元＝3；30～40 元＝4；40～50 元＝5；50～60 元＝6；60～70 元＝7；70－80 元＝8；80～90 元＝9；90～100 元＝10；100 元以上＝11
X_{11}	家用电器使用时间	个体每天使用家用电器的总共时间	n	数值型变量

电力普遍服务受助个体福利感应是指行为个体通过电力普遍服务政策实施后获得电能使用所带来的主观幸福感评价，是本章研究的被解释变量。根据李克特（Likert）5 级量表设计的原则，将电力普遍服务受助个体福利感应分为非常不满意、不太满意、一般满意、比较满意和非常满意五个级别，即福利感应秩，这也决定了本书需要采用 Ordered Probit 模型。“电力普遍服务受助个体福利感应”这一被解释变量的含义及取值属性见表 2－1。

2.4 受助个体福利感应影响因素显著性分析

2.4.1 数据来源

云南省地处西南边陲，集边疆、少数民族、山区、贫困等特征为一体，是我国电力普遍服务实施重点省份之一。云南省于 2005 年启动了“无电地区通电工程”建设，到 2011 年底，通过 9 批次、累积 34.58 亿元投资的工程建设，解决了云南省 31.93 万户无电人口的用电问题，基本实现了“村村通电”，全省通电率达到了 99.2%。为进一步解决无电用户用电问题，2012 年初云南省又启动了“户户通电”工程，截至该年 10 月，全省居民用户已实现完全通电。

相关数据通过在云南省昆明市富民县发放调查问卷和实施走访等方式获取。问卷发放区域包括大营镇及所辖大营村、罗免彝族苗族乡及所辖荞地山村、赤鹫乡及所辖正义村、永定镇。本次实地调查采用面对面访查和问卷发放两种方式，其中面对面访查方式采取一对一问答填写的方式，主要调查对象是农村居民，通过这种方式能够和村民进行沟通交流，辅导村民切实表达意愿，保证调查问卷的有效性和回收率，最后获得了 78 份有效问卷。问卷发放方式共发出 85 份调查问卷，主要对象是文化水平相对较高的城镇居民，问卷发放地点主要是镇供电所，最后回收有效问卷 66 份，有效回收率为 77.65%。最终，本次实地调研共获取了 144 份有效问卷，最终有效回收率为 88.34%。

2.4.2 问卷调查信度检验

在用调查问卷的结果对电力普遍服务受助个体福利感应进行分析前，需要对调查问卷获取的数据进行信度检验。信度指数据的一致性或可靠性，其受随机误差性的影响，随机误差越小，调查问卷的信度越高。克朗巴哈系数（Cronbach α）是判断调查问卷信度常用的一个指标，当该指标值大于 0.7 时，调查问卷为高信度；该指标值小于 0.35 时，调查问卷为低信度；该指标值介于 0.35 和 0.7 之间时，调查问卷属于尚可信。

运用 SPSS19.0 软件对 144 份调查问卷的结果进行汇总统计，运用“可靠性分析”命令可以得出该调查问卷的信度，结果如表 2－2 所示。可以看出，人口社会学因素的 Cronbach α 最低，为 0.602，处于尚可信范围，经济因素和用电行为因素以及调查问卷总体的 Cronbach α 皆大于 0.7，表明高信度。表 2－3 为调查问卷总信度在删除某题目后的变化情况，可以看出，删除 12 个题目中的任何一个题目后，该调查问卷的信度都小于 0.748，表明删除题目后信度都将下降。因此，该调查问卷及其测量是有效可信的，可以用于之后的分析。

表 2－2　　电力普遍服务福利感应调查问卷信度检验结果

范　围	Cronbach α	项数（变量数）
总体	0.748	12
人口社会学因素	0.602	5
经济因素	0.717	3
用电行为因素	0.823	3

表 2–3　删除某个问题后的信度检验结果

	年龄	性别	教育程度	家庭常住人口数	健康状况	家庭人均月收入
项已删除的 Cronbach α 值	0.731	0.702	0.682	0.613	0.608	0.681
	对收入的满意度	收入来源	平均停电次数	每月电费	家用电器使用时间	用电幸福度
项已删除的 Cronbach α 值	0.654	0.716	0.721	0.702	0.689	0.658

2.4.3　问卷调查结果的描述性统计

在本次回收的 144 份问卷中，其中 44 位（30.56%）电力普遍服务受助个体对电力普遍服务非常满意，72 位（50%）感到比较满意，23 位（15.97%）感到一般，但仍有 3 位（2.08%）对电力普遍服务不太满意，2 位（1.39%）感到非常不满意。可见，在本次调查中，大部分电力普遍服务受助个体对当前电力普遍服务是感到很满意的。

解释变量的具体描述性统计结果见表 2–4。由表 2–4 可以看出，本次调查的电力普遍服务受助个人福利感应的平均值为 4.06，因此，从总体上看，受访对象对当前电力普遍服务的满意度较高。解释变量“年龄”的平均值为 4.87，表明受访者处于 40～50 岁的较多；解释变量“性别”的平均值为 0.44，表明男女比例相当，男性稍微比女性多些；解释变量“教育程度”的平均值为 2.83，表明受访对象的教育水平处于初中和高中的较多。从总体平均水平来看，144 位受访者对现有收入的满意度一般，健康状况较好，同时家庭平均人口数为 4 人左右，每月电费大概处于 60～70 元，看电视的平均时间为 3.24h。

表 2–4　描述性统计结果

因素	N		均值	均值标准误差	中值	众数	标准差	方差
	有效	缺失						
用电幸福感 Y	144	0	4.06	0.07	4	4	0.82	0.67
年龄 X_1	144	0	4.87	0.09	5	5	1.04	1.08
性别 X_2	144	0	0.44	0.04	0	0	0.50	0.25
教育程度 X_3	144	0	2.83	0.11	3	2	1.27	1.61
家庭常住人口数 X_4	144	0	4.17	0.12	4	3	1.39	1.92
健康状况 X_5	144	0	3.52	0.08	3	3	0.93	0.87
家庭人均月收入 X_6	144	0	6.03	0.21	6	4	2.47	6.12

续表

因素	N		均值	均值标准误差	中值	众数	标准差	方差
	有效	缺失						
对收入的满意度 X_7	144	0	2.80	0.07	3	3	0.87	0.75
收入来源 X_8	144	0	3.92	0.10	4	5	1.24	1.55
平均停电次数 X_9	144	0	1.65	0.04	2	2	0.54	0.29
每月电费 X_{10}	144	0	7.19	0.23	7	5	2.76	7.62
家用电器使用时间 X_{11}	144	0	3.24	0.15	3	2	1.84	3.40

为进一步了解解释变量与电力普遍服务受助个体福利感应之间的关系，本书还对年龄、受教育程度、家庭人均月收入和平均停电次数这 4 个解释变量与受助个体福利感应的具体分布关系做了深入的分析，具体如下。

1. 年龄与受助个体福利感应的分布

运用 SPSS19 中的“交叉表”功能可以得到受助个体年龄与其福利感应的分布关系，结果如图 2–1 所示。可以看出，对电力普遍服务感到非常满意的受助个体的年龄主要分布在 30～50 岁之间，这部分人群处于人生事业期，所面临的社会经济环境比较复杂，生活相对充实，用电行为和方式也比较频繁、多样；对电力普遍服务感到比较满意的受助个体的年龄主要分布在 30～60 岁之间；对电力普遍服务感到一般满意的受助个体的年龄主要分布在 40～50 岁之间；而对对电力普遍服务感到不太满意和非常不满意的受助个体非常少。从年龄分布来看，主要分布在 18～60 岁之间，其中处于 18～30 岁之间有 61.5%的受助个体感到比较满意；处于 30～40 岁之间各有约 40%的受助个体感到比较满意和非常满意；处于 40～50 岁之间的约有 47.1%的受助个体感到比较满意；处于 50～60 岁之间约有 65.2%的受助个体感到比较满意。综上分析可以看出，对电力普遍服务福利感应主要分布在比较满意和非常满意两个秩，而年龄主要分布在 30～60 岁之间，年龄越大，对电力普遍服务福利感应也相对满意。

2. 教育程度与受助个体福利感应的分布

受助个体教育程度与其福利感应的分布结果如图 2–2 所示，可以看出，对电力普遍服务感到非常满意的受助个体的教育程度主要为初中和大专；对电力普遍服务感到比较满意的受助个体的教育程度主要为初中；对电力普遍服务感到一般满意的受助个体的教育程度主要为初中和高中；对电力普遍服务感到不太满意和非常不满意的受助个体很少。从教育程度角度来看，教育程度为“小学及以下”的受助个体对电力普遍服务主要感到比较满意；教育程度为“初中”

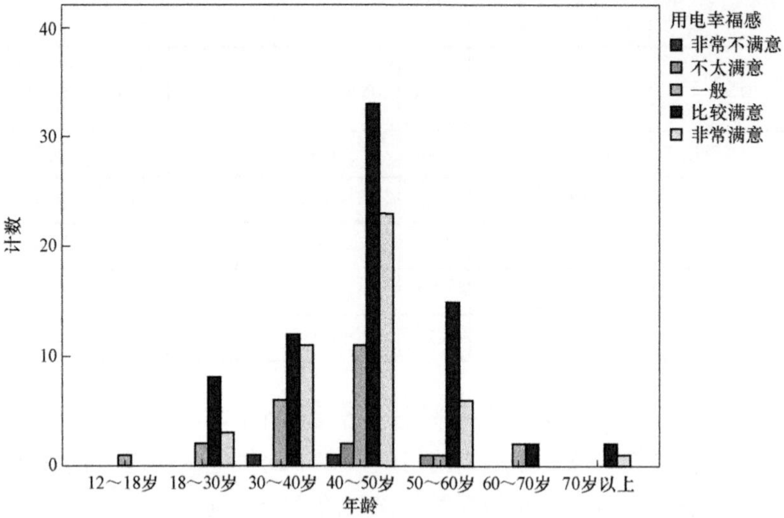

(a)

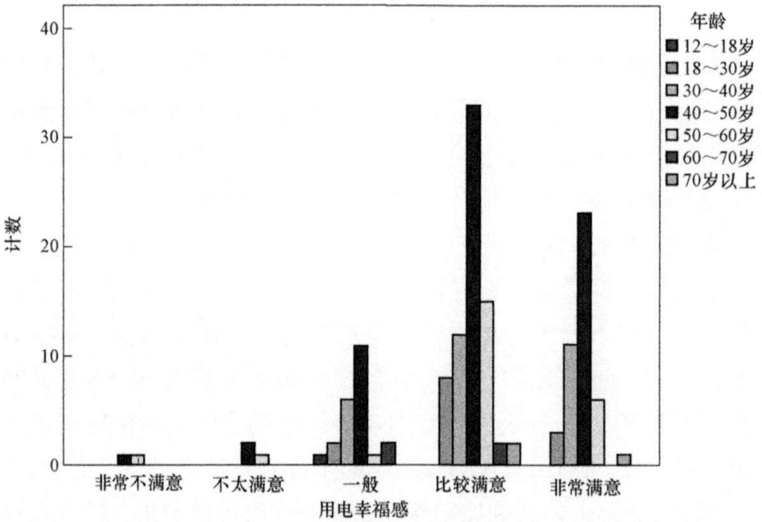

(b)

图 2－1　受助个体福利感应与年龄的分布关系

（a）用电幸福感对年龄交叉制表；（b）年龄对用电幸福感交叉制表

的受助个体对电力普遍服务主要感到比较满意；教育程度为“高中”的受助个体对电力普遍服务主要感到比较满意；教育程度为“大专”的受助个体对电力普遍服务主要感到非常满意；教育程度为“本科及以上”的受助个体对电力普遍服务主要感到比较满意。教育程度高的受助个体其个人收入往往较高，电费支出占总收入的比重相对较低，同时接受外界信息的能力比较强，生活相对丰富，对用电的幸福感较高。与此同时，教育程度高的受助个体其工作比较繁忙，压力相对较大，加之对生活品质的追求较高，因此其生活满意度不一定很高，进而会降低用电幸福感。

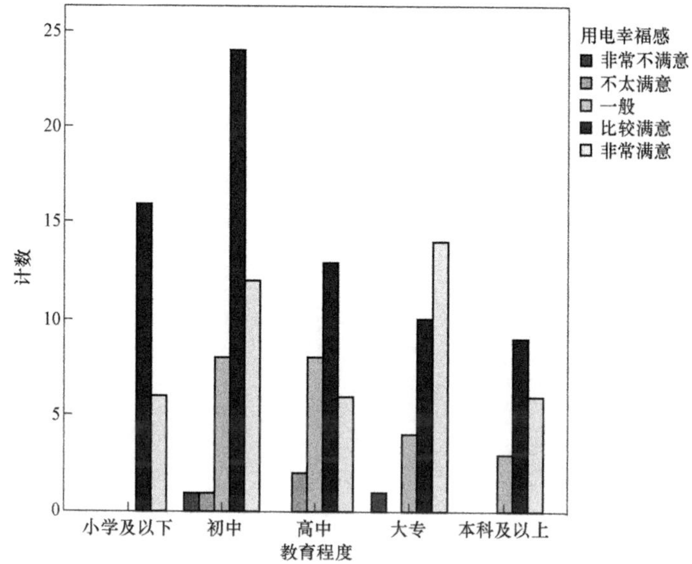

(a)

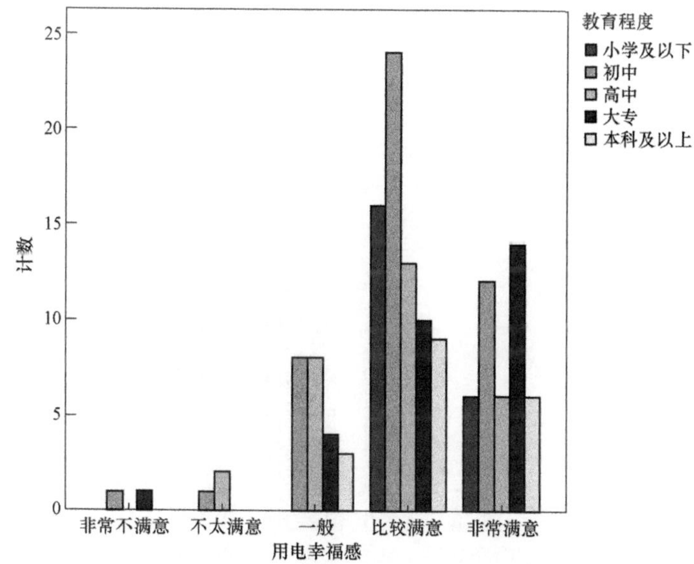

(b)

图 2－2　受助个体福利感应与教育程度的分布关系

（a）用电幸福感对教育程度交叉制表；（b）教育程度对用电幸福感交叉制表

3. 家庭人均月收入与受助个体福利感应的分布

运用 SPSS19 中的“交叉表”功能可以得到受助个体家庭人均月收入与其福利感应的分布关系，结果如图 2－3 所示。

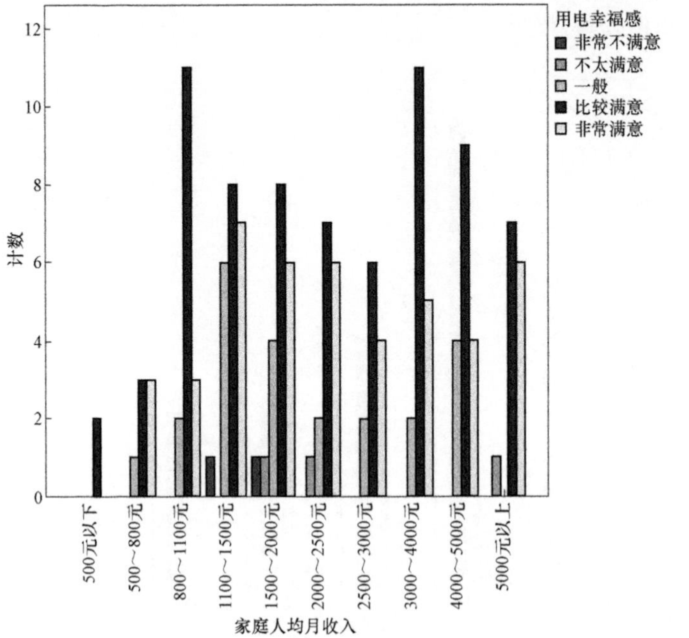

(a)

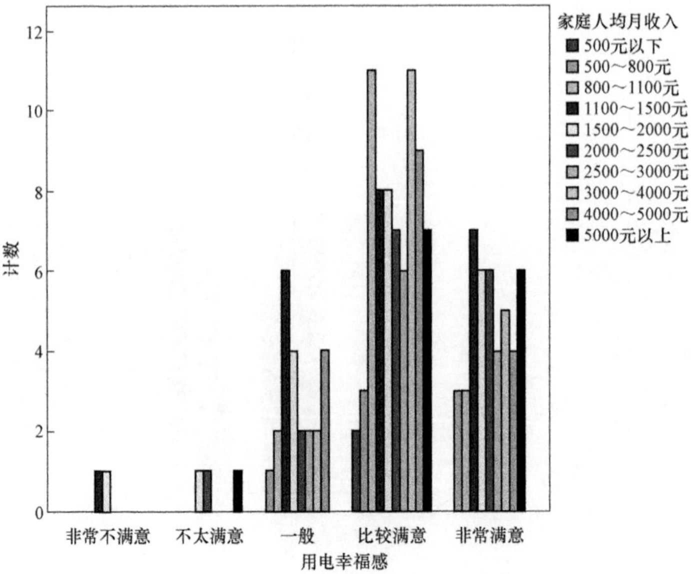

(b)

图 2－3　受助个体福利感应与家庭人均月收入的分布关系

（a）用电幸福感对家庭人均月收入交叉制表；（b）家庭人均月收入对用电幸福感交叉制表

由图 2－3 可以看出，对电力普遍服务感到非常满意的受助个体的主要收入在 800～1100 元之间；对电力普遍服务感到比较满意的受助个体的主要收入在 800～1100 元和 3000～4000 元之间；对电力普遍服务感到一般满意的受助个体的主要收入在 1100～1500 元之间；对电力普遍服务感到不太满意和非常不满意的受助个体很少。从收入水平来看，各个收入水平的受助对象对电力普遍服务大部分感到比较满意。从家庭人均月收入角度来看，对电力普遍服务福利感应主要分布在比较满意和非常满意两个秩，而家庭人均月收入主要分布在 800～2500 元之间，随着家庭人均月收入越大，对电力普遍服务福利感应呈先上升后下降的趋势。

4. 平均停电次数与受助个体福利感应的分布

平均停电次数与受助个体福利感应的分布关系如图 2-4 所示。

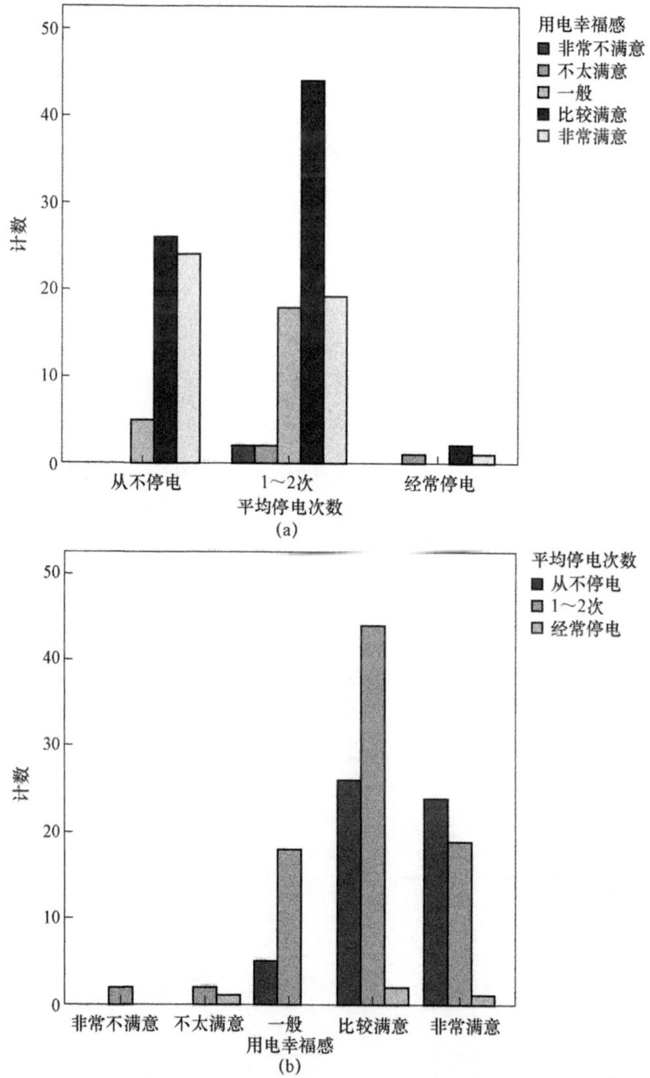

图 2-4 受助个体福利感应与平均停电次数的分布关系

（a）用电幸福感对平均停电次数交叉制表；（b）平均停电次数对用电幸福感交叉制表

由图 2－4 可以看出，对电力普遍服务感到非常满意的受助个体的平均停电次数为 0；对电力普遍服务感到比较满意的受助个体的平均停电次数为 1～2 次；对电力普遍服务感到一般满意的受助个体的平均停电次数也为 1～2 次。从平均停电次数来看，从未遭受过停电经历的受助个体大部分对电力普遍服务感到比较满意和非常满意；遭受过 1～2 次停电经历的受助个体大部分对电力普遍服务感到比较满意。可以看出，随着停电次数的增加，受助个体的福利感应基本呈下降的趋势。

2.4.4 显著性影响因素分析

为识别影响电力普遍服务受助个体福利感应的主要因素，本书从福利感应秩角度，运用 Ordered Probit 模型进行实证研究，与此同时也分析了各主要因素的影响程度。在实证分析中，被解释变量为电力普遍服务受助个体福利感应，即用电幸福感，其取值情况为：非常不满意＝1；不太满意＝2；一般满意＝3；比较满意＝4；非常满意＝5；解释变量为表 2－1 所示的 11 个变量（X_1～X_{11}），变量具体取值也如表 2－1 所示。

运用 Stata12 软件，可以得到电力普遍服务受助个体福利感应的影响因素和程度的估计结果，如表 2－5 所示。同时，在运用 Ordered Probit 模型进行回归分析时，得到的估计系数不能表示解释变量的边际效应，因此为得到各解释变量对受助个体福利感应边际效应情况，本章在得到 Ordered Probit 回归方程后又对解释变量在样本均值处的边际效应进行了计算，结果如表 2－6 所示。

表 2－5　　Ordered Probit 模型估计结果

用电满意度	系数	标准差	$P>\|Z\|$
年龄	0.073 7	0.099 2	0.459 2
性别	0.215 3	0.195 4	0.271 4
教育程度	0.213 3	0.085 3	0.012 4*
家庭常住人口数	－0.054 8	0.068 1	0.418 0
健康状况	0.114 5	0.047 7	0.016 8*
家庭人均月收入	0.084 6	0.041 7	0.042 4*
对收入的满意度	0.220 1	0.116 3	0.058 8
收入来源	0.050 7	0.091 5	0.582 4
平均停电次数	－0.660 6	0.187 5	0.000 0**
每月电费	－0.116 6	0.057 6	0.042 4*
家用电器使用时间	0.100 6	0.037 4	0.007 2**

续表

用电满意度	系数	标准差	$P>\|Z\|$
切点 1	-1.868 01	0.975 573	
切点 2	-1.450 96	0.952 758	
切点 3	-0.389 73	0.937 994	
切点 4	1.128 902	0.940 983	

注：样本数量为 141，卡方检验统计量为 23.12，似然比值检验 P 值为 0.017，对数似然比为-152.872 4，伪判决系数 0.070 3。

*表示在 5%的显著性水平上统计显著。

**表示在 1%的显著性水平上统计显著。

表 2-6　　Ordered Probit 模型解释变量边际效应

解释变量	$Y=1$	$Y=2$	$Y=3$	$Y=4$	$Y=5$
年龄	0.073 7	-0.002 3	-0.014 8	-0.006 4	0.025 1
性别	-0.004 4	-0.006 7	-0.042 7	0.019 9	0.073 7
教育程度	-0.027 5	-0.042 0	0.002 7	0.011 6	0.045 2
家庭常住人口数	0.001 1	0.001 7	0.011 0	0.004 8	-0.018 7
健康状况	-0.023 7	-0.036 2	0.023 0	0.009 9	0.038 9
家庭人均月收入	-0.033 1	-0.005 1	0.032 1	0.013 9	0.054 4
对收入的满意度	-0.004 6	-0.007 0	0.044 2	0.019 2	0.074 9
收入来源	-0.001 0	-0.001 6	-0.010 2	-0.004 4	0.017 3
平均停电次数	0.013 7	0.020 9	-0.132 6	-0.057 6	-0.224 7
每月电费	0.008 4	0.012 8	-0.008 2	-0.035 4	-0.013 8
家用电器使用时间	-0.003 4	-0.005 3	0.003 3	0.014 5	0.056 6

基于 Ordered Probit 模型回归结果及边际效应结果可以得到以下主要结论。

（1）由表 2-5 可以看出，Ordered Probit 回归模型的对数似然比为-152.872 4，而 152.872 4 这个数值大于给定 95%显著水平的对应值，同时伪判决系数（Pseudo R^2）为 0.070 3，比较接近 0，这些表明该 Ordered Probit 回归模型的拟合度较好；似然比检验的 P 值为 0.017，小于 0.05，表明该 Ordered Probit 回归模型具有统计学意义。

（2）由表 2-5 可以看出，解释变量教育程度、健康状况、家庭人均月收入、平均停电次数、每月电费和家用电器使用时间的 P 值小于 0.05，说明这 6 个变量在 5%显著性水平上是统计显著的，其中解释变量平均停电次数和家用电器使用时间的 P 值小于 0.01，表明这两个变量在 1%显著性水平上是统计显著的，而其他解释变量的 P 值皆大于 0.05，这表明教育程度、健康状况、家庭人均月收入、平均停电次数、每月电费和家用电器使用时间是影响电力普遍服务受助个体福利感应的显著因素。

（3）教育程度与电力普遍服务福利感应呈明显的正相关。一个人的受教育水平可能对他（她）所从事的工作和收入有关系，同时也会影响个人的人生观、价值观和对生活的态度，从而影响到电力普遍服务福利感应。随着教育水平的提升，受助个体对电力普遍服务福利感应也会相应增加，由表 2-6 可以看出，受助个体教育程度每增加一个等级，其对电力普遍服务福利感应为“非常不满意”的概率下降 2.75%，“不太满意”的概率下降 4.2%，“一般满意”的概率上升 0.27%，“比较满意”的概率上升 1.16%，“非常满意”的概率上升 4.52%。

（4）健康状况与电力普遍服务福利感应呈明显的正相关。身体健康的受助个体往往能够更加投入工作，奉献社会，实现自身的价值，同时承有的生活负担及面对的生活压力也相对少些，从而在生活中会更加感到满意，进而影响到对电力普遍服务福利感应。受助个体自身健康状况的每提升一个等级，其对电力普遍服务福利感应“非常不满意”和“不太满意”的概率分别下降 2.37%和 3.62%，而“一般满意”“比较满意”和“非常满意”的概率分别上升 2.3%、0.99%和 3.89%。

（5）家庭人均月收入与电力普遍服务福利感应呈正相关。家庭人均月收入高的受助个体其面临的生活成本压力相对较低，可以有更多的资金支配用于其他基本生活及娱乐等方面，从而提高生活品质和幸福感。受助个体家庭人均月收入的每提升一个等级，其对电力普遍服务福利感应“非常不满意”和“不太满意”的概率分别下降 3.31%和 0.51%，而“一般满意”“比较满意”和“非常满意”的概率分别上升 3.21%、1.39%和 5.44%。

（6）平均停电次数与电力普遍服务福利感应呈明显的负相关。其回归系数的数值在所有解释变量中最大，供电可靠性是电网公司供电服务首要考虑的一个重点因素，高供电可靠性、低停电率能够使电力用户安全、顺利地使用电器设备，从而给日常生活带来很大的便捷，进而提高用电的幸福感。平均停电次数每下降一个等级，受助个体对电力普遍服务福利感应“非常不满意”和“不太满意”的概率分别下降 1.37%和 2.09%，而“一般满意”“比较满意”和“非常满意”的概率分别上升 13.26%、5.76%和 22.47%。

（7）每月电费与电力普遍服务福利感应呈明显的负相关。一方面，较高的电费支出将使受助个体感到用电费很贵，生活成本高；另一方面，较高的电费也会减少受助个体在其他生活方面的支出，从而影响到对整体生活质量的评价，从而影响到电力普遍服务的福利感应。每月电费每下降一个等级，受助个体对电力普遍服务福利感应“非常不满意”和“不太满意”的概率分别下降 0.84%和 1.28%，而“一般满意”“比较满意”和“非常满意”的概率分别上升 0.82%、3.54%和 1.38%。

（8）家用电器使用时间与电力普遍服务福利感应呈正相关。家用电器的使用能够给受助个体日常生活带来很大的便利，如照明、做饭、看电视等娱乐，从而增加愉悦的生活体验和幸福感，同时家用电器使用时间存在一定的惯性，这种使用时间基本固定后将成为生活方式中的一部分，一旦减少，将在很大程度上影响到受助个体的日常生活，增加往往会进一步提高生活便捷性和丰富性。家用电器使用时间每增加一个小时，其对电力普遍服务福利感应“非常不满意”和“不太满意”的概率分别下降 0.34%和 0.53%，而“一般满意”“比较满意”和“非常满意”的概率分别上升 0.033%、1.45%和 5.66%。

第3章　电力普遍服务受助个体福利感应影响机理及主客观福利的测度

本章将对电力普遍服务受助个体福利感应显著影响因素对个体福利感应的影响机理进行深入分析，进而选出代表性主、客观影响指标。由于个体福利感应是其在主、客体关系中生成的，是一种主观性的客观存在，因此，电力普遍服务受助个体福利感应可分为客观福利感应和主观福利感应。为量化电力普遍服务受助个体主、客观福利感应值，本章对受助个体福利感应等级进行模糊化处理，运用 Shapley 值方法定量测算电力普遍服务受助个体主、客观福利感应值，为电力普遍服务个体福利感应函数的构建做进一步的铺垫。

3.1　电力普遍服务受助个体福利感应影响机理分析

幸福是行为个体对自己当前状况满意程度的表征，是行为个体过的一种美善的生活，这种生活具有自由、健康、惬意、和谐、正义、自主、淡定等特征，是一个历史的范畴。幸福在本质上是一种人的主观感受和主观状态，其在主客体关系中生成的，是一种客观性的存在，是外在对象符合行为个体内在尺度的状态，是行为个体根据自己对生活意义的理解去选择和衡量的。

影响行为个体幸福的因素是极其复杂的，罗素指出："种种不幸的根源，部分在于社会制度，部分在于个人内心"。一般来说，影响幸福的因素主要分为两个方面：一是外在的客观因素；二是行为个体自身的主观因素。当外在因素或条件越符合行为个体物质需要和精神需要时，行为个体就会越容易产生幸福感，外在因素是行为个体获得幸福的基础。但与此同时，行为个体的幸福感还主要来源于自己对幸福的理解、对生活的态度和感受幸福的能力。对内源性目标（如个人成长、社会交往、自主、自由等）的追求往往能够给行为个体带来更为持久和深层的幸福感，而对外源性目标（如经济权利、社会地位、生理吸引等）

的一味追求，并不能给人带来持久的幸福感。幸福会伴随着社会、经济政治、环境的改善而得到提升，还会根据不同行为个体独特的生命体验而呈现出巨大的差异。

通过 2.2 节实证分析结果可知，教育程度、健康状况、家庭人均月收入、平均停电次数、每月电费和家用电器使用时间是影响电力普遍服务受助个体福利感应的显著因素。在对这些显著性影响因素进行分析时，考虑到各因素之间的独立性和相关性，本部分将反映经济收入和消费的家庭人均月收入和每月电费整合并划归为“经济收入”，而反映电力消费及使用情况的平均停电次数和家用电器使用时间则划归为“电能消费”。因此，本部分从教育程度、健康状况、经济收入和电能消费四个方面对电力普遍服务受助个体福利感应的影响机理进行分析。

3.1.1 教育程度

幸福是行为个体生活的内在驱动力和价值追求，是作为人类的人和作为个体的人的一切发展和一切活动所追求的永恒的、终极的目标和价值。这种价值永恒性和终极性决定了教育对行为个体幸福的关涉。人在本质上是一种精神性的存在，精神是人的首要特征，人对精神世界的向往和对精神生活的渴望是人性的根本所在，是人的幸福的根源所在。教育的本质是构建人的主观世界、改造人的主观世界，教育是一种直接指向人内心和精神的活动。

教育能够使个体从“自然存在”走向“精神存在”，不断完善自己的精神结构和提高自己的精神世界，使个体在完整的精神之中生活、交往和工作。越是受过教育的行为个体，就越是有能力获得满足自身物质需要和精神需要的资源。教育有助于改善行为个体生存和发展的外在条件，有助于提升个体的幸福感受能力；教育本身也潜藏、蕴含着诸多幸福的元素，同时行为个体也可以赋予教育过程幸福的元素。

受教育程度与行为个体在社会、政治、经济生活中所能得到的发展机会、待遇、收入等有密切的关系。受教育程度影响着行为个体所面对的生存和发展所需的外在条件。受教育程度越高，行为个体获得发展机遇的机会越多、改善生活状态的能力越强、提升工作收入的概率越大，从而越有可能获得较多的幸福体验。一方面，教育能够在一定程度上满足人的物质欲求，从而带来幸福感受。另一方面，教育能够使行为个体习得和养成体悟幸福的能力，即教育能够使人获得创造、发现、选择和品味幸福的智慧和能力，同时也能够养成引导幸福走向的幸福观。教育程度与行为个体的人生智慧、生活艺术和美善的精神境界有很大的关系，教育中所蕴含的知识、智慧、德行、理性以及一切与真善美相关的元素，在行为个体受教育过程中都会逐渐获取并不断深化、丰富自己的精神世界，从而有助于行为个体幸福能力的提升。

与此同时，受教育的过程也是获得幸福的过程。教育使人求真、求善、求美，行为个体在对真善美追求获取的过程中也会使自身的能力得到发展、心灵得到充实、知识得到增长、德行得到陶冶、智慧得到养成、精神得到自由、价值得到实现，而这些都是个体幸福的重要源泉。康德指出："教育能够使人的天性得到越来越好的发展，而且人们可以使教育具有一种合乎人性的形式。"教育是一种人为营造的特殊环境，受到教育的行为个体可以在受教育过程中获得更多的幸福元素。

教育不仅是人们迈向文明进步、提高素质修养的重要途径，同时还肩负着行为个体追求个人幸福的终极任务。从哲学心理意义层面，教育能够改变行为个体的认知能力，进而使其获得幸福感。在生活层面，教育程度越高，行为个体往往就越善于交往沟通交流，并且能够较好地处理沟通交往中发生的矛盾，从而不仅能够使行为个体加强与初级群体的纽带关系，维持、拓展与社会群体中他人的社会关系，还能够使个体获得一种稳定的情感支持，增加其对幸福感知的能力。在工作层面，接受教育程度越高，置身于生产现场的机会越大，从而更有机会从事创造性更强、自由度更高的工作，这样就能够摆脱劳动监工及机器的束缚，获得更大的自由和可控制的快乐，通过这种劳动过程的控制获得幸福感受。

从社会经济意义层面，行为个体在受教育过程中不仅能够提高自身的认知能力，还能获得具有经济实现价值功能的知识技能，通过获得的这种非物质资本技能，行为个体能够获得获益，从而获得幸福感受。地位获得理论指出，先赋和获致是决定行为个体社会地位的关键因素，工业化的迅速发展使以现代教育为核心的职业地位体系取代了依靠代际关系传承知识技能的社会再生产模式，因此，教育程度能够通过影响行为个体的社会地位对个体幸福感产生作用。与此同时，人力资本理论也证实了这种教育程度对个体幸福感的影响，理论指出，在自由竞争的市场环境下，行为个体受教育过程中获得的知识技能影响着生产效率和经济效益，从而可以获得不同的补偿和收益，教育程度越高的个体，获得补偿和经济收入的概率越大，进而能够增强个体的幸福感知程度。

3.1.2 健康状况

健康指行为个体在肉体、精神和社会等方面都处于良好的状态，世界卫生组织（WTO）指出，健康不仅仅是躯体没有疾病，而且还要具备道德健康和心理健康。行为个体的健康分为身体健康和心理健康两种，其都会对个体的幸福感产生影响。

身体健康通过个体生理状态和心理状态对个体幸福感产生影响。对于健康状态较差的行为个体，一方面，其面临着生理的痛苦，这会直接引起个体的消极情绪和感受，精神上的焦虑和抑郁，同时也会对行为个体带来经济压力的增加、人际关系的弱化、与外界环境关系的失衡等问题，这些都会对行为个体产生显著的负面影响。相反，身体健康的个体能够有充沛饱满的精力投入日常的生活、工作和学习，获得较好的收入，经济负担小，也有更多的精力从事人际交流、娱乐等精神层面的活动，尽情地体验生活、享受生活，从而对个体幸福感产生积极作用。

心理健康这一概念是随着人类社会的进步而产生并发展起来的。个体心理健康隐藏在个体内在世界，不能通过内省来确认认知，不易被观察，是个体在无意识层面对心理状态的评价，调节和支配着个体的行为和态度。心理健康的行为个体一般具有良好的人际关系，能够正确认识周围的环境，在日常生活中情绪比较平衡和稳定，对生活和工作抱有积极的态度，同时也能够适当约束自己的言行，完善自我发展目标，积极寻找自己的存在价值和人生意义，并努力取得社会的认同，在这过程中会给个体带来幸福的体验。心理健康的个体在学习、工作和生活中能更容易获得快乐、满意和希望，从而给个体带来幸福感。

3.1.3 经济收入

在经济学研究中，收入的概念包括 GDP、人均 GDP、家庭收入、平均小时工资等。收入是满足行为个体生理需求和精神需求的重要途径和手段。在个体满足其基本需求过程中，收入对其福利水平有很大影响，但当个体的基本生活和精神需求得到满足后，收入对其福利水平的影响就会变得较小。

根据马斯洛需求层次理论，行为个体的需求由低到高依次分为生理需求、安全需求、社交需求、尊重需求和自我实现需求。对这些需要的满足能够给行为个体带来幸福感。个体的收入能够满足食物、衣物及住所等低层次的需求，同时也能够实现个人声望、地位、自尊以及自我实现等高层次需求。因此，收入的增加不仅能够满足个体基本生理需求，而且还能够满足其他更高层次的精神需求。

但比较理论表明，行为个体的幸福感几乎与个体的绝对收入没有关系，而是取决于相对收入，即个体的实际收入与社会平均收入的比较、与个体期望收入的比较和与个体过去收入的比较有关。根据美国经济学家伊斯特林（Richard A. Easterlin）的研究，人们对物质追求的欲望和其收入水平呈正比例关系，即当人们的收入增加时，原有追求物质的欲望也会随之增加。当收入增加时，行为个体可以有更多的经济能力去支付其他的活动和消费，从而带来生活上的愉悦，对个体幸福感会产生正面影响。但随着个体收入水平的提高，其对物质追求的欲望也会上升，则原有的收入增加所带来的幸福感受会大打折扣，此时对行为个体的幸福感会产生负面影响。这种现象即为幸福经济学中的伊斯特林悖论Easterlin Paradox。“攀比理论”的提出很好地解决了伊斯特林悖论，其指出行为个体在判断自身的福利状态时往往是通过将自己的主观生活水平和客观存在状态进行比较而得出的，个体的效用会随着自身收入的增加而提高，但会随着社会平均收入水平（即攀比水平）的增加而下降。当个体攀比水平提高，所在的社会变得更加富裕时，个体收入的增加将使总效用保持原来的水平，具体如图 3－1 所示。当行为个体的收入为 y_1 时，对收入的期望水平为 R_1，其幸福感水平为 u_1。当个体收入增加到 y_2 时，此时其还没有意识到社会收入水平的变化，其收入期望水平仍为 R_1，幸福感水平将由 w_1 沿收入期望水平 R_1 所在的效用函数向右上方移动至 w_2，则个体的幸福感增加至 u_2。此时，个体意识到所在的社会群体的收入水平也有所增加，攀比水平上升。当个体的收入水平进一步增加到 y_3 时，因为攀比效应的存在，个体的收入期望水平将由 R_1 向右移动至 R_2，这也会相应改变个体的效用函数，此时个体的幸福感仍位于 u_2，而没有增加到 u_3。由此可知，行为个体存在的攀比效应使个体收入的增加对其幸福感的正向影响呈减弱的趋势。

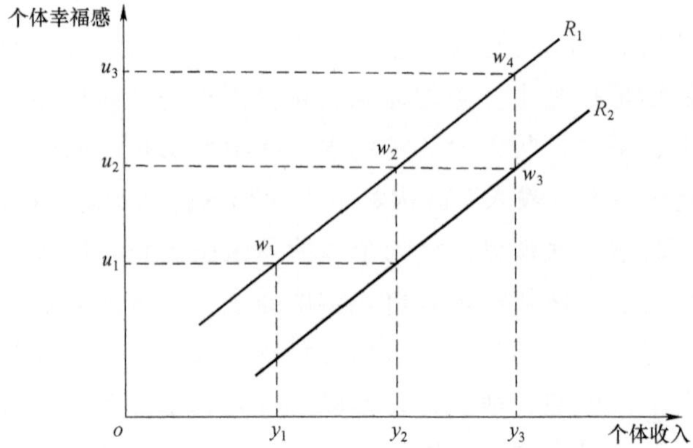

图 3－1　收入与幸福感关系示意图

高收入不一定能够很大程度上增加个体的幸福感这一结论也得到了“焦点幻觉理论”的支持。该理论指出，行为个体当拥有较高收入时其心情也较好其实是一种幻觉。拥有高收入的个体具有更强的经济支配能力用于物质生活的体验，从而使生活更丰富、更满意。但与此同时，高收入往往会使个体生活节奏比较紧凑、工作强度与压力大，没有多余的时间去参与娱乐等相关活动，从而在快乐体验等精神方面处于不利地位。心理学中的社会比较理论指出，同时提高所有人的收入，个体的幸福程度将保持不变，这表明行为个体在对自身幸福水平做出判断的时候更多的是考虑相对位置而不是绝对位置，因此，相对收入可能会对个体的幸福感有更大的作用。

3.1.4 电能消费

电能是人类社会发展和人民生活水平提高的重要支撑。当今社会，电能已基本成为每个家庭生活必需品之一。电能的做功形式，如照明、电视、洗衣机等没有电能将无法使用，而这些家用电器设备的使用在很大程度上方便了人们的日常生活和工作，提升了个体生活的生活质量，从而对幸福感产生积极影响。照明给黑夜带来了光明，使个体在夜间也能够看清事物、从事活动，在一定程度上拓延了个体每日可支配的时间，从而丰富个体生活体验和满意度，增加个体的幸福感。电视已成为大众文化的一部分，其能够使个体在紧张的工作后放松自己的心情，同时作为一种文明传播的工作，能够丰富个体的业余生活和精神世界、开拓视野、增长知识和经验，从而产生幸福感。洗衣机的出现改变了人们以往只能用手清洁衣服的做法，节省了日常的劳作，同时也不受时间的限制，在很大程度上为个体家庭生活提供了便利，从而带来幸福感。

家用电器使用的时间和频次影响着个体幸福感。电灯、电视机等电器的长时间使用能够便捷人们的日常生活和满足人们物质和精神需求，同时家用电器使用时间存在一定的惯性，这种使用时间基本固定后将成为生活方式中的一部分，一旦减少，将在很大程度上影响到受助个体的日常生活，增加往往会进一步提高生活便捷性和丰富性，提高个体幸福感。

与此同时，电能的使用也会对个体日常生活带来负面影响，如电费的支出、停电带来的不便等。电费的支出是电能对个体幸福感消极影响的一个重要因素，特别是当个体认为电价较贵时，尽管其使用电能过程中会产生愉悦的心情，但电费的支出会减少经济可支配收入，从而减少其他经济社会活动的支出，使电能使用给个体带来的幸福感降低。供电可靠性是影响个体用电幸福感的另一个重要因素。停电会影响到照明、电视、冰箱等家用电器的使用，如个体在夜晚将无法进行正常的学习和工作；无法通过看电视进行休闲娱乐活动；食物将可能腐烂。这些不仅会给个体带来经济的损失，更重要的是给生活带来很大的不便和困扰。同时，停电也会家用电器产生一定的损害，减少其使用寿。上述种种将降低个体使用电能的愉悦体验，从而对个体幸福感产生负面影响。

3.2 电力普遍服务受助个体福利感应等级的模糊测度

3.2.1 电力普遍服务受助个体福利感应等级

幸福不仅是行为个体追求的目标，同时也是和谐、可持续社会构建和形成的最终目的。主观幸福感（subjective well-being，SWB）自 20 世纪 70 年代以来成为西方经济学中的一个热点问题，有许多经济学家和心理学家对其进行了大量研究。在传统的西方经济学理论中，幸福主要通过福利（well-being，WB）或效用（utility，U）来对行为个体或群体进行衡量，但个体或群体的福利和效用在很大程度上无法直接测量。随着心理学、社会学、脑神经科学等学科的发展，研究者对幸福的研究更加深入，同时随着统计学等数理学科的发展，通过对研究对象（包括行为个体和群体等）的大样本调查，可以测量研究对象的主观幸福感，而学者们通过大量的经验研究和实证研究也证实了这种调查方法所获得结果是准确有效的，其能够反映个体或群体真实的幸福感水平。

世界价值普查（world values survey，WVS）在对受访者进行调查时，会提以下问题:“综合所有因素,您对这段时间的生活状况感到如何？”WVS 提供 1～10 等级（由小到大依次表征非常不满意到非常满意）供受访者回答，从而可以通过这种调查问卷的方法获得调查对象当前的生活满意度和幸福感。美国民意调查中心每年也会通过调查问卷的方式向受访者当前的幸福感进行调查，通过让受访者回答问题“总的来说，您对最近的生活感觉：A. 非常幸福；B. 比较幸福；C. 很不幸福”。这种方式能够使受访者根据自己的价值判断确定自己的幸福感评价标准并对其幸福状态进行评价，因此，这类方法获得幸福感的评价方法具有主观性，但结果是客观的，因为其没有将调查者预计的价值判断加之于被调查者，同时也不涉及“幸福应该是什么？”的问题。

本书根据世界价值普查 WVS、美国民意调查和幸福感指数量表等幸福感调查方法，结合我国人文社会和电力普遍服务的实际情况，采用 Likert 自评式 5 点量表法，对电力普遍服务受助对象询问以下问题“您对当前电力使用状况感到：1—非常不满意；2—不太满意；3—一般满意；4—比较满意；5—非常满意”，进而可获得电力普遍服务受助个体的用电福利感应。

本书电力普遍服务受助个体用电福利感应数据是课题组于 2015 年在云南省昆明市富民县通过实地走访问卷调查获取的，实地调查采用面对面访查和问卷发放两种方式，调查区域包括大营镇、罗免彝族苗族乡、赤鹫乡和永定镇四个区域。最终，共获取了 144 份有效问卷，其中包括大营镇 45 份有效问卷、罗免彝族苗族乡 25 份有效问卷、赤鹫乡 35 份有效问卷和永定镇 39 份有效问卷。各区域受助个体用电福利感应评价等级如图 3－2 所示。

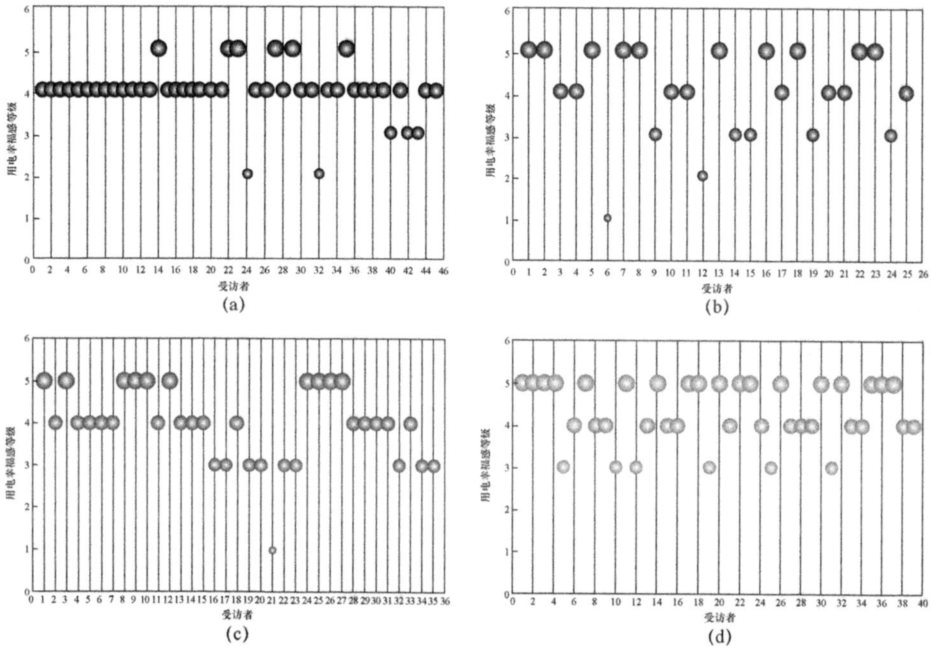

图 3－2　受助个体用电福利感应评价等级

（a）大营镇；（b）罗免彝族苗族乡；（c）赤鹫乡；（d）永定镇

3.2.2　福利感应等级的模糊化处理

为构建电力普遍服务受助个体福利感应函数，首先需要将个体的用电福利感应评价等级转化为具体的数值，进而可通过适当的数学方法将电力普遍服务受助个体福利感应值与其影响因素建立一一映射关系，最终构建福利感应函数。本书采用模糊系统理论中的三角模糊数方法对电力普遍服务受助个体福利感应等级进行模糊数值的转化。

模糊系统理论是一种以模糊集合的形式表示所研究系统的模糊及不确定特征，并能够对这类模糊性进行有效处理的系统理论。模糊理论（Fuzzy Theory）是在美国加州大学 L.A. Zadeh 教授于 1965 年提出的模糊集合理论基础上发展起来的，包括模糊集合、模糊控制、模糊逻辑、模糊推理等。模糊理论运用隶属函数表示现实世界中事物所具有的模糊性特点，这种表达方式和研究方法往往能够获得对世界事物更准确的认识和分析。

三角模糊数（triangular fuzzy number，TFN）是一种解决不确定环境下具有模糊性质问题的方法，通过设定下边界值、中间值和上边界值来表征研究对象的模糊性和不确定性，隶属于模糊集合理论。三角模糊数可用一个有序三元组 $\tilde{a}$ 来代表，即

$$\tilde{a}=\left[a^L,a^M,a^R\right] \tag{3-1}$$

式中：$\tilde{a}$ 为三角模糊数；a^L、a^M、a^R 分别为三角模糊数的下边界、中间值和上边界，$0<a^L<a^M<a^R$。

三角模糊数的上边界 a^R 和下边界 a^L 之间的数是不确定的，其给出了取值范围，这可以表明研究对象的模糊性特点，而中间值 a^M 是确定的。因此可以说，三角模糊数是确定和不确定的统一。三角模糊数 $\tilde{a}$ 的隶属度函数 $\mu_{\tilde{a}}(x)$ 如式（3-2）所示。

$$\mu_{\tilde{a}}(x)=\begin{cases}0, x<a^L\\ \dfrac{x-a^L}{a^M-a^L}, a^L\leqslant x<a^M\\ \dfrac{a^R-x}{a^R-a^M}, a^M\leqslant x\leqslant a^R\\ 0, x>a^R\end{cases} \tag{3-2}$$

式中：x 为研究对象；a^L、a^M、a^R 分别为三角模糊数的下边界、中间值和上边界，都是精确值，且 $-\infty<a^L\leqslant a^M\leqslant a^R<\infty$。

当采用 Likert 自评式 5 点量表法对研究对象进行主观评价时，评价对象各等级所对应的三角模糊数隶属度函数见表 3-1。

表 3-1　评价等级与三角模糊数隶属度函数对应关系

等　级	隶属度函数值
非常不	（0，0，20）
不太	（0，20，40）
一般	（30，50，70）
比较	（60，80，100）
非常	（80，100，100）

为了将三角模糊数转化为一个模糊化处理后的精确值，Chen 和 Hsieh 在 2010 年提出了利用梯级平均综合表示法来转为三角模糊数，本书也采用梯级平

均综合表示法将电力普遍服务受助个体的福利感应三角模糊数值转化为具体的数值。

三角模糊数 $\tilde{a}$ 的梯级平均综合表示值 $R(\tilde{a})$ 可根据式（3－3）计算获得。

$$R(\tilde{a})=\frac{a^{L}+4a^{M}+a^{R}}{6} \tag{3-3}$$

三角模糊数 $\tilde{a}$ 的梯级平均综合表示值 $R(\tilde{a})$ 具有如下性质：

$$\begin{cases}\tilde{a}_i > \tilde{a}_j \Leftrightarrow R(\tilde{a}_i) > R(\tilde{a}_j) \\ \tilde{a}_i = \tilde{a}_j \Leftrightarrow R(\tilde{a}_i) = R(\tilde{a}_j) \\ \tilde{a}_i < \tilde{a}_j \Leftrightarrow R(\tilde{a}_i) < R(\tilde{a}_j)\end{cases} \tag{3-4}$$

因此，电力普遍服务受助个体福利感应等级可转化为三级模糊数，进而可将个体福利感应三角模糊数转化为具体的数值。大营镇、罗免彝族苗族乡、赤鹫乡和永定镇四个区域受助个体福利感应等级的梯级平均综合表示值计算结果如图 3－3 所示。

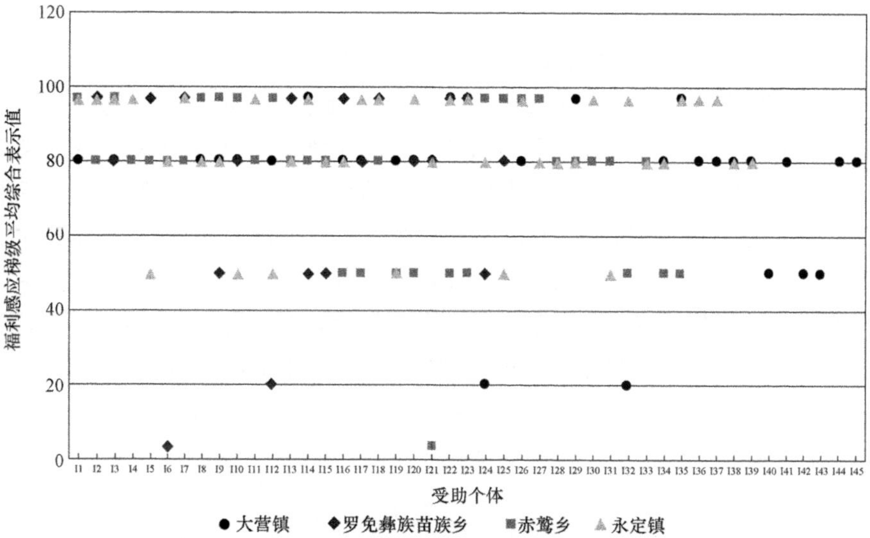

图 3－3 受助个体福利感应梯级平均综合表示值

3.3 电力普遍服务受助个体主客观福利感应的度量

量化电力普遍福利受助个体的主、客观福利感应是构建个体福利感应函数的前提和关键。本部分在得到电力普遍福利受助个体福利感应模糊量化值后，运用 Shapely 方法对将其分解，进而可得到电力普遍福利受助个体的客观福利感应值和主观福利感应值。

3.3.1 受助个体主客观福利感应内涵

（1）受助个体客观福利感应内涵。传统的福利账户有三种，分别是客观福利清单、偏好满意度和主观幸福感。客观福利清单基于基本人类需求和权益的假设，阿玛蒂亚·森认为这些需求的满足向人们提供可行能力。偏好满足度账户与经济学家所说的福利账户密切相关，即满足一个人所有欲望的就是最好的。因此，满足人们更多偏好的经济类指标（如国民生产总值 GDP、个人收入等）成为客观福利的代表。

从电力普遍服务的研究来看，学者通常采用将福利依据其经济性区分为客观福利（经济福利）和主观福利（非经济福利）。客观福利反映受助对象客观生活水平，可以认为是使个体获得主观幸福感的客观事物。电力普遍服务受助对象对用电幸福感的评价是一种主观认识的客观存在，其主要由个体用电的满意度和用电情绪两部分组成。个体用电满意度是一种理性福利，是行为个体由于自身客观因素所导致的对用电的主观认识与评价，本书称之为电力普遍服务受助个体的客观福利感应，其受客观因素（如收入等）的影响。

（2）受助个体主观福利感应内涵。主观幸福感理论可以追溯到边沁基于快乐与痛苦的福利账户，其为功利主义者提供了背景，主观福利具有偏好满意度的民主性。早期的经济学效用概念就是以幸福为基本内涵建立起来的，后来以边际革命为转折点效用逐渐简化为货币来衡量。主流经济学以幸福不可观为由，以财富等更加直观可测的中间变量作为主要研究对象，将幸福排除在主流经济学的视野之外。2002 年诺贝尔经济学奖得主丹尼尔·卡尼曼区分了两种不同的效用：决策效用和经验效用，经验效用即效用的主观幸福含义。目前福利经济学向边沁主义，根据心理学的最新发现可以认为主观福利包含不同的方面：个体生活的认知评价、积极情感诸如快乐和骄傲、消极情绪诸如痛苦和担忧等。

作为一种主观认识的客观存在，电力普遍服务受助对象对用电幸福感主要由个体用电的满意度和用电情绪两部分组成。其中，用电情绪主要是由个体主观因素所导致的对用电的认识和评价，本书称之为电力普遍服务受助个体的主观福利感应，其受主观因素（如健康状况、教育程度等）的影响。

3.3.2 Shapely 值方法基本原理

假设所有参与者可由合作联盟 $N=\{1,2,3,\cdots,n\}$ 表示，对于任意的 $i\in N$ 为这个合作联盟的参与者。联盟集合中的参与者自己决定其是否与其他成员进行合作，而参与者合作与否对合作联盟的建立没有影响。定义 M 为一个非空子集，即 $\forall M \in N, M \neq \phi$，则称子集 M 为集合 N 的一个联盟。

合理的分配是联盟 $I=\{1,2,3,\cdots,n\}$ 能够建立和稳定运行的关键因素，其指存在一个集合 $Y=\{Y_1,Y_2,\cdots,Y_n\}$，满足

$$\sum_{i\in N} V(Y_i)=V(N), V(Y_i)>V(\{i\}) \tag{3-5}$$

式中：$V(Y_i)$ 为联盟中各成员收益；$V(N)$ 为所有联盟形式中的最大收益；$V(\{i\})$ 为第 i 个局中人为加入联盟时单独进行决策的收益。

Shapely 值方法是由美国学者在 1953 年提出的用于解决多人合作收益分配问题的对策博弈方法。基于 Shapely 值方法的多人博弈收益分配方法是基于各联盟成员在合作经济效益中的贡献度（重要程度）来对各人的收益进行分配的，其既不是按照投资成本比例对联盟各成员的收益进行分配，也不是平均分配的方法。这种分配方式表明了基于 Shapely 值方法的联盟个体收益分配是公正、公平的。

对于一个联盟 $I=\{1,2,\cdots,n\}$，如果 $\forall M \in I$，都存在一个实集函数 V，其满足

$$V(\phi)=0 \tag{3-6}$$

当 $M_1 \cap M_2=\phi$ 时，

$$V(M_1 \cup M_2) \geqslant V(M_1)+V(M_2) \tag{3-7}$$

式中：M_1、$M_2 \in M$ 分别为 V 为 I 上的特征函数。

可以看出，n 个局中人无论是组成联盟联合经营还是不联盟单独经营，其都可以获得一定的收益。

当合作不会使局中人的收益减少，合作的单位越多，联盟后的总收益超过联盟个体各自经营时的收益之和时，各局中人就会选择合作组成联盟，即局中人之间的收益不会因为合作而遭受到抵消时，局中人是不会单独行动的，而会结成联盟。当所有人都参与合作时，局中人的经济收益能达到最大化。

Shapely 值方法能够很好地解决联盟合作时获得的收益的分配问题，其根据各参与者在联盟合作中的贡献进行合理分配，其属于合作对策问题。

令 n 人合作博弈 V 的全体为 P，则对于 P 中的任一博弈 V，各成员通过协商会给出一个支付分配向量 $Y \in R^n$，其能够使合作中各成员都能接受。由 V 到 Y

的过程可以看做从 P 到 R^n 的一个映射 ϕ，即

$$\phi(V)=\left[\phi_1(V),\phi_2(V),\cdots,\phi_n(V)\right] \tag{3-8}$$

$$\phi_1(V)+\phi_2(V)+\cdots+\phi_n(V)=V(I) \tag{3-9}$$

$$\phi_i(V)=Y_i, i=1,2,\cdots,n \tag{3-10}$$

式中：$\phi(V)$ 为 Shapely 值，其由特征函数 V 确定；Y_i 为 I 之中各成员的收益分配。

Shapely 值方法满足有效性、无序性和可加性这三个公理。有效性公理表明联盟合作中的成员只有创造了收益后才能得到自己的收益；无序性公理表明联盟合作中各成员的收益与成员的编号无关；可加性公理表明联盟合作中的成员的贡献越大，其获得的收益越多。

据此，联盟合作中各成员的根据各自的贡献获得的收益可由式（3-11）计算得出

$$\phi_i(V)=\sum_{M\in L(i)}\frac{(m-1)!(n-m)!}{n!}\left[V(M)-V\left(M-\{i\}\right)\right] \tag{3-11}$$

式中：m 为 M 中成员的个数；n 为总成员数；$L(i)$ 为 I 中所有包括成员 i 的子集的集合；$V(M)$ 为成员 i 加入后的收益；$V\left(M-\{i\}\right)$ 为成员 i 未加入时的收益。

3.3.3 受助个体客观福利感应和主观福利感应的量化

本部分在用 Shapely 值方法对电力普遍服务受助个体主客观福利感应测算时，将影响电力普遍服务受助个体主客观福利感应的显著因素（包括教育程度、健康状况、家庭人均月收入、平均停电次数、每月电费和家用电器使用时间）作为各局中人，即 $n=6$。由于 Shapley 值方法根据每个局中人对联盟合作的边际贡献对联盟总收益进行分配，因此，本部分采用各显著影响因素的边际贡献和各影响因素等级的乘积作为各影响因素在联盟合作中的收益。各影响因素的边际贡献在受助个体不同福利效应等级水平下是不同的，例如，针对大营镇受助个体 1，其对用电幸福感等级为 4，教育程度、健康状况、家庭人均月收入、平均停电次数、每月电费和家用电器使用时间这 6 个联盟成员的边际贡献值分别为 0.011 6、0.009 9、0.013 9、0.057 6、0.035 4 和 0.014 5。这里值得一提的是，用于收益计算的各影响因素的边际贡献为正值，因为负值表示的是该影响因素对个体福利感应具有负影响，其表示的是影响方向，而具体数值代表的是影响程度。

按合作博弈理论将各显著性影响因素视作 6 个成员，运用 Shapley 值方法分摊电力普遍服务每个受助个体的福利感应值。局中人集合 $N=\{1, 2, 3, 4, 5, 6\}$，它的所有交易组合共 $2^6-1=63$ 个。

以大营镇第一个受助个体为例，运用 Shapley 值方法分解该个体福利感应值的具体计算如下。

$$
\begin{aligned}
\phi_1(V) = & \frac{0!\times 5!}{6!}V(1) + \\
& \frac{1!\times 4!}{6!}\{[V(1,2)-V(2)]+[V(1,3)-V(3)]+ \\
& [V(1,4)-V(4)]+[V(1,5)-V(5)]+[V(1,6)-V(6)]\} \\
& \frac{2!\times 3!}{6!}\{[V(1,2,3)-V(2,3)]+[V(1,2,4)-V(2,4)]+[V(1,2,5)-V(2,5)]+ \\
& [V(1,2,6)-V(2,6)]+[V(1,3,4)-V(3,4)]+[V(1,3,5)-V(3,5)]+ \\
& [V(1,3,6)-V(3,6)]+[V(1,4,5)-V(4,5)]+[V(1,4,6)-V(4,6)]+ \\
& [V(1,5,6)-V(5,6)]\}+ \\
& \frac{3!\times 2!}{6!}\{[V(1,2,3,4)-V(2,3,4)]+[V(1,2,3,5)-V(2,3,5)]+ \\
& [V(1,2,3,6)-V(2,3,6)]+[V(1,2,4,5)-V(2,4,5)]+ \\
& [V(1,2,4,6)-V(2,4,6)]+[V(1,2,5,6)-V(2,5,6)]+ \\
& [V(1,3,4,5)-V(3,4,5)]+[V(1,3,4,6)-V(3,4,6)]+ \\
& [V(1,3,5,6)-V(3,5,6)]+[V(1,4,5,6)-V(4,5,6)]\}+ \\
& \frac{4!\times 1!}{6!}\{[V(1,2,3,4,5)-V(2,3,4,5)]+[V(1,2,3,4,6)-V(2,3,4,6)]+ \\
& [V(1,2,3,5,6)-V(2,3,5,6)]+[V(1,2,4,5,6)-V(2,4,5,6)]+ \\
& [V(1,3,4,5,6)-V(3,4,5,6)]\}+ \\
& \frac{5!\times 0!}{6!}[V(1,2,3,4,5,6)-V(2,3,4,5,6)] \\
= & 0.154
\end{aligned}
\tag{3-12}
$$

同理，可计算得到其他各受助个体各影响因素的 Shapely 值，结果如图 3-4 所示。在用 Shapely 值方法计算各影响因素对受助个体福利感应的贡献及其分配到的福利值时，本书利用各影响因素的边际贡献及其对应等级之积作为该影响因素的收益值，因此，图 3-4 所得到的四个区域受助个体福利感应各影响因素的 Shapely 值不能作为其分摊到的福利值，而可以作为福利感应值分解时的权重值。正如前文所述，受助个体福利感应值由客观因素作用的客观福利感应值和主观因素作用的主观福利感应值构成，因此在获得各受助个体主客观福利感应值时，需要知道影响因素是主观影响因素还是客观影响因素。

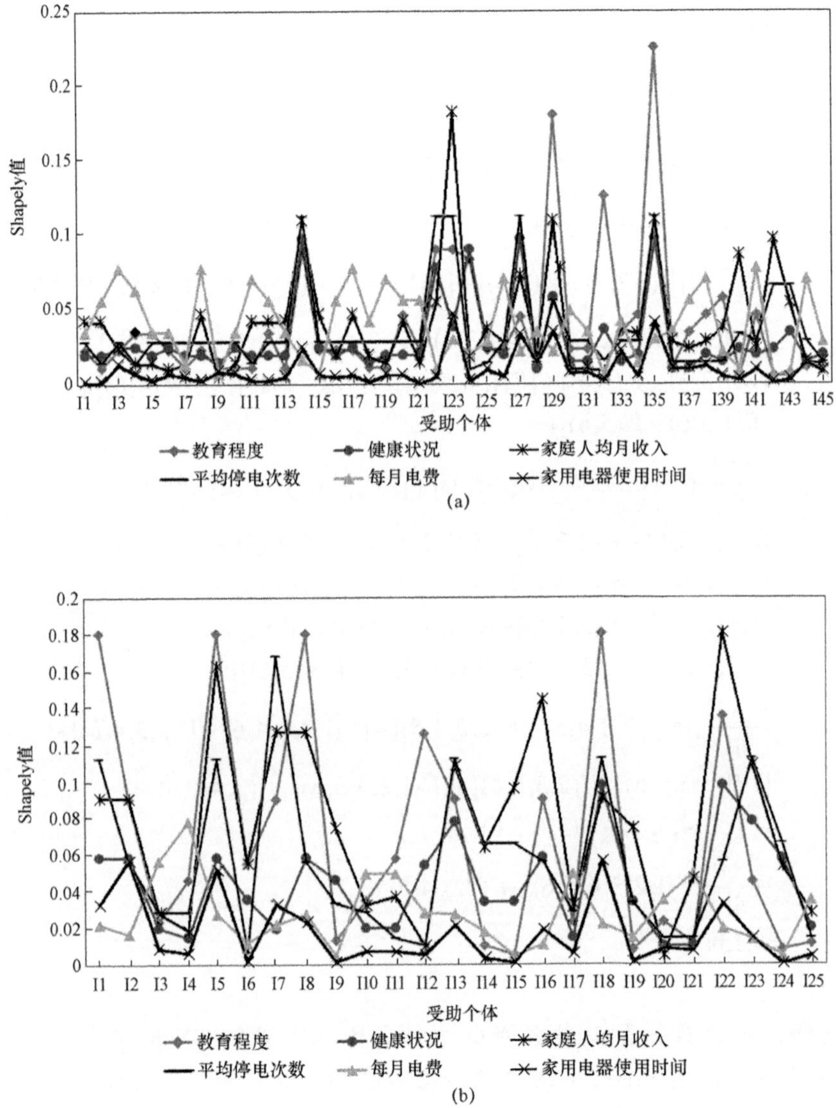

图 3－4　受助个体福利感应各影响因素 Shapely 值（一）

（a）大营镇；（b）罗免彝族苗族乡

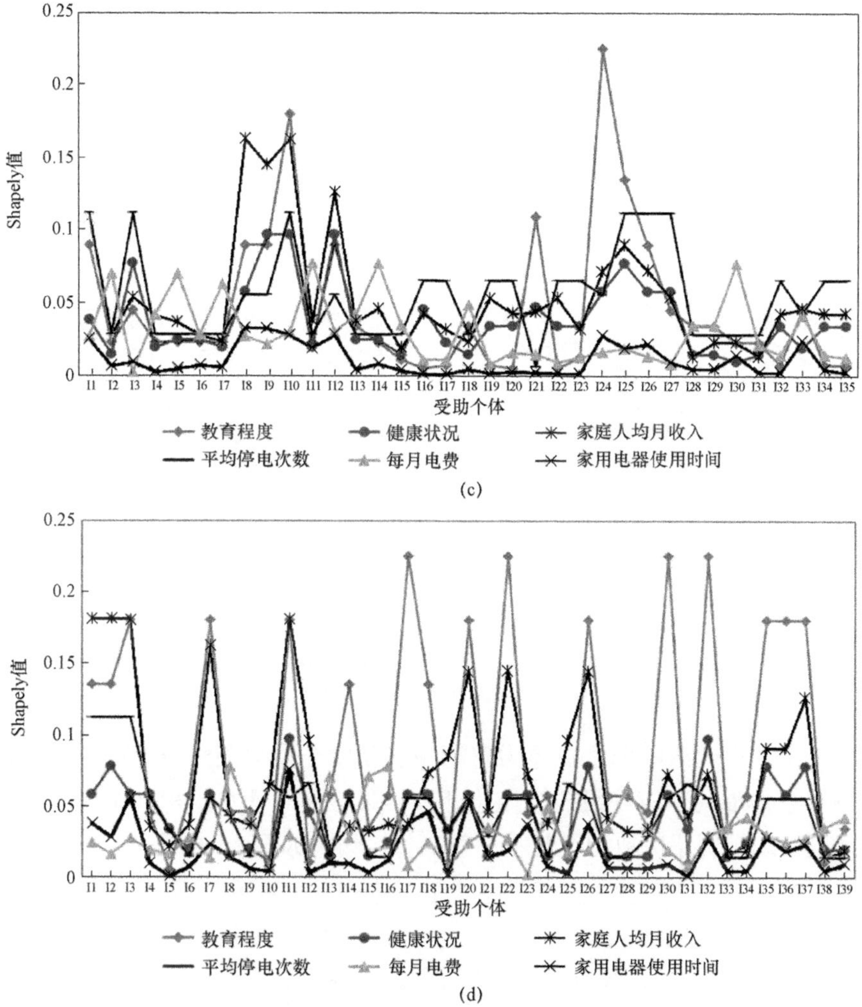

图 3－4 受助个体福利感应各影响因素 Shapely 值（二）

（c）赤鹫乡；（d）永定镇

从电力普遍服务福利感应内涵角度，本书将影响受助个体消费倾向和习惯的因素作为主观影响因素，其作用于行为个体对电能的需求，将约束受助个体消费需求的因素作为客观影响因素，其反应行为个体是否有能力或条件消费电能这一产品。根据此划分原则，电力普遍服务受助个体主观影响因素包括教育程度和健康状况，客观影响因素包括家庭人均月收入、平均停电次数、每月电费和家用电器使用时间。至此，可计算得出，主客观影响指标在受助个体用电幸福感评价中所占的比重，结果如图 3－5 所示。

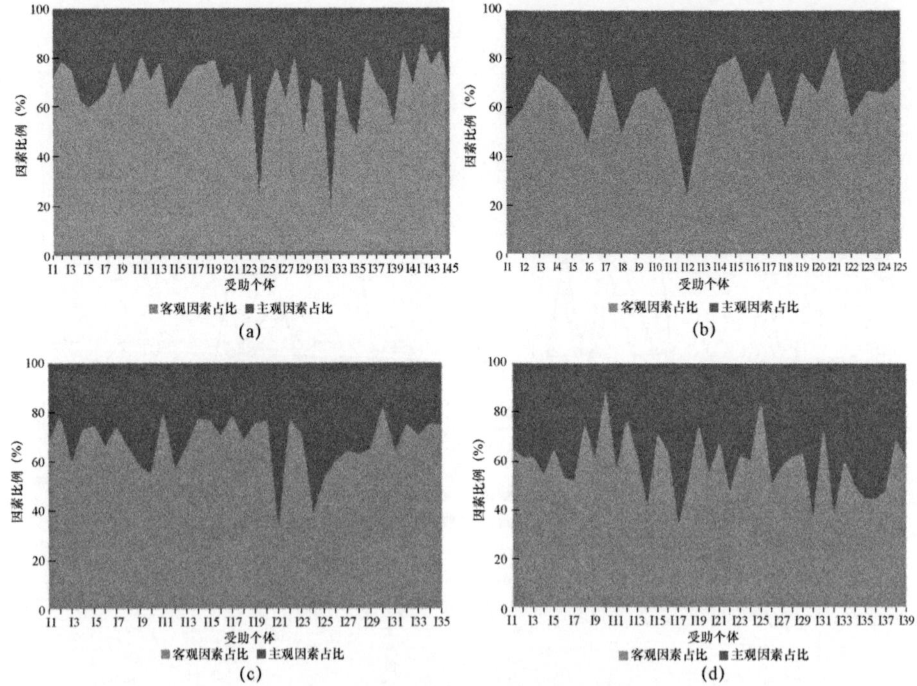

图 3－5　主客观影响因素在个体福利感应中作用占比

（a）大营镇；（b）罗免彝族苗族乡；（c）赤鹫乡；（d）永定镇

在获得主客观影响因素在电力普遍服务受助个体福利感应评价时所起作用的比例和个体福利感应等级的模糊化处理结果，即可计算得出四个区域每个受助个体的主观福利感应值和客观福利感应值，结果如图 3－6 所示。

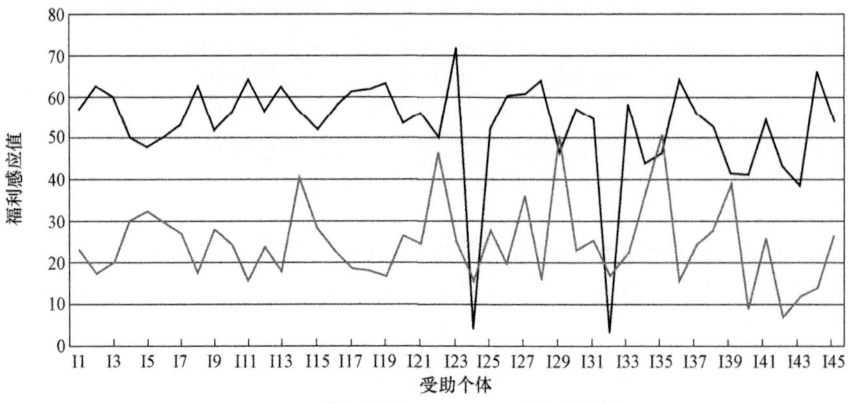

图 3－6　各受助个体主客观福利感应值（一）

（a）大营镇

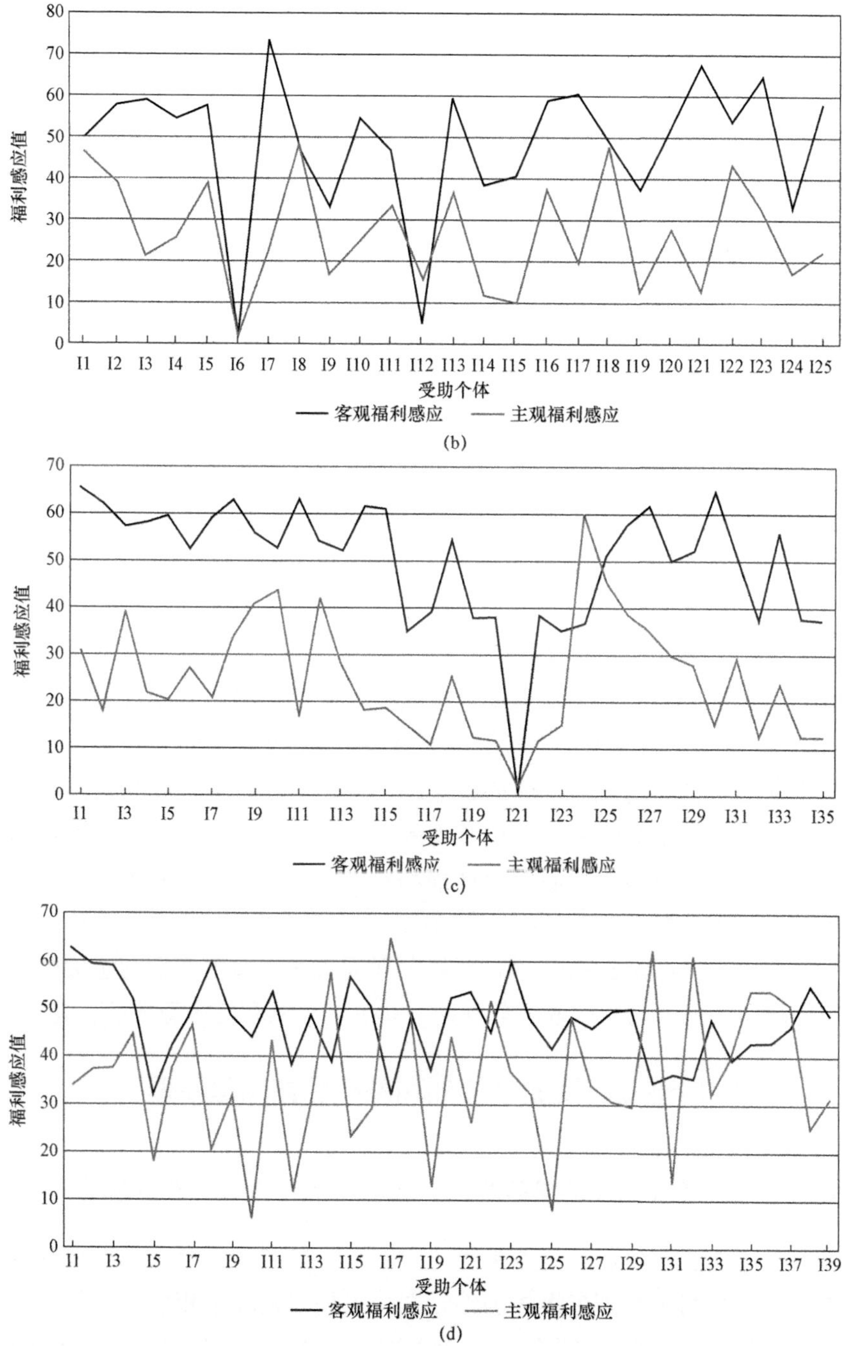

图 3－6　各受助个体主客观福利感应值（二）

（b）罗免彝族苗族乡；（c）赤鹫乡；（d）永定镇

第4章 电力普遍服务受助个体福利感应函数的构建与测度

由福利经济学可知，存在着可以表征社会福利及其影响因素之间关系的某种形式的社会福利函数，该社会福利函数能够表明某种社会状态所对应的社会排序。由阿罗不可能性定理可知，忽视个体主观评价并试图从个人效用函数导出社会福利函数是不可能的。因此，在构建电力普遍服务社会福利函数时，需要克服阿罗不可能性定理，实现个人信息的完全可比。电力普遍服务客观福利感应影响因素满足福利经济学的基数可比条件，但主观福利感应函数影响因素（如文化背景、消费习惯等）不再满足基数可比，由罗尔斯理论可知，这类主观因素具有在给定区域内人群之间的价值趋同性，因此，只需找到合适的方法给出这种价值判断的全局收敛性，以实现既定消费群体理论标准（价值判断）的同一性，从而实现电力普遍服务个体福利感应函数及社会福利函数的构建。本章基于阿玛蒂亚·森的“可行能力”方法，通过表征“功能”和“能力”的指标，引入非效用信息，运用泛函分析思想将主观因素与个体主观福利感应映射到高维空间，从而实现了电力普遍服务受助个体主客观福利感应函数的构建。

4.1 电力普遍服务受助个体福利感应函数构建原理

4.1.1 阿罗不可能性定理的改进：阿玛蒂亚·森的“可行能力”方法

阿罗不可能性定理认为，如果备选方案至少有三个，那么在无限制定义域下，如果社会福利函数满足集体理性、弱帕累托准则和不相关选择的独立性，那么其必然满足独裁性。这样，理性个人偏好加总成社会偏好时将会产生悖论，从而导致社会福利函数构建的失败。

以功利主义为哲学基础的福利经济学理论重点对静态的社会效率最优化问

题进行了研究，而对正义、自由等价值纬度的研究不够深入。1998 年诺贝尔经济学奖得主阿玛蒂亚·森提出的基于“可行能力”方法（capability approach，CA）的福利经济学研究纲领，是促成经济学和伦理学相结合的重要努力。基于“可行能力”方法的福利经济学的学术合法性有两个来源：一是重新挖掘亚当·斯密、约翰·穆勒和马克思等学者的思想；二是批判功利主义在经济学，尤其是福利经济学中的应用。阿玛蒂亚·森在 20 世纪 70 年代意识到阿罗不可能性定理根源于福利经济学狭窄的信息基础，进而在 20 世纪 80 年代后开始构建了基于“可行能力”方法的福利经济学新研究纲领。

摆脱阿罗不可能性定理的直觉反应是发展效用的人际间比较，这要求拓展信息基础。任何社会选择程序都会使用一些类似的信息而忽略其他的有关信息，其中对效用的序数且人际间不可比就存在很大的信息排除。因此，为有效解决阿罗悖论就需要引入非效用的信息，阿玛蒂亚·森提出的“可行能力”方法就是一个有效的改进。阿玛蒂亚·森的“可行能力”方法起源于要解决导致阿罗不可能性定理，即因只使用序数且人际不可比的效用信息所造成的信息约束问题，但是阿玛蒂亚·森的思想并不是直觉性地回归到古典功利主义，仅依靠引入基数且人际可比的效用信息，而是进一步考虑了非效用信息在社会福利判断中的重要性。批判性地使用更为丰富的效用信息和非效用信息，通过采用“可行能力”方法来解决阿罗不可能性定理引发的集体决策困境，使“可行能力”方法构成了一个混合信息的研究框架。在公共决策的福利判断和集体选择中，单纯地放宽效用信息的使用限制，即从序数人际不可比到基数人际可比，是不够的，还需要引入非效用信息。

长期以来，以对人性的关怀为显著特征的福利经济学在经济学发展史上占有重要的地位。由于过度关注商品和效用，传统福利经济学遭受到了广泛的批判。为此，阿玛蒂亚·森通过引入基本价值判断拓展了原有福利经济学研究的领域。阿玛蒂亚·森认为，福利的创造并不是商品和财富本身，而是由商品所带来的建立在个人能力基础之上的机会和活动。因此，阿玛蒂亚·森将福利定义为“个人在生活中实现各种有价值的功能的实际能力组合”，即可行能力方法。阿玛蒂亚·森认为在实际中可以通过研究个人生活质量来判断福利。Clark 按照阿玛蒂亚·森的语言区分了可行能力方法的四个重要概念。

（1）功能：反映了个人状态的一部分，是个人处于什么样的状态和根据其所掌握的商品能够做什么。

（2）能力：反映了个人对于功能的可得性，包括了实现功能的过程，是实现功能所必须具备的机会和条件。

（3）功能的 n 元组合：一个功能的 n 元组合描述了构成个体生活状态的功

能的联合体，源于对可得商品束的利用，每个功能 n 元组反映了一种可能的生活方式。

（4）能力集：反映了个人能够实现的功能的 n 元组合的集合，其通过对全部可得商品束的全部可行利用实现，反映了个人的真实机会或在可能的生活方式间进行选择的“自由”，即可供个人选择的各种相互替代的功能组合。

个人所享有的每一功能的水平或数量可以由实数来表示，功能反映了个人现实的生活状况，进而，个人的实际成就可以由一个功能向量来表示。能力是实现 n 元组合或 n 维向量功能的选择组合。个人的“能力集”是这个人可以选择的那些可以相互替代的 n 元组合或 n 维向量的集合。由此可知，个人的功能 n 元组合反映了此人实际达到的成就，而能力则反映此人有自由实现的自由。功能、功能的 n 元组合、能力和能力集的关系如图 4－1 所示。

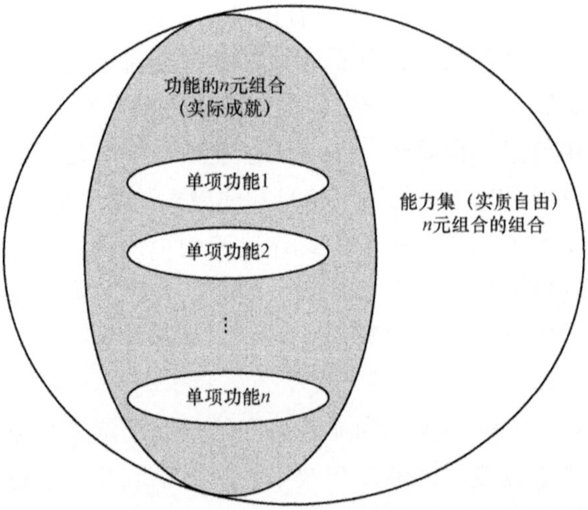

图 4－1　功能、功能的 n 元组合和能力集之间的关系

功能的状况是拥有真正自由（即实现实质自由）的保证和基础。能力本身不是功能（也即成就），但能力是实现功能的能力，是个人拥有真正自由去选择自己想要过何种生活的能力。同时，功能测量的是已经实现的福利水平，而能力测量的是可行的或潜在的福利水平。阿玛蒂亚·森指出：“如果说已实现的生活内容构成了福利，那么可以实现这些生活内容的能力，则构成了实现福利的自由”。由此可知，在对个体福利感应函数和社会福利函数进行构建的时候，不仅需要考察已经实现的“功能”，而且还要将能够实现潜在功能的“能力”作为重要的评价参考和目标。

4.1.2 基于“可行能力”方法的受助个体福利感应函数构建原理

本书基于阿玛蒂亚·森提出的“可行能力”方法，根据电力普遍服务的实际情况，在识别显著影响电力普遍服务受助个体福利感应因素的基础上，基于各显著指标的边际影响程度和影响机理，选择个人可支配收入、电力消费（包括电量和支出）、教育程度和健康状况等指标来构建电力普遍服务受助个体福利感应函数。基于电力普遍服务个体福利感应是一种主观性的客观存在，电力普遍服务个体福利感应函数的构建由受助个体客观福利感应函数的构建和受助个体主观福利感应函数的构建两部分构成。在构建受助个体客观福利感应函数时，以用电量和电力消费恩格尔系数（电力消费支出占家庭可支配收入的比重）分别作为反映受助个体在客观方面对电力普遍服务的“功能”和“能力”的表征指标，进而根据实际获取的数据构建以用电量为自变量、客观福利感应为因变量的个体客观福利感应函数。在构建受助个体主观福利感应函数时，以用电量和健康及教育水平分别作为反映受助个体在主观方面对电力普遍服务的“功能”和“能力”的表征指标，进而根据不同受助个体在教育程度和健康状况等方面表现的不同，探求受助个体的用电量与其主观福利感应之间的关系，进而得到受助个体主观福利感应函数。基于阿玛蒂亚·森“可行能力”方法的电力普遍服务个体福利感应函数构建过程如图 4－2 所示。

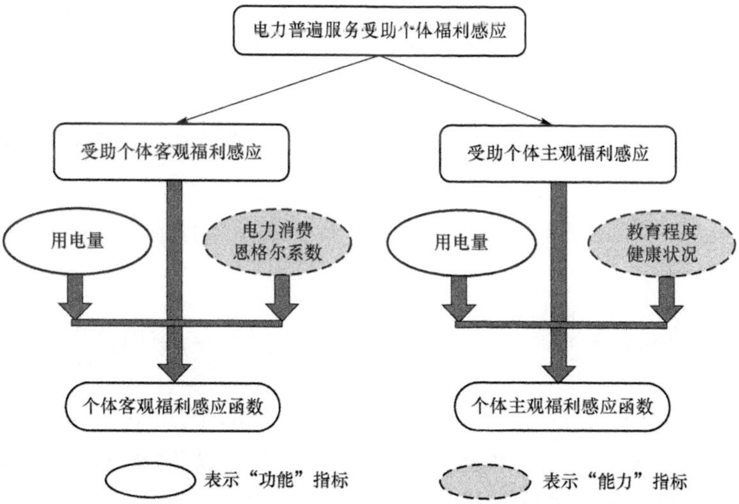

图 4－2 基于“可行能力”方法的电力普遍服务个体福利感应函数构建

4.2 电力普遍服务受助个体客观福利感应函数构建与测度

受助个体对电力普遍服务的客观福利感应是受客观因素影响而形成的福利感应，其最直接来源于用电量，同时受到家庭可支配收入、用电费用等表征其能力的客观指标影响。由前文对电力普遍服务受助个体福利感应影响机理分析可知，行为个体在对自身幸福水平做出判断的时候更多考虑相对收入，而这种相对收入对个体福利感应的影响更加直接，由于其表征个体经济能力，影响着个体在生活中从事相关活动的可行能力，因此相对收入是影响个体幸福感的一个非常重要的因素。本书在构建电力普遍服务个体客观福利感应函数时，综合考虑用电量和电力消费恩格尔系数（电力消费支出与家庭可支配收入之比，表示相对收入水平），通过运用最小二乘回归模型分别构建电力普遍服务受助个体客观福利感应与电力消费恩格尔系数之间的函数和电力消费恩格尔系数与用电量之间的函数，最终构建电力普遍服务受助个体客观福利感应与其用电量之间的函数关系。

4.2.1 最小二乘回归模型基本原理

社会经济现象之间往往存在着不同程度的联系，探寻各种经济变量之间的相互联系程度可以运用计量经济学的方法。当具有相关关系的变量之间存在因果关系时，可以通过回归分析来研究变量之间的具体依存关系。回归分析是研究一个变量关于另一个（些）变量的依赖关系的计算理论和方法。回归分析的目的在于通过解释变量的已知或设定值，去估计和预测被解释变量的总体均值。

已知一组样本观测值$\{(X_i,Y_i):i=1,2,\cdots,n\}$，普通最小二乘法（ordinary least squares，OLS）要求样本回归函数尽可能很好地拟合这组值，即真实观测值Y_i与样本回归线上的点$\hat{Y}_i$的“总体误差”尽可能地小。

普通最小二乘法的判断标准为：被解释变量的估计值与实际观测值之差的平方和最小，即

$$\min Q=\sum_{i=1}^{n}e_i^2=\sum_{i=1}^{n}(Y_i-\hat{Y}_i)^2=\sum_{i=1}^{n}\left(Y_i-\left[\hat{\beta}_0+\hat{\beta}_1\phi\left(X_i\right)\right]\right)^2 \qquad (4-1)$$

式中：Q为被解释变量的估计值与实际观测值之差的平方和；e_i为在第i个样本点处被解释变量的估计值与实际观测值之差；$\hat{\beta}_0$、$\hat{\beta}_1$为回归参数；$\phi(X_i)$为在回归分析时解释变量的具体形式，可能为X_i的幂函数、指数函数或对数函数等。

在运用普通最小二乘法进行回归时，就是在给定样本观测值条件下确定$\hat{\beta}_0$和$\hat{\beta}_1$的值，使Y_i和$\hat{Y}_i$之差的平方和最小。根据微积分学的运算，当Q对$\hat{\beta}_0$和$\hat{\beta}_1$

的一阶偏导数为 0 时，Q 达到最小，即

$$\begin{cases}\dfrac{\partial Q}{\partial \hat{\beta}_0}=0\\ \dfrac{\partial Q}{\partial \hat{\beta}_1}=0\end{cases} \tag{4-2}$$

进而，可推得用于估计 $\hat{\beta}_0$ 和 $\hat{\beta}_1$ 的方程组为

$$\begin{cases}\sum\left\{Y_i-\left[\hat{\beta}_0+\hat{\beta}_1\phi\left(X_i\right)\right]\right\}=0\\ \sum\left\{Y_i-\left[\hat{\beta}_0+\hat{\beta}_1\phi\left(X_i\right)\right]\right\}\phi\left(X_i\right)=0\end{cases} \tag{4-3}$$

或可推得下面方程组为

$$\begin{cases}\sum Y_i=n\hat{\beta}_0+\hat{\beta}_1\sum\phi\left(X_i\right)\\ \sum Y_i\phi\left(X_i\right)=\hat{\beta}_0\sum\phi\left(X_i\right)+\hat{\beta}_1\sum\phi\left(X_i\right)^2\end{cases} \tag{4-4}$$

对上式求解可得

$$\begin{cases}\hat{\beta}_0=\dfrac{\sum\phi\left(X_i\right)^2\sum Y_i-\sum\phi\left(X_i\right)\sum Y_i\phi\left(X_i\right)}{n\sum\phi\left(X_i\right)^2-\left[\sum\phi\left(X_i\right)\right]^2}\\ \hat{\beta}_1=\dfrac{n\sum Y_i\phi\left(X_i\right)-\sum Y_i\sum\phi\left(X_i\right)}{n\sum\phi\left(X_i\right)^2-\left[\sum\phi\left(X_i\right)\right]^2}\end{cases} \tag{4-5}$$

方程组（4-3）和（4-4）称为正规方程组，记为

$$\begin{cases}\sum\phi\left(X_i\right)^2=\sum\left[\phi\left(X_i\right)-\bar{\phi}\left(X_i\right)\right]=\sum\phi\left(X_i\right)^2-\dfrac{1}{n}\left[\sum\phi\left(X_i\right)\right]^2\\ \sum\phi\left(X_i\right)Y_i=\sum\left[\phi\left(X_i\right)-\bar{\phi}\left(X_i\right)\right]\left(Y_i-\bar{Y}\right)=\sum\phi\left(X_i\right)Y_i-\dfrac{1}{n}\sum\phi\left(X_i\right)\sum Y_i\end{cases} \tag{4-6}$$

方程组（4-6）的参数估计量可以写为

$$\begin{cases}\hat{\beta}_1=\dfrac{\sum\phi\left(X_i\right)Y_i}{\sum\phi\left(X_i\right)^2}\\ \hat{\beta}_0=\bar{Y}-\hat{\beta}_1\bar{\phi}\left(X_i\right)\end{cases} \tag{4-7}$$

式（4-7）成为普通最小二乘法估计量的离差形式。

考虑到自变量 X_i 在回归模型的可能不同表现形式 $\phi\left(X_i\right)$，当估计出回归模型的参数之后，需要对回归模型的有效性进行检验。有效性指在包含所有 $\phi\left(X_i\right)$ 形式的无偏估计量中具有最小方差。在实际检验中，可采用拟合优度检验对回

归结果的有效性进行分析。

拟合优度检验是检验回归模型对样本观测值的拟合程度的一种有效性检验方法，其检验的方法是构造一个可以表征拟合程度的指标（即统计量），它是样本的函数，进而从检验对象中计算出该统计量的数值，然后与某一制定的标准进行对比，得出回归模型的检验结论。

已知由一组样本观测值$(X_i,Y_i)(i=1,2,\cdots,n)$得到如下样本回归方程

$$\hat{Y}_i=\hat{\beta}_0+\hat{\beta}_1\phi(X_i) \tag{4-8}$$

Y的第i个观测值与样本均值的离差$y_i=Y_i-\bar{Y}$可分解为两部分之和，即

$$y_i=Y_i-\bar{Y}=\left(Y_i-\hat{Y}_i\right)+\left(\hat{Y}_i-\bar{Y}\right)=e_i+\hat{y}_i \tag{4-9}$$

对于所有样本点，需要考虑这些样本点与样本均值离差的平方和。由于

$$\sum y_i^2=\sum \hat{y}_i^2+\sum e_i^2+2\sum \hat{y}_i e_i \tag{4-10}$$

可以证明$\sum \hat{y}_i e_i=0$，因此有

$$\sum y_i^2=\sum \hat{y}_i^2+\sum e_i^2 \tag{4-11}$$

令

$$\sum y_i^2=\sum\left(Y_i-\bar{Y}\right)^2=\mathrm{TSS} \tag{4-12}$$

为总离差平方和，其反映样本观测值总体离差的大小。

令

$$\sum \hat{y}_i^2=\sum\left(\hat{Y}_i-\bar{Y}\right)^2=\mathrm{ESS} \tag{4-13}$$

为回归平方和，其反映模型中解释变量所解释的那部分离差的大小。

令

$$\sum e_i^2=\sum\left(\hat{Y}_i-\hat{Y}\right)^2=\mathrm{RSS} \tag{4-14}$$

为残差平方和，其反映样本观测值与估计值偏离的大小，也是模型中解释变量未解释的那部分离差的大小。

式（4–11）表明解释变量的观测值围绕其均值的总离差平方和可分解为两部分：一部分来自回归线，另一部分则来自于随机势力。因此，在对回归模型的有效性进行检验评价时，可以用来自回归线的回归平方和占 Y 的总离差平方和的比例来判断样本回归线与样本观测值的拟合优度。

据此，令

$$R^2=\frac{\mathrm{ESS}}{\mathrm{TSS}}=1-\frac{\mathrm{RSS}}{\mathrm{TSS}} \tag{4-15}$$

称之为可决系数，$0 \leqslant R^2 \leqslant 1$，用于检验模型的拟合优度，其值越大，表示在总离差平方和中，回归平方和所占的比重越大，残差平方和所占的比重越小，回归曲线与样本点的拟合的越好，当其等于 1 时，表示回归模型与样本观测值完全拟合，但在实际中，这种情况很少发生。

4.2.2 受助个体客观福利感应函数的构建

本书运用最小二乘回归模型分别构建电力普遍服务受助个体客观福利感应与电力消费恩格尔系数之间的函数和电力消费恩格尔系数与用电量之间的函数，最终构建电力普遍服务受助个体客观福利感应与其用电量之间的函数关系。之所以选择电力消费恩格尔系数作为桥梁构建电力普遍服务个体客观福利感应与其用电量的函数模型，主要有以下原因：① 基于阿玛蒂亚·森“可行能力”方法的要求构建电力普遍服务个体客观福利感应函数时，不仅要关注“功能”指标，用电量，而且还要引入“能力”指标，即本书采用的电力消费恩格尔系数，因为电力消费恩格尔系数反映了个体所在家庭的经济能力，其对个体福利感应会产生影响，当电力消费恩格尔系数较大时，电费支出占家庭可支配收入比重大，个体从事其他活动的可支配资金就相对变得很少，这样在一定程度上减少了个体从事其他活动所带来的福利感应。② 当前国内外大量研究文献得出，相对收入要比绝对收入对个体或家庭有更大的幸福感影响，且相对收入代表了个体或家庭从事经济、社会活动可支付的货币能力，在个体幸福感形成中占有非常重要的作用，尽管当个人收入达到一定水平后，绝对收入和相对收入的增加基本很难再提高个体幸福感水平，但在收入处于较低水平的情况下，提高收入水平对个体幸福感的提升还是具有很大作用的，而这种情况很适合电力普遍服务下的情形，因为电力普遍服务受助对象为低收入居民或偏远地区的居民，其生活水平较低，收入也很低。

在具体构建电力普遍服务受助个体客观福利感应函数时，考虑到各个区域在地理位置、生活水平、消费习惯、文化习俗等方面的可能存在的不同，本书分别以云南省昆明市富民县大营镇、罗免彝族苗族乡、赤鹫乡和永定镇为样本，分别构建这四个区域的电力普遍服务受助个体客观福利感应函数，其具体构建流程如图 4－3 所示。

1. 大营镇

通过对大营镇的实地调查获得了 45 份问卷，即 45 位受助个体的客观福利感应、所在家庭的月用电量和电力消费恩格尔系数。这三个变量分布如图 4－4 所示。可以看出，用电量与个体客观福利感应整体上呈反向相关关系，当用电

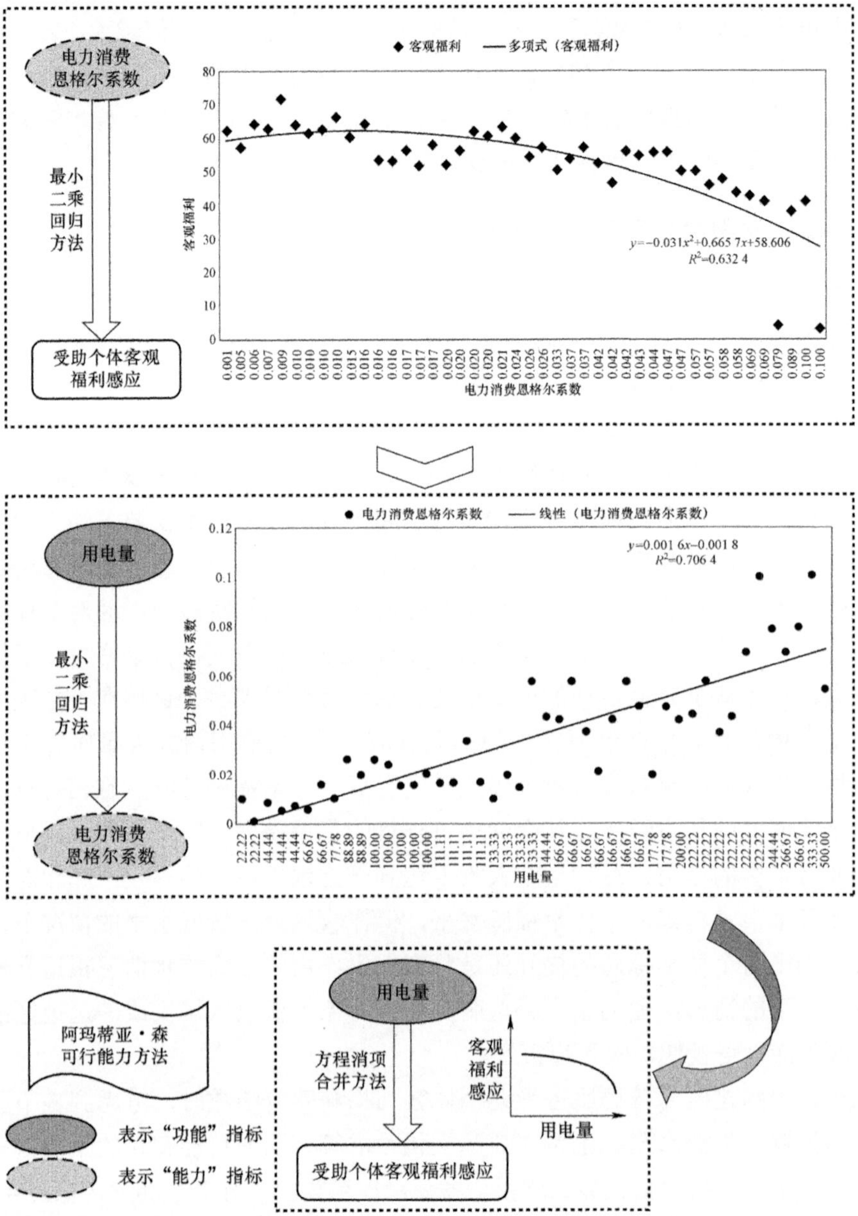

图 4-3　电力普遍服务受助个体客观福利感应函数构建流程

量较小时，随着用电量的增加，个体客观福利感应变化不大，但当用电量较大时，个体客观福利感应随着用电量的增加呈下降变化趋势，且下降幅度较大。

为了构建大营镇受助个体客观福利感应与用电量之间的函数关系，本书先对受助个体客观福利感应与电力消费恩格尔系数之间进行回归分析。在具体回归分析时，为尽量准确构建受助个体客观福利感应与电力消费恩格尔系数之间

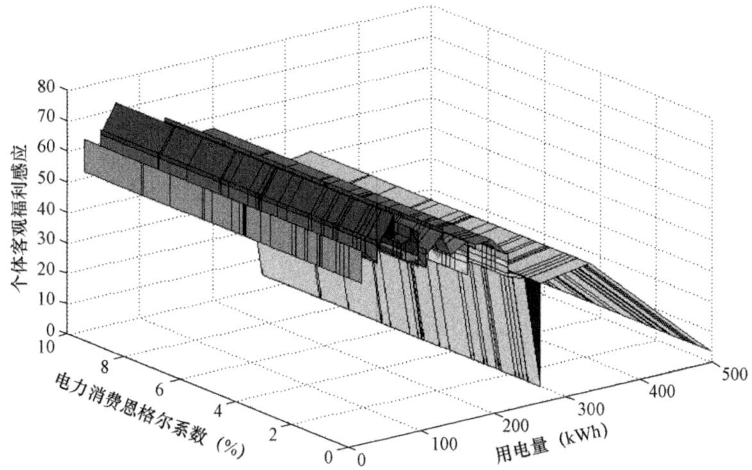

图 4-4　大营镇受助个体的客观福利感应、用电量和电力消费恩格尔系数分布情况

的函数关系，本书选择多项式、指数、线性、对数和乘幂等五种函数拟合方式构建二者之间的函数关系，并根据各种拟合方式的拟合优度（R^2 值）最终确定哪种拟合函数是最优的。

大营镇受助个体客观福利感应与电力消费恩格尔系数的五种拟合方式结果如图 4-5 所示，其中包括各种拟合方式的回归方程和拟合优度值。可以看出，多项式、指数、线性、对数和乘幂这 5 种函数拟合方程的值 R^2 分别为 0.632 4、0.268 7、0.513 3、0.313 3、0.140 8，这表明多项式（本例中为二次多项式）函数拟合的结果最好。同时，此拟合结果和图 4-4 显示的规律基本吻合。因此，大营镇受助个体客观福利感应与电力消费恩格尔系数之间的函数关系可确定为

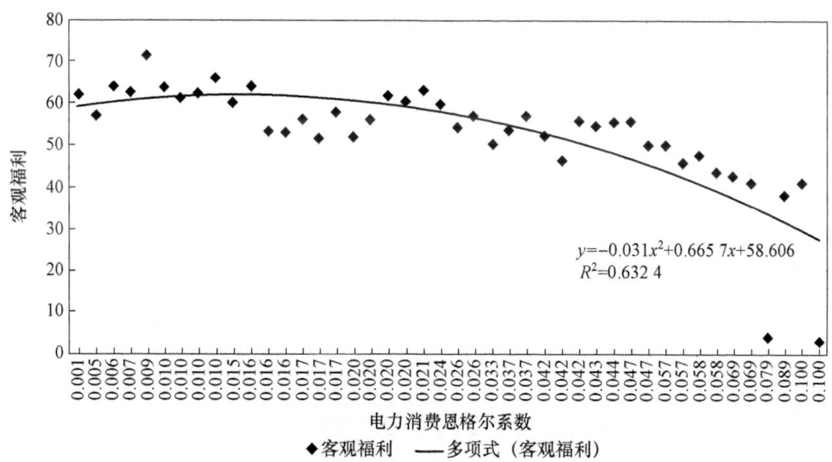

图 4-5　大营镇受助个体客观福利感应与电力消费恩格尔系数多种函数拟合结果（一）

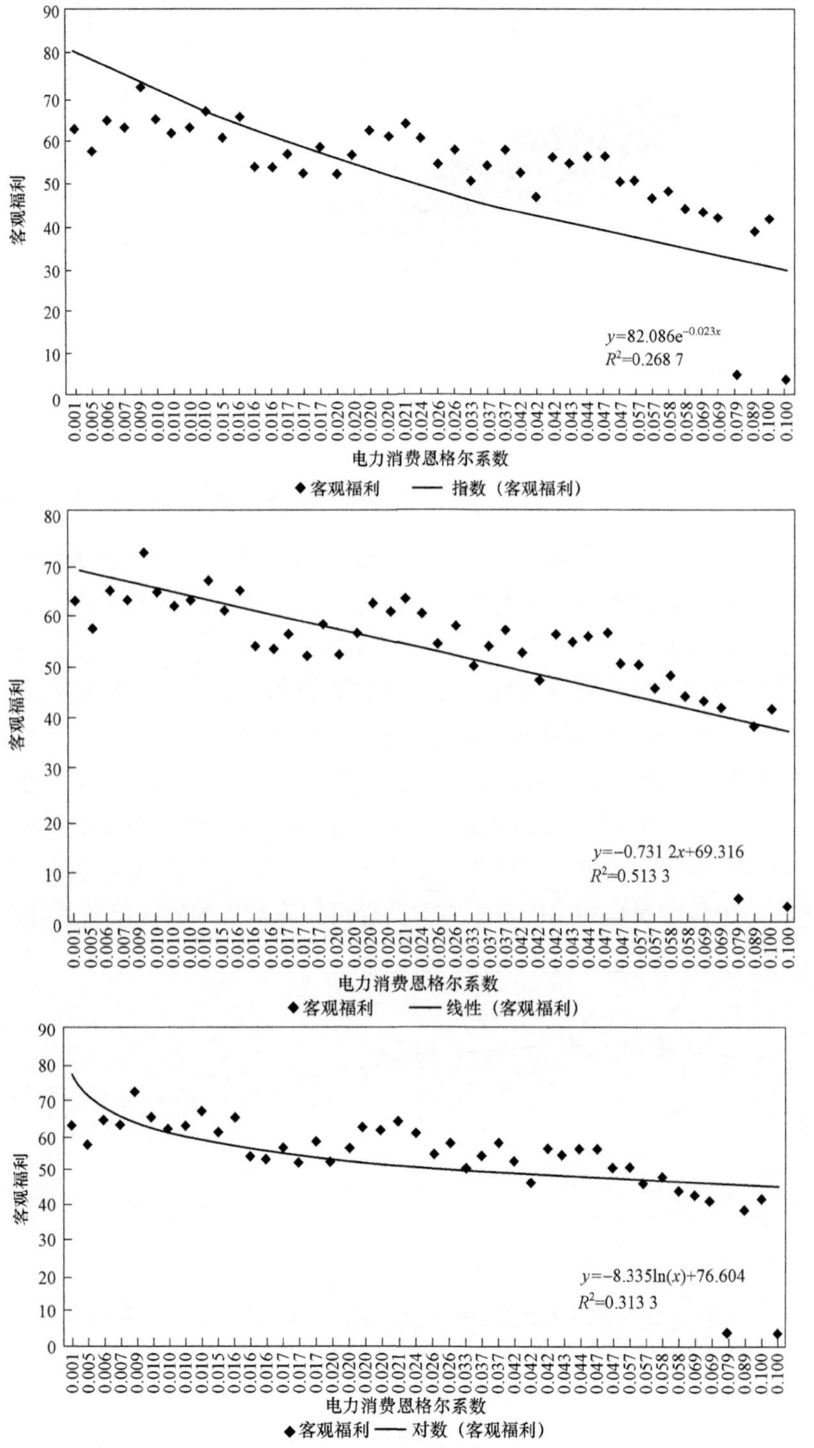

图 4－5　大营镇受助个体客观福利感应与电力消费恩格尔系数多种函数拟合结果（二）

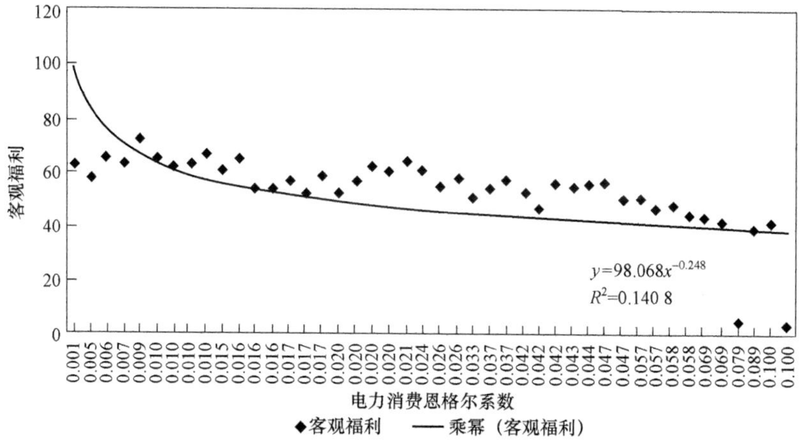

图 4－5　大营镇受助个体客观福利感应与电力消费恩格尔系数多种函数拟合结果（三）

$$W_{DY}^{o} = -0.031EN_{DY}^{2} + 0.665\,7EN_{DY} + 58.606 \quad (4-16)$$

式中：W_{DY}^{o} 为大营镇受助个体客观福利感应；EN_{DY} 为大营镇个体电力消费恩格尔系数。

在受助个体电力消费恩格尔系数与用电量之间进行回归分析时，为尽量准确构建二者之间的函数关系，本书也选择多项式、指数、线性、对数和乘幂等 5 种函数拟合方式构建二者之间的函数关系，并根据各种拟合方式的拟合优度（R^2 值）最终确定哪种拟合函数是最优的。

大营镇受助个体电力消费恩格尔系数与用电量的五种拟合方式结果如图 4－6 所示，其中包括各种拟合方式的回归方程和拟合优度值。可以看出，线性、指数、对数、多项式、乘幂这 5 种函数拟合方程的值 R^2 分别为 0.706 4、0.692 3、0.515 5、0.734 1、0.691 8，这表明多项式（本例中为二次多项式）函数拟合的结果最好，其次为线性拟合。但从回归拟合方程可以看出，二次多项式的平方项系数仅为 0.000 03。从实际情况来看，电力消费恩格尔系数很小（大部分介于 0.01 和 0.08 之间），这说明大营镇受助个体电力消费支出占总可支配收入的比重很低，如果函数拟合为二次多项式时，在用电量达到很大时，那么电力消费恩格尔系数增长的速度很快，但由于电价是固定不变的，加之电费支出的基数本来就很低，当用电量达到很大时，从实际来看，该个体电力消费恩格尔系数也不会变化很大，而且其呈快速增长的变化趋势也是不可能的，同时在其他三个地区的拟合结果中二次多项式拟合的结果都要劣于线性拟合结果。综上分析，本书以线性拟合的结果作为受助个体电力消费恩格尔系数与用电量之间的函数关系，具体如式（4－17）。

$$EN_{DY} = 0.161\,2E_{DY} - 0.180\,8 \quad (4-17)$$

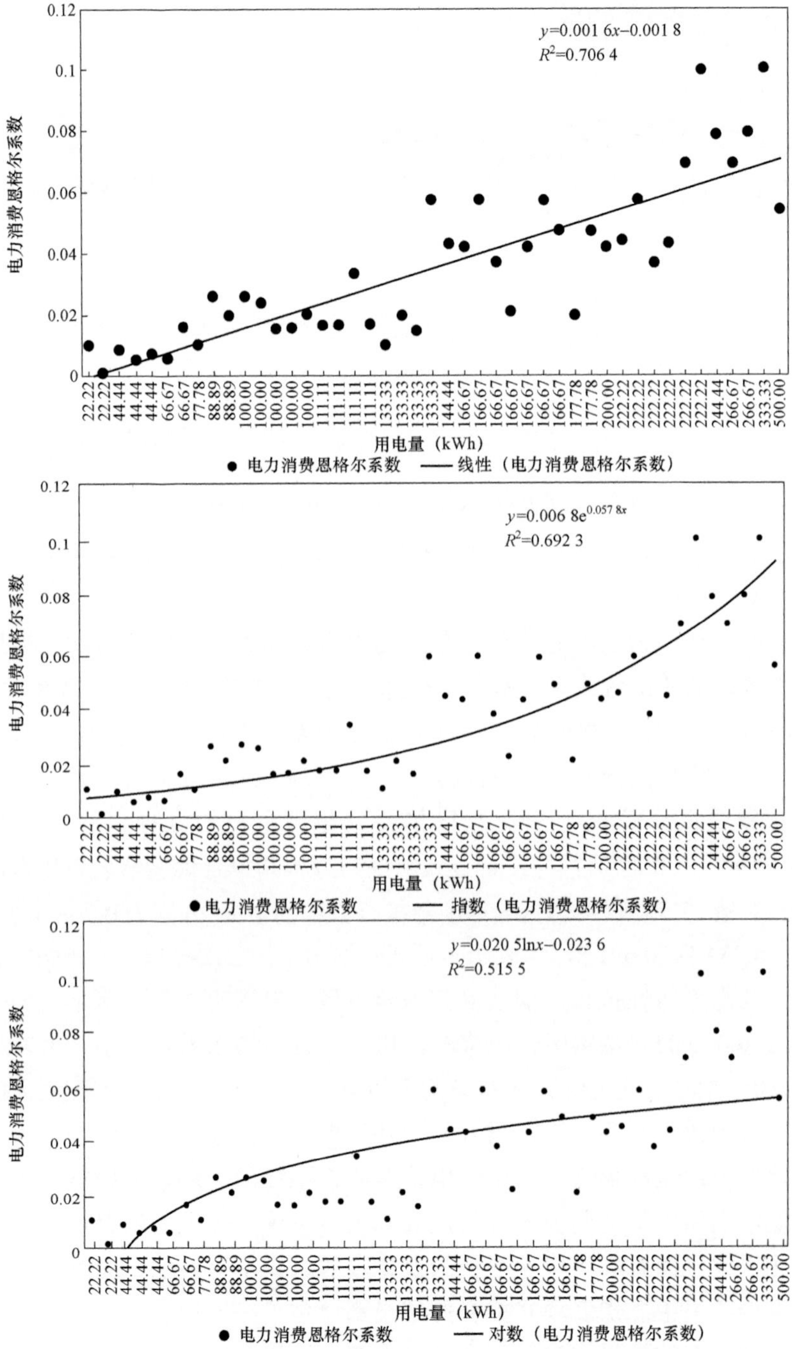

图 4－6　大营镇受助个体电力消费恩格尔系数与用电量多种函数拟合结果（一）

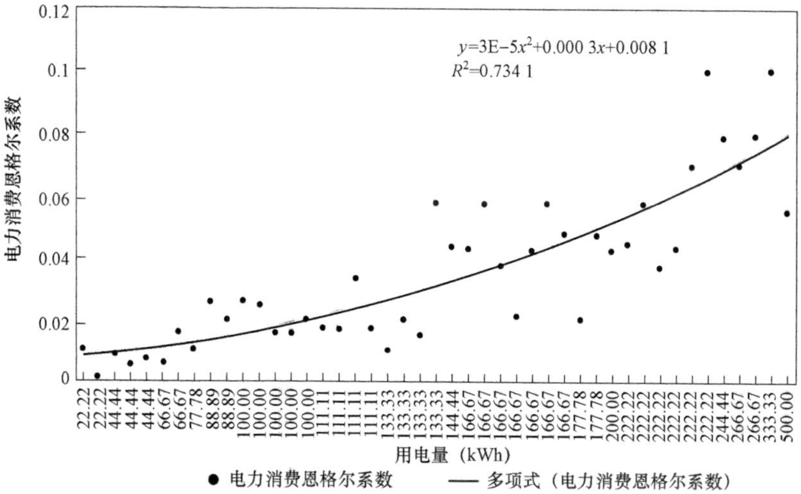

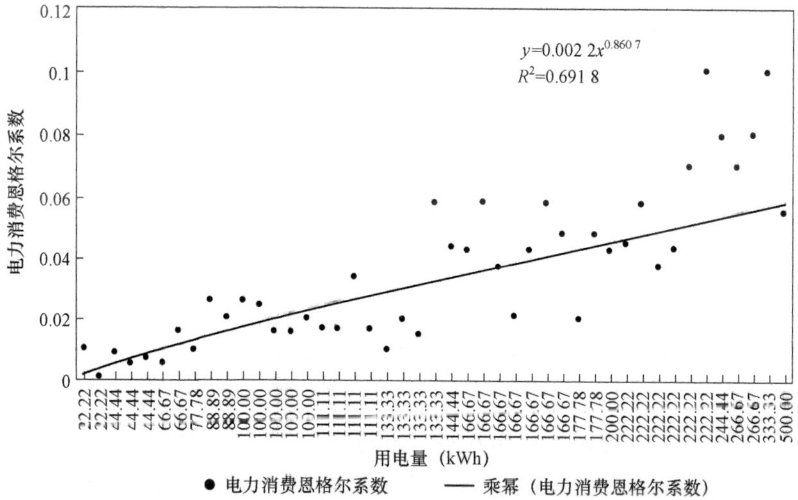

图 4－6　大营镇受助个体电力消费恩格尔系数与用电量多种函数拟合结果（二）

式中：E_{DY} 为大营镇受助个体消耗的电量。

在获得了大营镇受助个体客观福利感应与电力消费恩格尔系数的函数关系、电力消费恩格尔系数与用电量的函数关系，即可得到大营镇受助个体客观福利感应与用电量之间的函数关系，即

$$W_{DY}^{o} = -0.000\,8E_{DY}^{2} + 0.109\,1E_{DY} + 58.48 \tag{4-18}$$

2. 罗免彝族苗族乡

罗免彝族苗族乡共包括 25 位电力普遍服务受助个体，即根据 25 位受助个体的客观福利感应、所在家庭的用电量和电力消费恩格尔系数拟合个体客观福利感应函数。这三个变量分布如图 4－7 所示，可以看出，用电量与个体客观福

利感应整体上呈反向相关关系，当用电量较小时，随着用电量的增加，个体客观福利感应变化不大。但当用电量达到 200kWh 后，个体客观福利感应随着用电量的增加呈下降变化趋势，且下降幅度较大，但当用电量达到 300kWh 后，个体客观福利感应下降到很低水平。

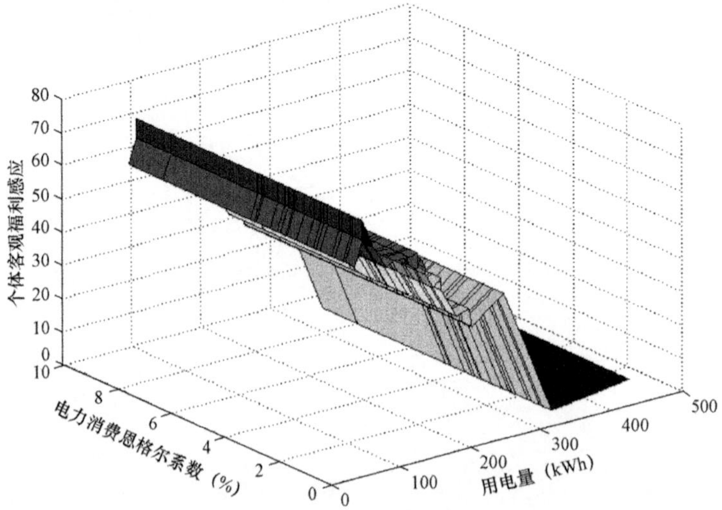

图 4－7　罗免彝族苗族乡受助个体的客观福利感应、用电量和电力消费恩格尔系数分布情况

为了构建罗免彝族苗族乡受助个体客观福利感应与用电量之间的函数关系，本章先对受助个体客观福利感应与电力消费恩格尔系数之间进行回归分析。在具体回归分析时，与大营镇样本相同，也选择多项式、指数、线性、对数和乘幂等五种函数拟合方式构建二者之间的函数关系，并根据各种拟合方式的拟合优度（R^2 值）最终确定哪种拟合函数是最优的。

罗免彝族苗族乡受助个体客观福利感应与电力消费恩格尔系数的五种拟合方式结果如图 4－8 所示，其中包括各种拟合方式的回归方程和拟合优度值。可以看出，多项式、指数、线性、对数和乘幂这 5 种函数拟合方程的值 R^2 分别为 0.853 6、0.409 2、0.750 5、0.505 1、0.140 8，这表明多项式（本例中为二次多项式）函数拟合的结果最好。同时，此拟合结果和图 4－7 显示的规律基本吻合。因此，罗免彝族苗族乡受助个体客观福利感应与电力消费恩格尔系数之间的函数关系可确定为

$$W_{LM}^{o} = -0.011\,61EN_{LM}^{2} + 0.211\,4EN_{2} + 61.161 \qquad (4-19)$$

式中：W_{LM}^{o} 为罗免彝族苗族乡受助个体客观福利感应；EN_2 为罗免彝族苗族乡个体电力消费恩格尔系数。

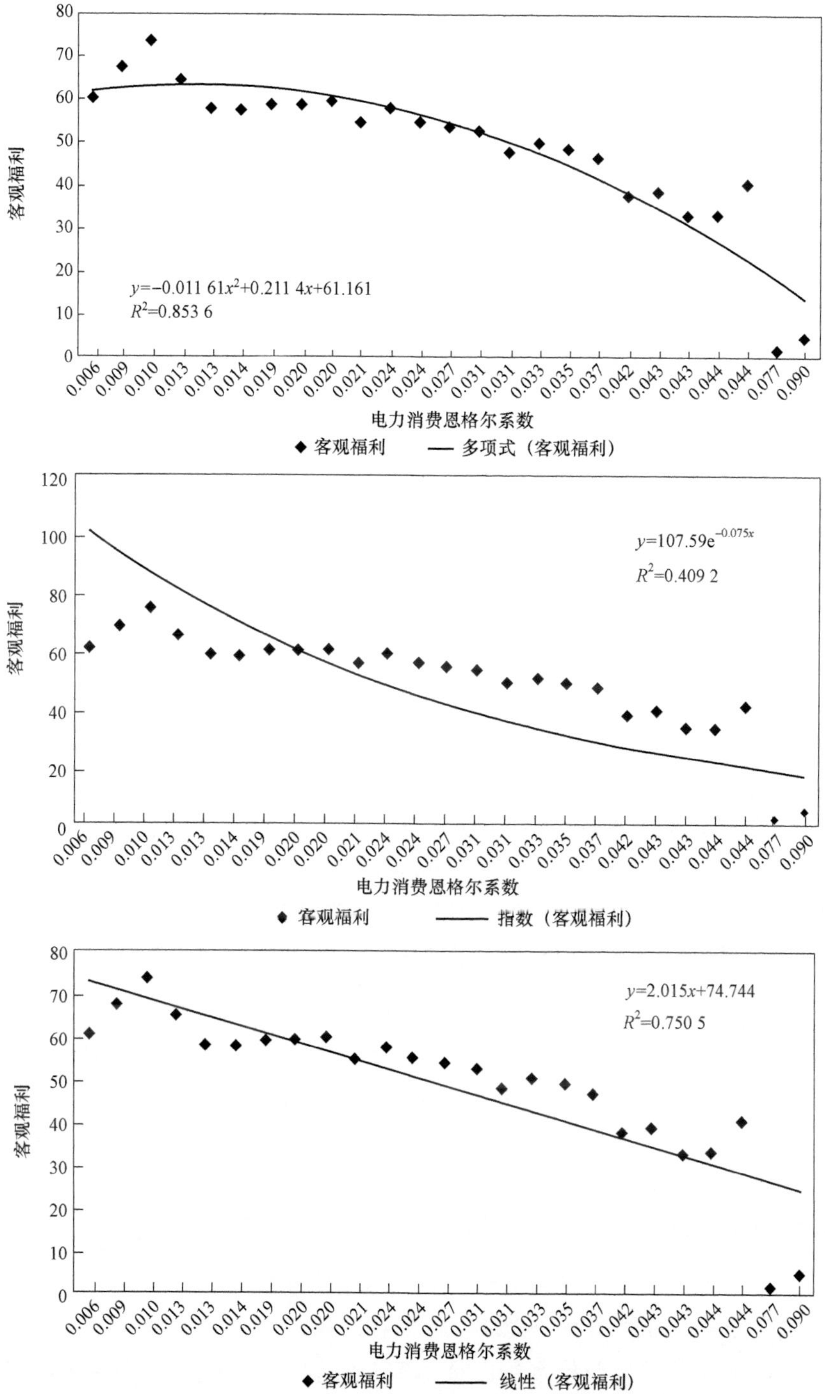

图 4－8　罗免彝族苗族乡受助个体的客观福利感应与电力消费恩格尔系数多种函数拟合结果（一）

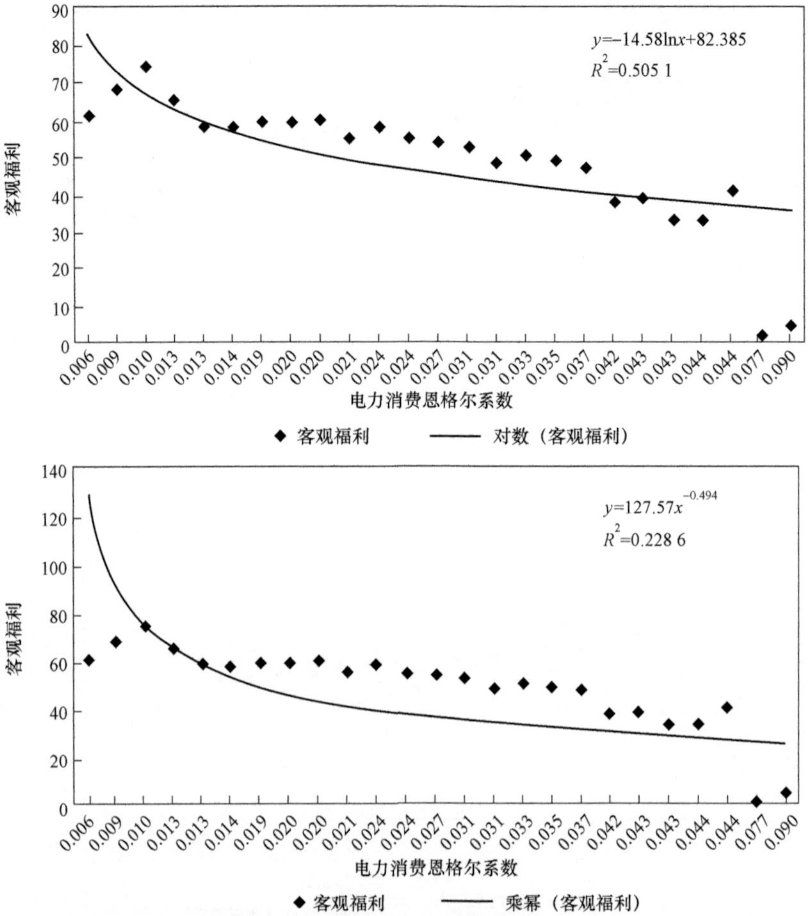

图 4-8 罗免彝族苗族乡受助个体的客观福利感应与电力消费恩格尔系数多种函数拟合结果（二）

罗免彝族苗族乡受助个体电力消费恩格尔系数与用电量的五种拟合方式结果如图 4-9 所示，其中包括各种拟合方式的回归方程和拟合优度值。可以看出，线性、指数、对数、多项式、乘幂这 5 种函数拟合方程的值 R^2 分别为 0.663 8、0.66、0.483 1、0.596 6、0.651 8，这表明线性函数拟合的结果最好。罗免彝族苗族乡受助个体电力消费恩格尔系数与用电量之间的函数关系如式（4-20）。

$$\mathrm{EN}_{\mathrm{LM}} = 0.220\,6E_{\mathrm{LM}} + 0.213\,9 \tag{4-20}$$

式中：E_{LM} 为罗免彝族苗族乡受助个体消耗的电量。

在获得了罗免彝族苗族乡受助个体客观福利感应与电力消费恩格尔系数的函数关系、电力消费恩格尔系数与用电量的函数关系，即可得到罗免彝族苗族乡受助个体客观福利感应与用电量之间的函数关系，即

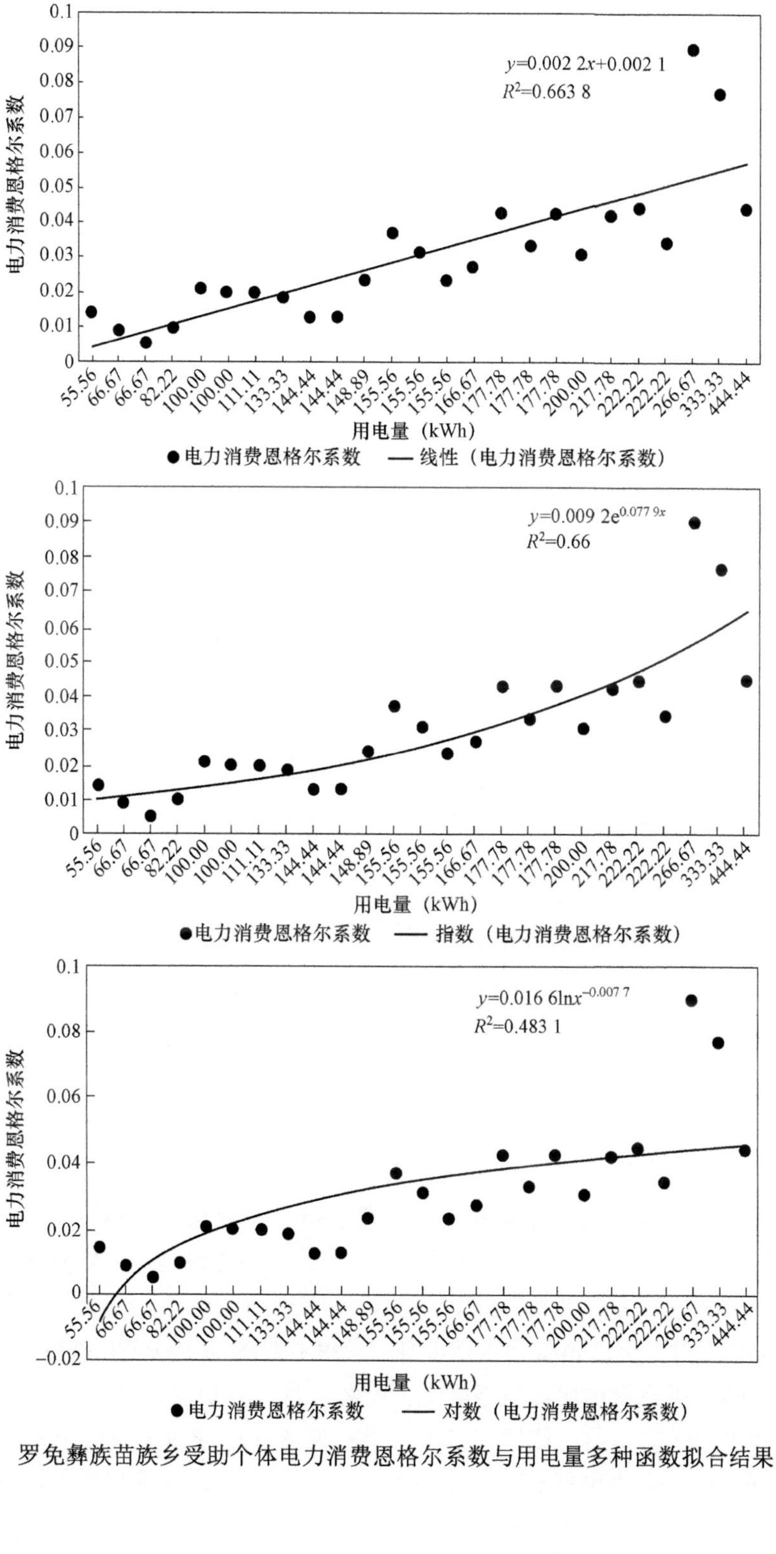

图 4-9　罗免彝族苗族乡受助个体电力消费恩格尔系数与用电量多种函数拟合结果（一）

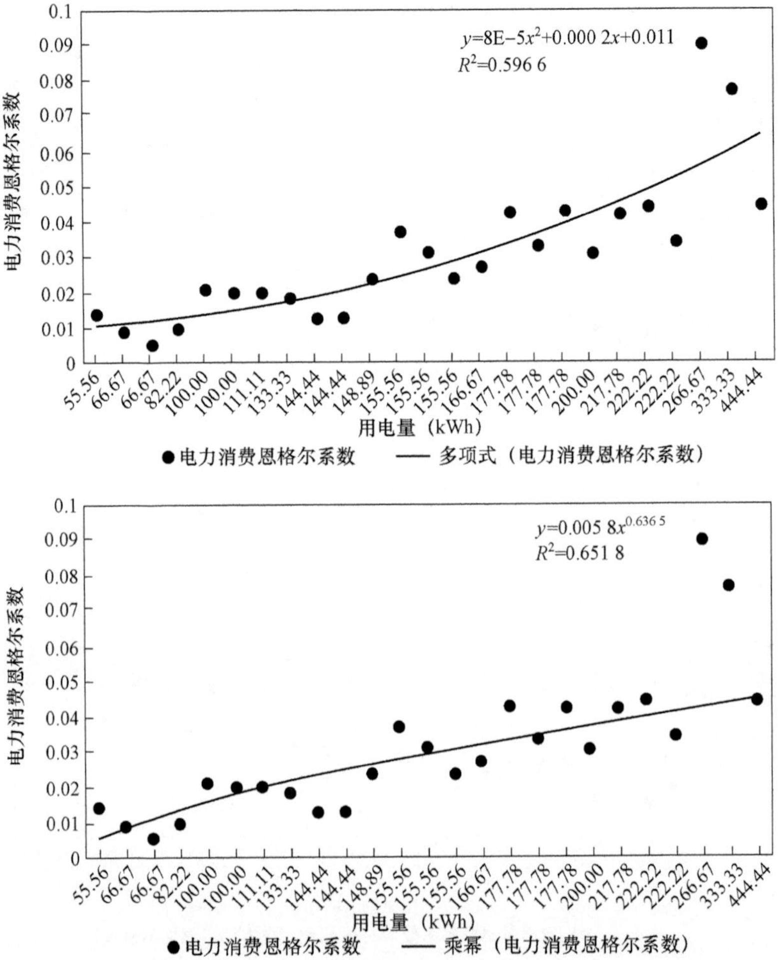

图 4－9　罗免彝族苗族乡受助个体电力消费恩格尔系数与用电量多种函数拟合结果（二）

$$W_{\mathrm{LM}}^{\mathrm{o}}=-0.000\,56E_{\mathrm{LM}}^{2}+0.210\,3E_{\mathrm{LM}}+61.16 \quad (4-21)$$

3. 赤鹫乡

通过对赤鹫乡的实地调查获得了 35 份问卷，即利用 35 位受助个体的客观福利感应、所在家庭的用电量和电力消费恩格尔系数构建个体客观福利感应函数。这三个变量分布如图 4－10 所示。可以看出，用电量与个体客观福利感应整体上呈反向相关关系，当用电量较小时，随着用电量的增加，个体客观福利感应呈波动式变化，但总体福利水平较高。当用电量达到 200kWh 以后，个体客观福利感应随着用电量的增加呈下降变化趋势，且下降幅度很大。

选择多项式、指数、线性、对数和乘幂等 5 种函数拟合方式构建受助个体客观福利感应与电力消费恩格尔系数之间的函数关系，并根据各种拟合方式的

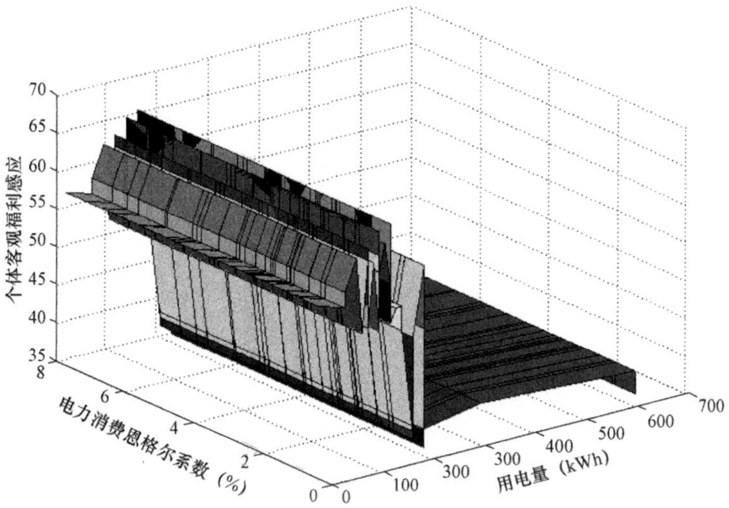

图 4－10　赤鹫乡受助个体的客观福利感应、用电量和电力消费恩格尔系数分布情况

拟合优度（R^2 值）最终确定哪种拟合函数是最优的。赤鹫乡受助个体客观福利感应与电力消费恩格尔系数的五种拟合方式结果如图 4－11 所示。可以看出，多项式、指数、线性、对数和乘幂这 5 种函数拟合方程的值 R^2 分别为 0.537 7、0.173 9、0.475 8、0.282 3、0.102 8，这表明二次多项式函数拟合的结果最好。同时，此拟合结果和图 4－10 显示的规律比较接近。

因此，赤鹫乡受助个体客观福利感应与电力消费恩格尔系数之间的函数关系可确定为：

$$W_{CJ}^{o} = -0.035\ 5EN_{CJ3}^{2} + 0.389\ 9EN_{CJ} + 58.169 \tag{4-22}$$

式中：W_{CJ}^{o} 为赤鹫乡受助个体客观福利感应；EN_{CJ} 为赤鹫乡个体电力消费恩格尔系数。

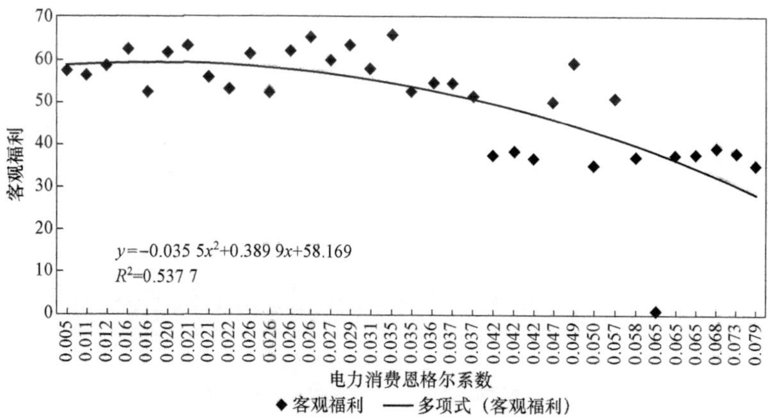

图 4－11　赤鹫乡受助个体的客观福利感应与电力消费恩格尔系数多种函数拟合结果（一）

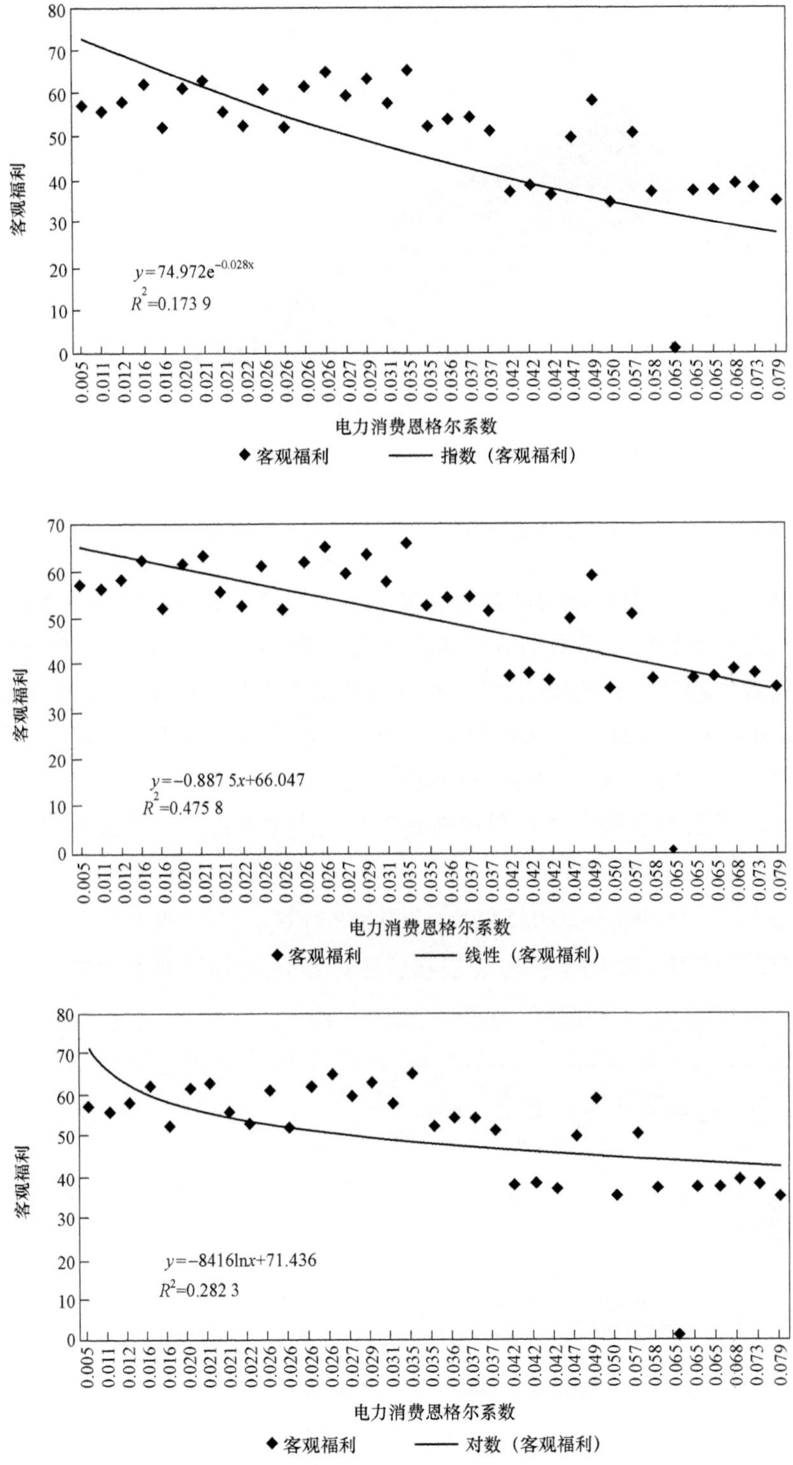

图 4－11　赤鹫乡受助个体的客观福利感应与电力消费恩格尔系数多种函数拟合结果（二）

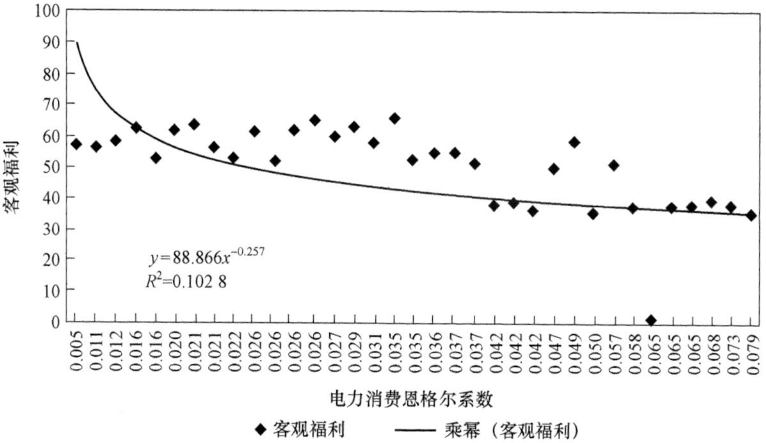

图 4－11　赤鹫乡受助个体的客观福利感应与电力消费恩格尔系数多种函数拟合结果（三）

赤鹫乡受助个体电力消费恩格尔系数与用电量的五种拟合方式结果如图 4－12 所示，其中包括各种拟合方式的回归方程和拟合优度值。可以看出，线性、指数、对数、多项式、乘幂这 5 种函数拟合方程的值 R^2 分别为 0.707 2、0.647 2、0.554 9、0.706 9、0.664 4，这表明线性函数拟合的结果最好。赤鹫乡受助个体电力消费恩格尔系数与用电量之间的函数关系为

$$\mathrm{EN}_{\mathrm{CJ}}=0.1585E_{\mathrm{CJ}}+0.9176 \tag{4-23}$$

式中：E_{CJ} 为赤鹫乡受助个体消耗的电量。

在获得了赤鹫乡受助个体客观福利感应与电力消费恩格尔系数的函数关系、电力消费恩格尔系数与用电量的函数关系，即可得到赤鹫乡受助个体客观福利感应与用电量之间的函数关系，即

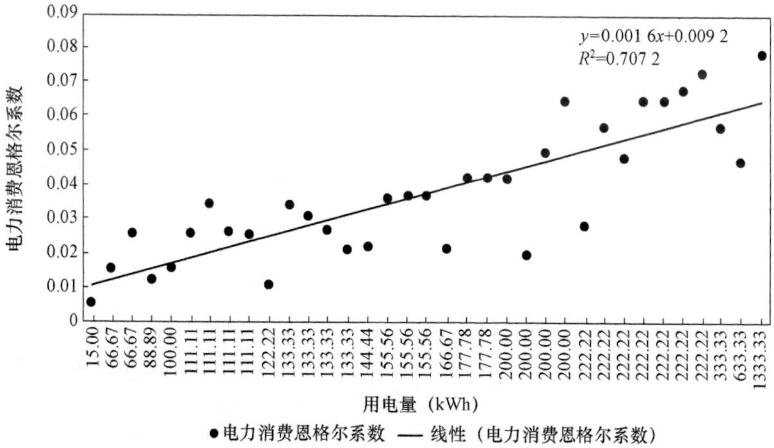

图 4－12　赤鹫乡受助个体电力消费恩格尔系数与用电量多种函数拟合结果（一）

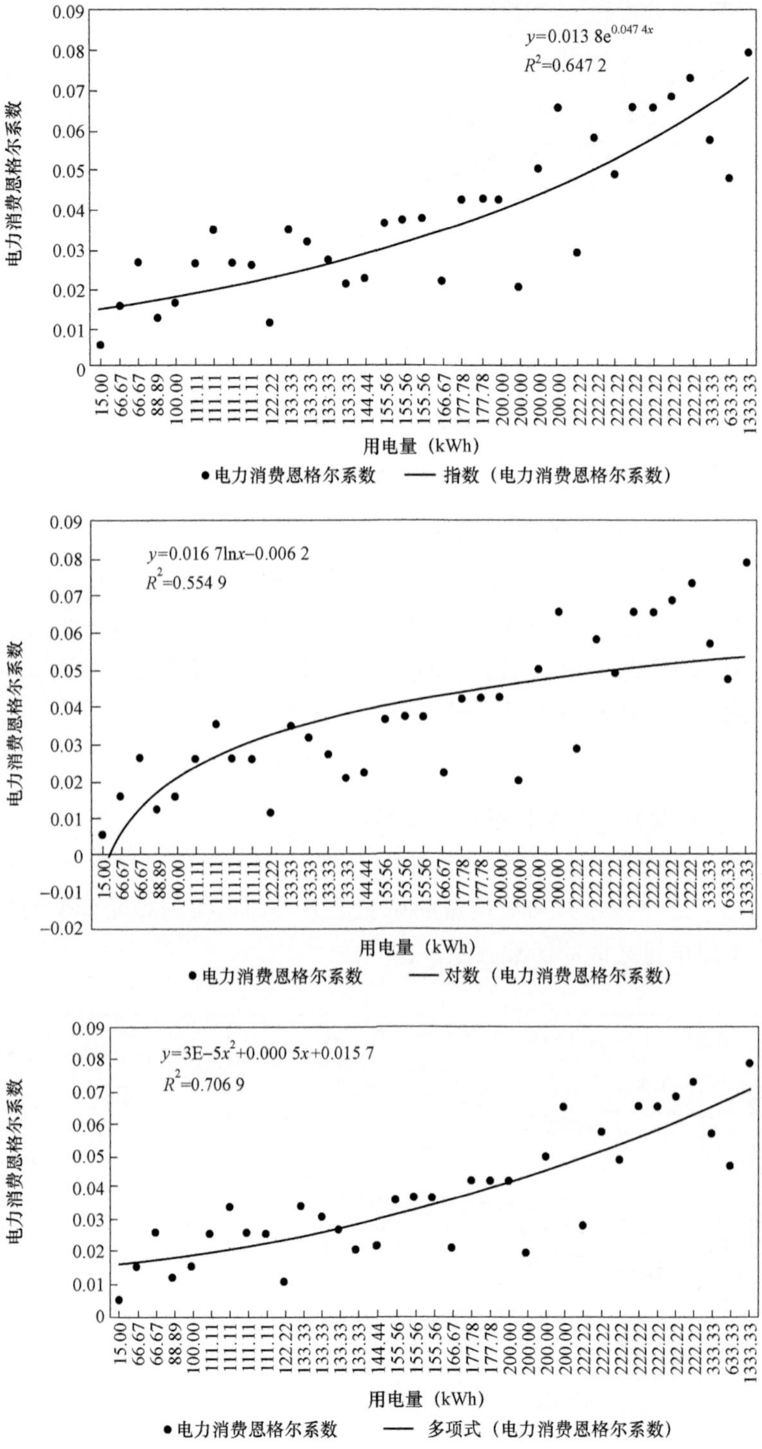

图 4－12　赤鹫乡受助个体电力消费恩格尔系数与用电量多种函数拟合结果（二）

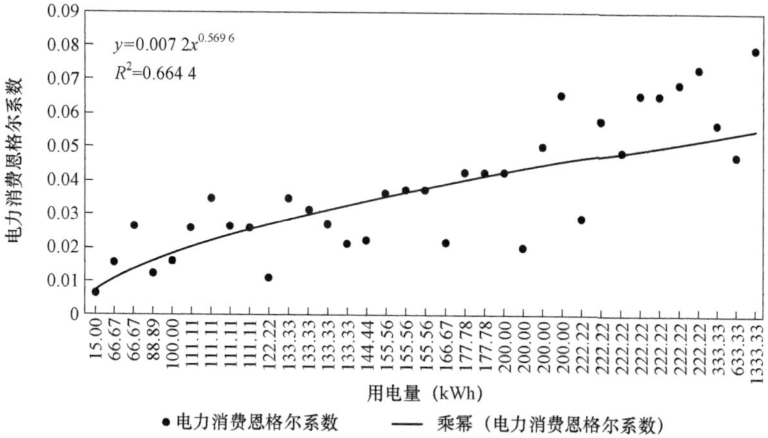

图 4-12　赤鹫乡受助个体电力消费恩格尔系数与用电量多种函数拟合结果（三）

$$W_{\mathrm{CJ}}^{\mathrm{o}} = -0.000\,89E_{\mathrm{CJ}}^{2} + 0.051\,47E_{\mathrm{CJ}} + 58.496\,9 \qquad (4-24)$$

4. 永定镇

永定镇共包括 39 位电力普遍服务受助个体，即根据 39 位受助个体的客观福利感应、所在家庭的用电量和电力消费恩格尔系数拟合个体客观福利感应函数。这三个变量分布如图 4-13 所示。可以看出，用电量与个体客观福利感应整体上呈反向相关关系，当用电量未达到 200kWh 时，随着用电量的增加，个体客观福利感应逐渐下降。但当用电量达到 200kWh 时后，个体客观福利感应随着用电量的增加呈小范围波动变化趋势，但总体客观福利水平较低。

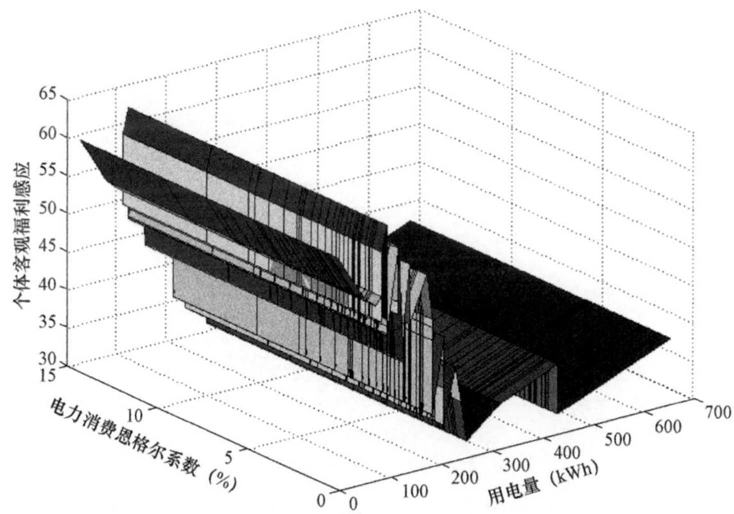

图 4-13　永定镇受助个体的客观福利感应、用电量和电力消费恩格尔系数分布情况

选择多项式、指数、线性、对数和乘幂等 5 种函数拟合方式构建受助个体客观福利感应与电力消费恩格尔系数之间的函数关系，并根据各种拟合方式的拟合优度（R^2 值）最终确定哪种拟合函数是最优的。永定镇受助个体客观福利感应与电力消费恩格尔系数的五种拟合方式结果如图 4－14 所示，其中包括各种拟合方式的回归方程和拟合优度值。可以看出，多项式、指数、线性、对数和乘幂这 5 种函数拟合方程的值 R^2 分别为 0.697 3、0.674 2、0.666 2、0.487 4、0.475 4，这表明二次多项式函数拟合的结果最好。同时，此拟合结果和图 4－13 显示的规律比较接近。

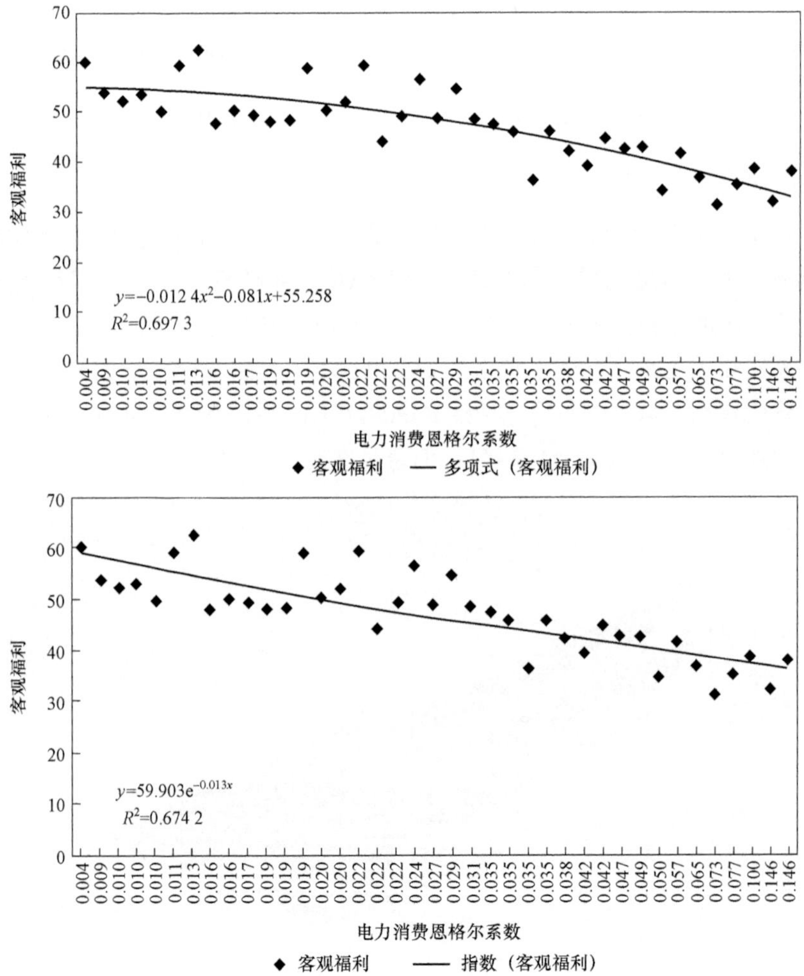

图 4－14 永定镇受助个体的客观福利感应与电力消费恩格尔系数多种函数拟合结果（一）

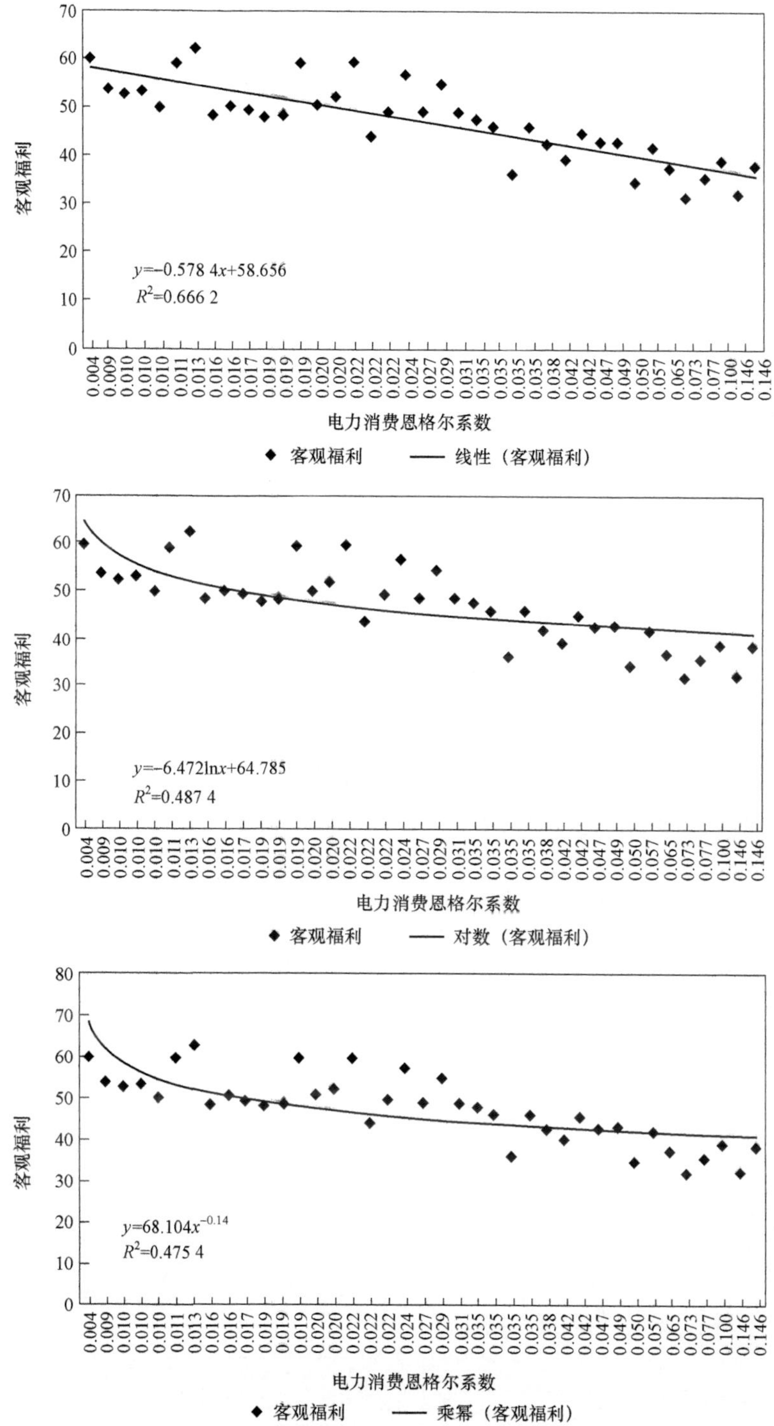

图 4-14　永定镇受助个体的客观福利感应与电力消费恩格尔系数多种函数拟合结果（二）

因此，永定镇受助个体客观福利感应与电力消费恩格尔系数之间的函数关系可确定为

$$W_{YD}^{o} = -0.0124EN_{YD}^{2} - 0.081EN_{YD} + 55.258 \quad (4-25)$$

式中：W_{YD}^{o} 为永定镇受助个体客观福利感应；EN_{YD} 为永定镇个体电力消费恩格尔系数。

永定镇受助个体电力消费恩格尔系数与用电量的五种拟合方式结果如图 4－15 所示，其中包括各种拟合方式的回归方程和拟合优度值。可以看出，线性、指数、对数、多项式、乘幂这 5 种函数拟合方程的值 R^2 分别为 0.664 6、0.632 9、0.320 8、0.521 4、0.604，这表明线性函数拟合的结果最好。永定镇受助个体电力消费恩格尔系数与用电量之间的函数关系为

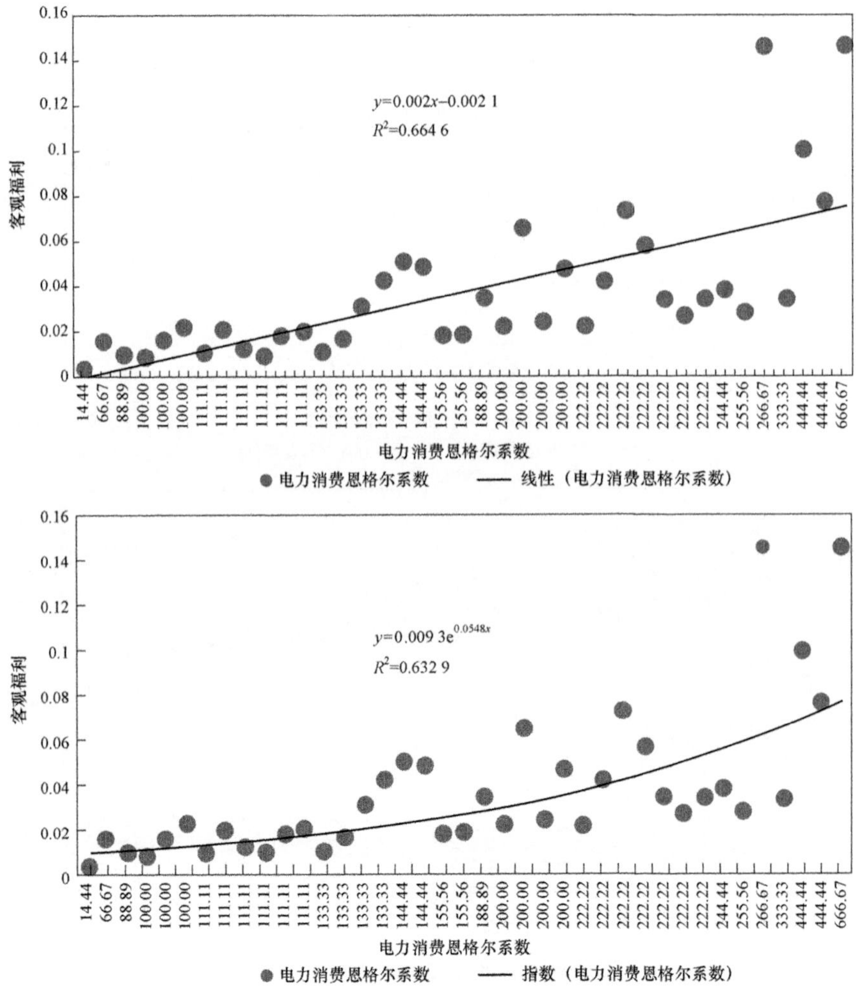

图 4－15　永定镇受助个体电力消费恩格尔系数与用电量多种函数拟合结果（一）

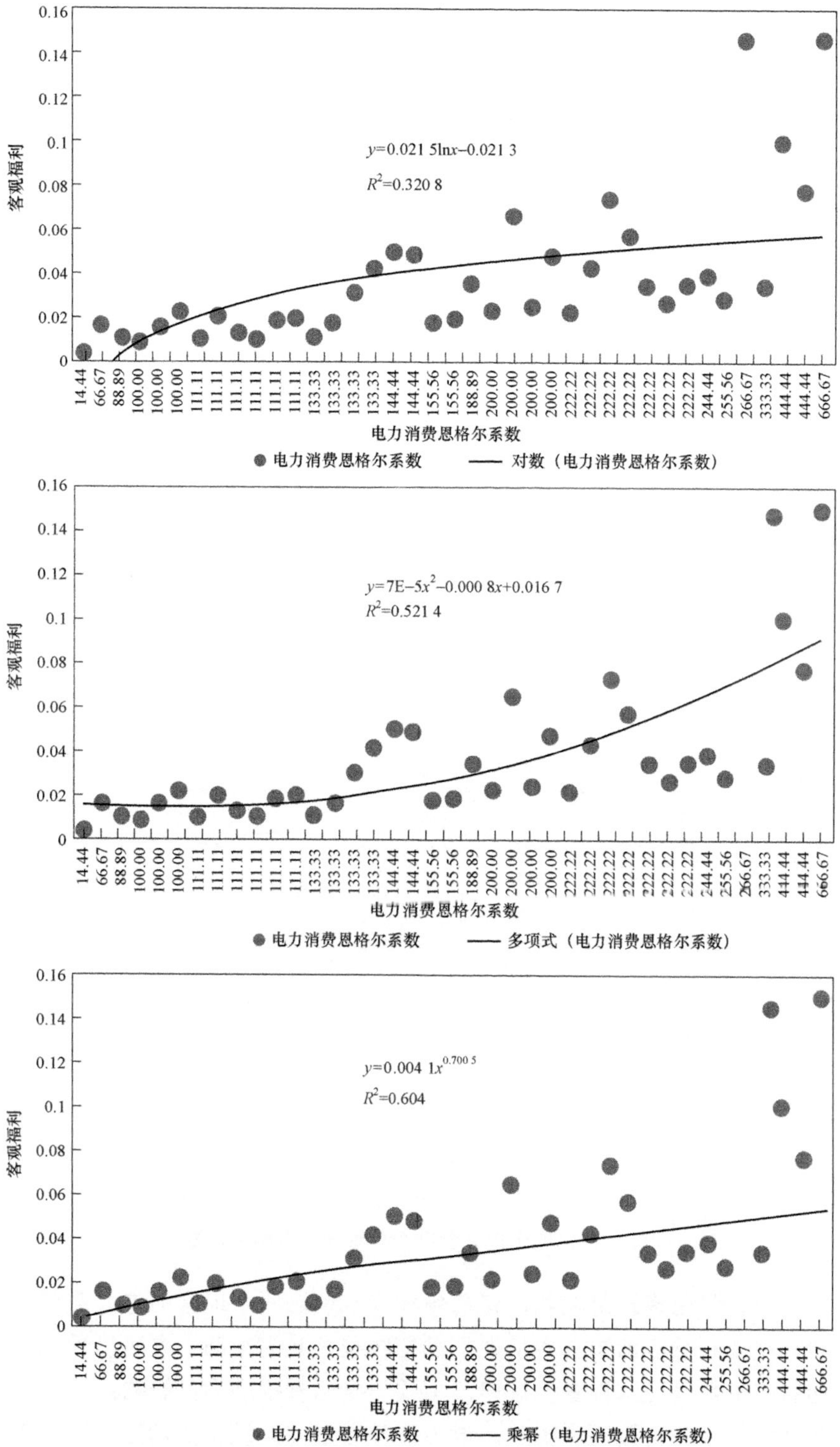

图 4－15　永定镇受助个体电力消费恩格尔系数与用电量多种函数拟合结果（二）

$$EN_{YD} = 0.197\,8E_{YD} - 0.208 \tag{4-26}$$

式中：E_{YD} 为永定镇受助个体所在家庭消耗的电量。

在获得了永定镇受助个体客观福利感应与电力消费恩格尔系数的函数关系、电力消费恩格尔系数与用电量的函数关系，即可得到永定镇受助个体客观福利感应与用电量之间的函数关系，即

$$W_{YD}^{o} = -0.000\,49E_{YD}^{2} - 0.015E_{YD} + 55.274\,3 \tag{4-27}$$

5. 函数拟合结果综合分析

从以上函数拟合结果可以看出，大营镇、罗免彝族苗族乡、赤鹫乡和永定镇这四个地区的电力普遍服务受助个体客观福利感应函数具有一定的不同（如图 4－16 所示），其可能受各地区文化习俗、生活水平、教育水平、地理区域等因素影响。大营镇及其管辖的农村地区距离富民县不是很远，生活条件、教育水平在四个区域中处于一般水平；罗免彝族苗族乡是一少数民族乡，其文化习俗和生活方式、教育程度与别的地区具有很大的不同，所在的地区海拔较高；赤鹫乡的生活水平最差，距离相对发达城镇较远，教育水平不高；永定镇距离县城较近，生活水平相对较高，居民受教育程度也较其他三个地区高。

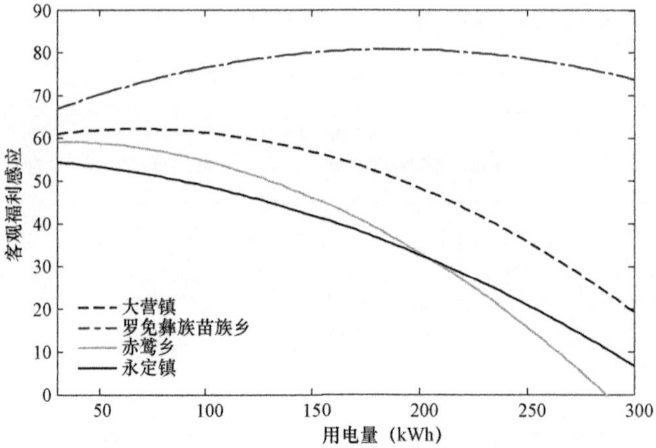

图 4－16　四个地区受助个体客观福利感应函数

大营镇、罗免彝族苗族乡、赤鹫乡和永定镇这四个地区的电力普遍服务受助个体客观福利感应函数基本呈现下抛物线型，且为上凸。之所以受助个体客观福利感应函数呈现这种变化规律，主要受到两种推动力的影响：一种是使用电能产品所带来的直接福利影响，电力产品通过电力设备做功形式给电力普遍

服务受助个体带来正面福利感应，例如照明给受助个体生活带来了很大的便利，看电视丰富了受助个体的娱乐生活并满足了精神需求，且电力消耗量较少时，给受助个体带来的福利感应很大，但随着用电量的增加，福利感应增加的幅度会有所下降；另一种推动力是电能消费的支出，随着受助个体消耗电能产品，其将支付一定的电费，从而使受助个体可用于其他活动的可支配支出变小，随着用电量的增加，电费支出在总可支配收入的比重越来越大，势必会对受助个体福利感应产生负面影响。综合这两种推动力，当受助个体的电力消费量较小时，一方面，电能的使用能够给受助个体带来福利感应的增加，而电力消费的支出会降低个体的福利感应。随着用电量的逐渐增加但还未达到很大程度时，电能使用给受助个体带来的边际福利感应增加值会有所下降但下降福利不是很大，但增加的电费支出将会对受助个体福利感应的负面影响变得越来越强，此时，从整体来看，随着用电量的增加，其受助个体福利感应呈缓慢下降趋势；当受助个体用电量很大时，由于电能消费所带来的福利感应的增加会变得相对较少，但此时电费支出在个体可支配收入中占很大的比重，此时，从整体来看，随着用电量的增加，受助个体福利感应将下降的很快。

4.3 电力普遍服务受助个体主观福利感应函数构建与测度

受助个体对电力普遍服务的主观福利感应是受主观因素影响而形成的福利感应，受电能消费这一表征“功能”的指标以及文化程度、健康状况等表征“能力”的主观指标影响。由前文对电力普遍服务受助个体福利感应影响机理分析可知，教育能够改变行为个体的认知能力，进而使其获得幸福感。同时，行为个体在受教育过程中还能获得具有经济实现价值功能的知识技能，通过获得的这种非物质资本技能，行为个体能够获得获益，从而获得幸福感受。身体健康程度影响着一个人的情绪和感受，同时也会对个体经济及人际关系产生影响，从而对生活有不同的体验程度，进而影响着个体的福利水平。心理健康对个体的情绪、日常生活及工作的态度、完善自我发展目标以及社会认同等方面都会产生影响，进而影响到个体的福利感应。

本书在构建电力普遍服务个体主观福利感应函数时，综合考虑用电量、教育程度和健康状况等“功能”和“能力”指标。与电力普遍服务受助个体客观福利函数构建不同，教育程度和健康状况等“能力”指标无法像电力消费恩格尔系数可以通过实际数据表征，而只能通过受助个体的主观评价获取这两个能力指标在不同受助个体中的表现情况。同时，受助个体客观福利感应主要受电力消费恩格尔系数这一“能力”指标和用电量这一“功能”指标的作用，并通过电力消费恩格尔系数这一中间介质最终作用于受助个体客观福利感应和用电量之间的关系，而在构建电力普遍服务受助个体主观福利感应函数时，不仅要考虑用电量这一“功能”指标的作用，而且还要考虑教育程度和健康状况这两个“能力”指标的综合作用，教育程度和健康状况这两个中间介质最终作用于受助个体主观福利感应和用电量之间的关系。因此，构建电力普遍服务受助个体主观福利感应函数与个体客观福利感应函数的构建具有很大的不同，不能够在低维空间找到合适的函数表征用电量与受助个体主观福利感应之间的映射关系。为找到受助个体主观福利感应与用电量之间的映射关系，并可以通过函数关系表达出来，一个可行的方法是将个体主观福利感应和用电量、教育程度和健康状况这三个影响因素从低维空间映射到高维空间，从而在高维空间找到每个个体主观福利感应的空间分布特征，并利用影响因素的泛函表征个体主观福利感应范数分布规律，从而构建电力普遍服务受助个体主观福利感应和其用电量之间的函数关系。

最小二乘支持向量机（least squares support vector machine，LSSVM）是支持向量机在二次损失函数下的一种形式，是利用小样本数据的统计学习理论在高维特征空间中寻找最优线性回归超平面对数据进行回归的一种模型，基本思想来源于最优分离超平面——最大化间隔并采用核学习的方法，是结构风险最小化原则在统计学习问题上的一个具体实现。对于电力普遍服务受助个体主观福利感应及相关影响因素，由于在给定空间上无法进行线性划分，因此运用LSSVM方法采用一个非线性的映射关系把输入空间中的客观福利感应、用电量、教育程度和健康状况等数据映射到另一个高维的特征空间中，使新空间中的似线性可分，进而再于新空间内构造线性判别函数，从而得到个体主观福利感应函数与用电量的映射关系，其中，教育程度和健康状况影响着在新空间内构造的线性判别函数和个体主观福利感应和用电量之间的映射关系。综上，可以通过最小二乘支持向量机模型构建电力普遍服务受助个体的主观福利感应函数。

4.3.1 优化最小二乘支持向量机模型基本原理

1. 最小二乘支持向量机

支持向量机（support vector machine，SVM）是一种建立在结构风险最小化原理基础上的，基于统计学习理论的机器学习方法，能够在小样本情况下也具有很好的学习能力，而且还解决了高维度、非线性、局部极小值等问题。支持向量机是一种广义的线性分类器，在线性可分条件下，可用图 4－17 表示说明。

“+”和“-”分别表示两类训练样本，H 为分界面，H_1 和 H_2 为分别过两类样本中离分界面 H 最近的点且平行于分界面的平面。在 SVM 模型中，最优分界线不仅要能够正确分开这两类数据，还要使他们之间的分类间隔或分类间隙 M 最大，这样才能够保证经验风险最小从而使支持向量机具有较好的泛化能力。

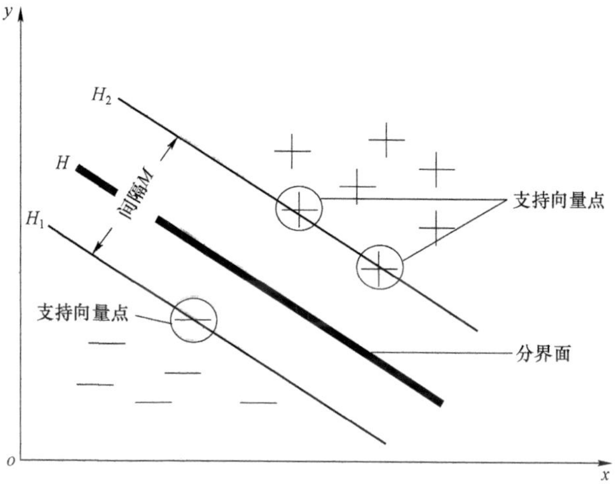

图 4-17　支持向量机分界面示意图

对于在给定空间上无法进行线性划分的训练样本集而言，SVM 通常会采用一个非线性的映射关系把输入空间中的数据映射到另一个高维的特征空间中，使新空间中的似线性可分并能够在新空间中寻找最优的线性分界面，最终在新空间内构造线性判别函数。最小二乘支持向量机（least square support vector machines，LS-SVM）是 SVM 在二次损失函数下的一种形式，它通过求解线性方程取代了二次规划求解优化问题，具有简化模型，求解快速又不失精准等优点，本书采用 LSSVM 模型构建电力普遍服务受助个体主观福利感应函数。

对于一个训练样本集：$S=(x_i,\ y_i)_{i=1}^{l}$，$x\in X\subset R^n$ 为输入向量，$y\in R$ 为样本对应的输出值，则可构造如下决策函数作为学习机

$$f(x)=\omega\varphi(x)+b \tag{4-28}$$

式中：φ 为输入向量；$\varphi(x)$ 为 $x\in X\subset R^n$ 映射到高维空间中，为线性可分的非线性高维映射；ω 为权值向量；b 为偏置值。

构造结构风险函数为

$$R=\frac{1}{2}\|\omega\|^2+\frac{1}{2}CR_{\text{emp}} \tag{4-29}$$

式中：$\|\omega\|^2$ 为控制模型的复杂度；C 为正规化参数；R_{emp} 为经验风险。

在 LSSVM 模型建模过程中 R_{emp} 可采用如下二次项表达式表示，则优化问题

可表示为

$$\text{minimize} \quad J=\frac{1}{2}\omega^{\mathrm{T}}\omega+\frac{1}{2}C\cdot\sum_{i=1}^{l}\xi_i^2 \tag{4-30}$$

$$\text{subject to} \quad y_i=\omega^{\mathrm{T}}\varphi(x_i)+b+\xi_i \tag{4-31}$$

式中：ξ_i 为误差松弛变量，$i=1,2,\cdots,l$。

运用 Lagrange 乘子与对偶变换方法对以上规划问题进行变换，可得到如下 Lagrange 函数

$$L(\omega,b,\xi,\alpha)=\frac{1}{2}\omega^{\mathrm{T}}\omega+\frac{1}{2}C\cdot\sum_{i=1}^{l}\xi_i^2-\sum_{i=1}^{l}\alpha_i[\omega^{\mathrm{T}}\varphi(x_i)+b+\xi_i-y_i] \tag{4-32}$$

根据 Karush－Kuhn－Tucker（KKT）条件可得

$$\begin{cases}\dfrac{\partial L}{\partial\omega}=0\\ \dfrac{\partial L}{\partial b}=0\\ \dfrac{\partial L}{\partial\xi}=0\\ \dfrac{\partial L}{\partial\alpha}=0\end{cases} \tag{4-33}$$

整理可得

$$\begin{cases}\omega-\sum\limits_{i=1}^{l}\alpha_i\varphi(x_i)=0\\ \sum\limits_{i=1}^{l}\alpha_i=0\\ \alpha_i=C\xi_i\\ \omega^{\mathrm{T}}\varphi(x_i)+b+\xi_i-y_i=0\end{cases} \tag{4-34}$$

构造如下满足 Mercer 定理的核函数

$$K(x,\mathrm{z})=\varphi^{\mathrm{T}}(x)\varphi(z) \tag{4-35}$$

则式（4－35）可由表示为

$$\begin{bmatrix}0 & I_{\mathrm{v}}^{\mathrm{T}}\\ I_{\mathrm{v}} & \Omega+C^{-1}I\end{bmatrix}\begin{bmatrix}b\\ \alpha\end{bmatrix}=\begin{bmatrix}0\\ y\end{bmatrix} \tag{4-36}$$

式中：$I_{\mathrm{V}}=[1,1,\cdots,1]^{\mathrm{T}}$ 包含 l 个元素；$\Omega_{ij}=K(x_i,\ x_j)$，$i,j=1,2,\cdots,l$。

最小二乘支持向量机模型可供选择的核函数 $K(x,z)$ 包括 Sigmoid 核函数、Polynomial 核函数和径向基（radial basis function，RBF）核函数。RBF 核函数由于需要预设的参数较少，且能够很好适应实际问题，在很多实际问题中都得

到了应用。因此，采用 RBF 函数作为 LSSVM 模型的核函数，即

$$K(x,z)=\exp\left(-\frac{\|x-z\|^2}{\sigma^2}\right) \tag{4-37}$$

在选取合适的核函数$K(x,z)$解决非线性回归问题后，进而能够得到决策函数为

$$f(x)=\sum_{i=1}^{l}\alpha_i K(x_i,\ x)+b \tag{4-38}$$

式（4－38）即为构建电力普遍服务受助个体主观福利函数的依据，其中，包括两个参数需要确定选择，分别为正则化参数 C 和核函数参数σ^2。

2. 优化最小二乘支持向量机

在运用最小二乘支持向量机 LSSVM 模型构建电力普遍服务受助个体主观福利感应函数时，首先需要确定正则化参数 C 和核函数参数σ^2的数值，而这两个参数的取值对 LSSVM 模型回归性能具有很重要的影响。其中，正则化参数 C（也称之为惩罚参数）用于控制 LSSVM 模型函数拟合的误差，其值越大，拟合误差越小，但也会导致模型的训练时间增加以及过拟合现象。核函数参数σ^2代表径向基 RBF 函数的带宽，LSSVM 模型拟合误差随着参数σ^2的变小而减小，但同时也会存在模型训练时间增加以及过拟合现象。因此，在构建电力普遍服务主观福利感应函数时，需要合理有效地确定正则化参数 C 和核函数参数σ^2的数值。

当前，确定正则化参数 C 和核函数参数σ^2数值主要有两种方法：一是根据经验主观确定二者的参数值，这种方法常常会导致 LSSVM 模型不能很好的反映实际问题的特征，且对于电力普遍服务受助个体主观福利函数来说，不同地区的受助个体具有不同的特征，很难准确地人为确定适合于不同地区的正则化参数 C 和核函数参数σ^2的数值；另一种方式是采用群体智能等方法优化确定 LSSVM 模型的这两个参数，这种方法规避了人为主观确定的缺点，同时能够通过多次迭代寻优最优的参数值，因此，近些年在实际工程问题中得到了广泛地应用。本书为了能够准确设定正则化参数 C 和核函数参数σ^2的值，采用第二种方法，具体为运用蚁狮优化算法自动寻找用于电力普遍服务受助个体主观福利感应函数构建的最优参数值。

蚁狮优化算法（ant lion optimizer，ALO）是由学者 S. Mirjalili 根据蚁狮捕猎蚂蚁这一捕食行为而提出的一种新的群体智能优化算法。根据蚁狮捕猎蚂蚁的行为，蚁狮优化算法的具体步骤如下。

步骤 1：参数设置。ALO 优化算法主要包括 5 个参数：蚁狮和蚂蚁的数量（假设蚁狮和蚂蚁的数量相同）Agents_no，变量个数 dim；最大迭代次数

max_iteration，变量的下边界 $lb=[lb_1,lb_2,\cdots]$，变量的上边界 $ub=[ub_1,ub_2,\cdots]$。

步骤 2: 初始化蚁狮和蚂蚁的位置。蚂蚁的位置 M_{Ant} 和蚁狮的位置 M_{Antlion} 可由式（4–39)、（4–40）所示。

$$M_{\text{Ant}}=\begin{bmatrix} A_{11} & A_{12} & \cdots & A_{1d} \\ A_{21} & A_{22} & \cdots & A_{2d} \\ \vdots & \vdots & \vdots & \vdots \\ A_{n1} & A_{n2} & \cdots & A_{nd} \end{bmatrix} \tag{4–39}$$

$$M_{\text{Antlion}}=\begin{bmatrix} AL_{11} & AL_{12} & \cdots & AL_{1d} \\ AL_{21} & AL_{22} & \cdots & AL_{2d} \\ \vdots & \vdots & \vdots & \vdots \\ AL_{n1} & AL_{n2} & \cdots & AL_{nd} \end{bmatrix} \tag{4–40}$$

式中：M_{Ant} 为种群中每个蚂蚁的位置矩阵；M_{Antlion} 为种群中每个蚁狮的位置矩阵；A_{ij} 为第 i 个蚂蚁对应的第 j 个参数值；AL_{ij} 为第 i 个蚁狮对应的第 j 个参数值；$i=1,2,\cdots,n$，$j=1,2,\cdots,d$。

蚂蚁和蚁狮的初始位置矩阵 M_{Ant}、M_{Antlion} 由随机算法得出，即

$$A_{*j}\ \ or\ \ AL_{*j}=\text{rand}\times(ub_j-lb_j)+lb_j \tag{4–41}$$

式中：A_{*j} 和 AL_{*j} 分别表示位置矩阵中第 j 列的数值；rand 为介于 0 到 1 之间的具有均匀分布特征的随机数；ub_j 和 lb_j 分别代表第 j 个变量的上边界和下边界。

步骤 3：初代精英选择。当对每个蚁狮进行评价以选出该代最优的蚁狮时，首先需要给出适应度函数 $f[*]$。每次迭代过程中的蚁狮的适应度值由矩阵 $\boldsymbol{M}_{\text{OAL}}$ 表示，即

$$\boldsymbol{M}_{\text{OAL}}=\begin{Bmatrix} f[(AL_{11} & AL_{12} & \cdots & AL_{1d})] \\ f[(AL_{21} & AL_{22} & \cdots & AL_{2d})] \\ & & \vdots & \\ f[(AL_{n1} & AL_{n2} & \cdots & AL_{nd})] \end{Bmatrix} \tag{4–42}$$

式中：$\boldsymbol{M}_{\text{OAL}}$ 为蚁狮的适应度矩阵；$f[*]$ 为适应度函数，也称之为目标函数。

对于群体智能进化算法来说，在每次优化迭代过程中选择并保存当代精英个体是十分重要的，其能够保存当代的最优解以便于后代的比较及优选。所谓精英个体指在每次优化迭代过程中具有最小适应度值的蚁狮，该蚁狮也称为最适应蚁狮。根据式（4–42)，能够得到初代精英个体及其适应度值。

步骤 4：优化迭代。对于第 t 代，第 i 个蚂蚁的移动（位置）受蚁狮和精英个体的影响。在 ALO 算法中，假设蚂蚁根据用轮盘赌算法选择的蚁狮及每代精英个体在可行空间内随机移动。因此，第 i 个蚂蚁的位置为

$$\text{Ant}_i^t = \frac{R_A^t + R_E^t}{2} \tag{4-43}$$

式中：Ant_i^t代表第 t 代第 i 个蚂蚁的位置；R_A^t 代表在第 t 代的蚂蚁根据蚁狮位置的随机游走；R_E^t 代表第 t 代的蚂蚁根据精英个体位置的随机游走。

为保证每代蚂蚁能够在搜索空间内随机游走，需要将蚂蚁的位置进行标准化处理，即

$$\tilde{X}_j^t = \frac{\left(X_j^t - a_j\right)\left(d_j^t - c_j^t\right)}{\left(b_j - a_j\right)} + c_j^t \tag{4-44}$$

式中：$\tilde{X}_j^t$ 为第 j 个变量在第 t 代的标准化值；a_j 为第 j 个变量随机游走的最小值；b_j 为第 j 个变量随机游走的最大值；c_j^t 为第 j 个变量随机游走在第 t 代的最小值；d_j^t 为第 j 个变量随机游走在第 t 代的最大值。

对于蚁狮优化算法，根据适应度值采用轮盘赌算法选择的蚁狮能够保证具有更大适应度值的蚁狮可以更加容易捕猎到蚂蚁。在迭代优化过程中，蚁狮根据其适应度值成比例地构造猎食洞，适应度值越大，其猎食洞越大，则补到蚂蚁的概率就越大。当蚂蚁落到猎食洞后，蚁狮向落入洞中的蚂蚁扔投沙子以防止蚂蚁逃跑。为体现这一捕猎过程，随机游走的范围将逐渐变小，具体可由式（4－45）表示。

$$\begin{cases} c^t = \dfrac{c^t}{I} \\ d^t = \dfrac{d^t}{I} \end{cases} \tag{4-45}$$

式中：I 为随机游走范围缩小比例，可由下式计算得出。

$$I = \begin{cases} 10^2 \times \dfrac{t}{T}, & \dfrac{t}{T} > 0.1 \\ 10^3 \times \dfrac{t}{T}, & \dfrac{t}{T} > 0.5 \\ 10^4 \times \dfrac{t}{T}, & \dfrac{t}{T} > 0.75 \\ 10^5 \times \dfrac{t}{T}, & \dfrac{t}{T} > 0.9 \\ 10^6 \times \dfrac{t}{T}, & \dfrac{t}{T} > 0.95 \end{cases} \tag{4-46}$$

步骤 5：选择最优蚁狮（精英）。当蚂蚁跌入蚁狮构造的洞穴中，蚁狮将捕获到该蚂蚁。最后，为了捕获到新的蚂蚁，蚁狮将调整其位置，并构造新的捕猎洞穴。在 ALO 算法中，只有当蚂蚁的适应度值大于蚁狮的适应度值时其才能

够被捕获到，进而蚁狮根据式（4-47）更新其位置。

$$\text{Antlion}_i^t = \text{Ant}_i^t \quad \text{if} \quad f\left(\text{Ant}_i^t\right) \geqslant f\left(\text{Antlion}_i^t\right) \tag{4-47}$$

式中：Antlion_i^t 为第 i 个蚁狮在第 t 代的位置；Ant_i^t 为第 i 个蚂蚁在第 t 代的位置。

在每次优化迭代过程中，蚁狮都会根据式（4-47）更新其位置和适应度，进而 ALO 根据新适应度值确定在该次迭代中最优的蚁狮个体。当达到最大迭代系数或满足某一标准时，ALO 算法终止，此时可获得最优的蚁狮（即精英）。

运用 ALO 优化 LSSVM 模型的具体流程如图 4-18 所示。

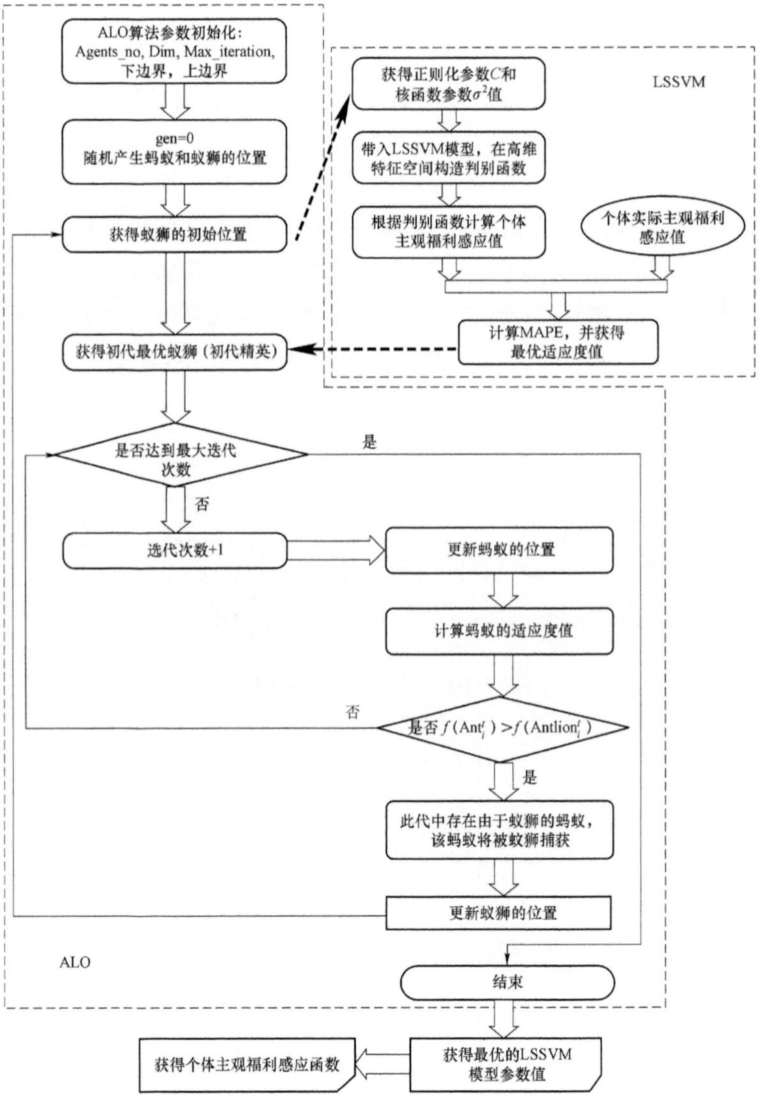

图 4-18　ALO 优化 LSSVM 模型流程图

4.3.2 受助个体主观福利感应函数的构建

本书运用蚁狮优化最小二乘支持向量机模型构建电力普遍服务受助个体主观福利感应函数。运用该优化 LSSVM 模型时，以电力普遍服务受助个体主观福利感应作为输出变量，教育、健康、用电量作为输入变量，首先将这四个变量映射到高维特征空间，进而根据每个个体的教育和健康特征确定 LSSVM 模型在高维特征空间中的 RBF 函数参数，其中迭代优化过程中，运用蚁狮优化算法优化寻找最小二乘支持向量机的正则化参数 C 和核函数参数 σ^2 数值，优化的规则是：在高维特征空间中，电力普遍服务受助个体主观福利感应与用电量泛函拟合的似线性回归方程最优，即用该回归方程计算出的个体主观福利感应值与实际值误差最小［本书选用均方根误差（root－mean－square error，MRSE）指标来计算误差］。

在具体构建电力普遍服务受助个体主观福利感应函数时，考虑到各个区域在地理位置、生活水平、消费习惯、文化习俗等方面可能存在的不同，本书分别以云南省昆明市富民县大营镇、罗免彝族苗族乡、赤鹫乡和永定镇为样本，分别构建这四个区域的电力普遍服务受助个体主观福利感应函数，其具体构建流程如图 4－19 所示。

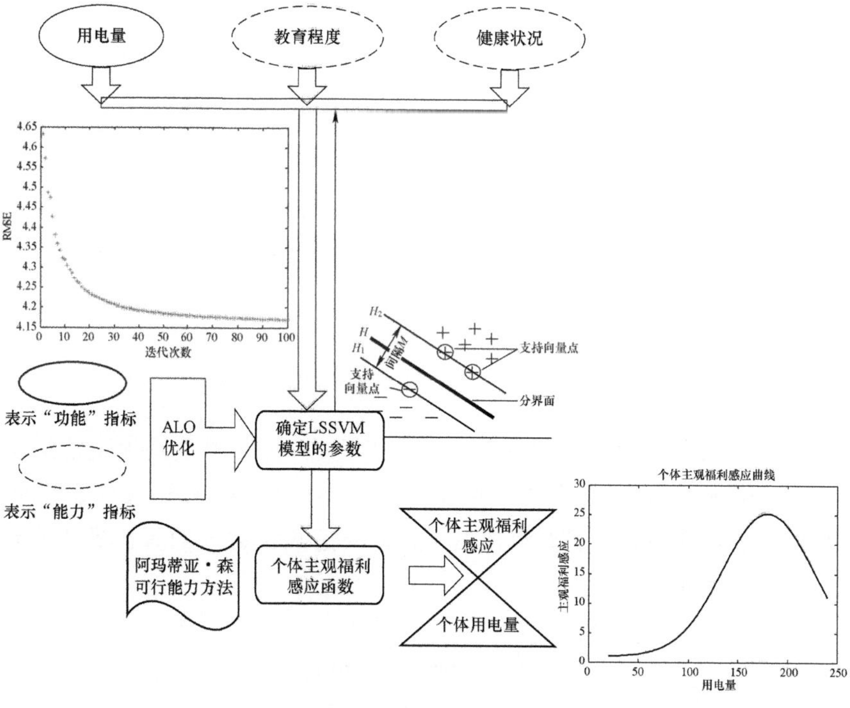

图 4－19 电力普遍服务受助个体主观福利感应函数构建流程

1. 大营镇

大营镇包括 45 位受助个体，将这 45 组个体主观福利感应值、用电量、教育程度和健康状况带入 ALO 优化后的 LSSVM 模型，可以求得最优的正则化参数 C 和核函数参数 σ^2 数值，最终可得到受助个体主观福利感应函数。ALO 优化算法的参数设置如下：种群规模 Agents_no 为 50，变量个数 dim 为 2，最大迭代次数 Max_iteration 为 100，下边界为［0，0］，上边界为［500，10］。

ALO 优化算法迭代寻找 LSSVM 最优正则化参数 C 和核函数参数 σ^2 的过程如图 4-20 所示。可以看出，ALO 优化算法在第 6 代就找到了最优的 LSSVM 模型参数值，即将个体主观福利感应值、用电量、教育程度和健康状况非线性关系映射到高维特征空间后能够找到一个最优的线性分界面来表征个体主观福利感应与用电量的对应关系。

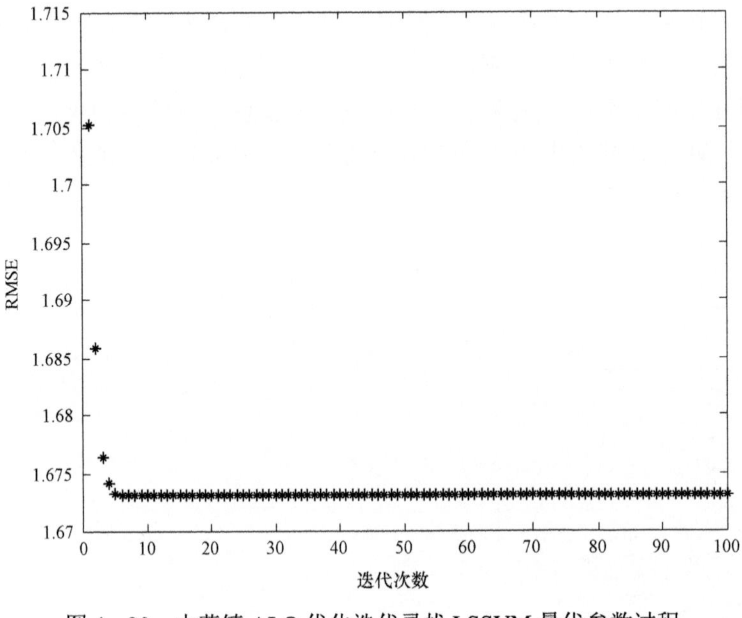

图 4-20　大营镇 ALO 优化迭代寻找 LSSVM 最优参数过程

对于大营镇，通过 ALO 算法优化确定的 LSSVM 模型的最优正则化参数 C 和核函数参数 σ^2 的值分别为 179.9 和 0.018。在确定电力普遍服务受助个体主观福利感应函数时，还需要给出 $\|x-z\|$ 这一范式表达式的具体数学表达式，如式（4-48）所示。

$$\|x-z\| = \frac{x-z}{\max\{x_i\} - \min\{x_i\}} \tag{4-48}$$

式中：$\max\{x_i\}$ 为所有受助个体用电量的最大值；$\min\{x_i\}$ 为所有受助个体用电量的最小值。

根据 Matlab 软件输出结果，构建的大营镇受助个体主观福利感应函数为

$$W_{\mathrm{DY}}^{\mathrm{s}}=24.13\times \mathrm{e}^{-\left(\frac{(E_{\mathrm{DY}}-179.9)}{477.78}\right)^2 \Big/ 0.018}+1.071 \tag{4-49}$$

大营镇受助个体主观福利感应函数曲线如图 4－21 所示，可以看出，当大营镇电力普遍服务受助个体的用电量在 80kWh 以内时，其主观福利感应随着用电量的增加逐渐上升，但上升速度较慢（即曲线的斜率为正但较小）；当用电量在 80～150kWh 之间时，受助个体主观福利感应随着用电量的增加逐渐上升，且上升速度很快（即曲线的斜率为正且较大）；当用电量超过 150kWh 时，受助个体主观福利感应随着用电量的增加而逐渐上升的速度又有所下降，且下降幅度较大；当用电量达到 180kWh 时，受助个体主观福利感应达到最大值，而后受助个体主观福利感应随着用电量的进一步增加而减少。

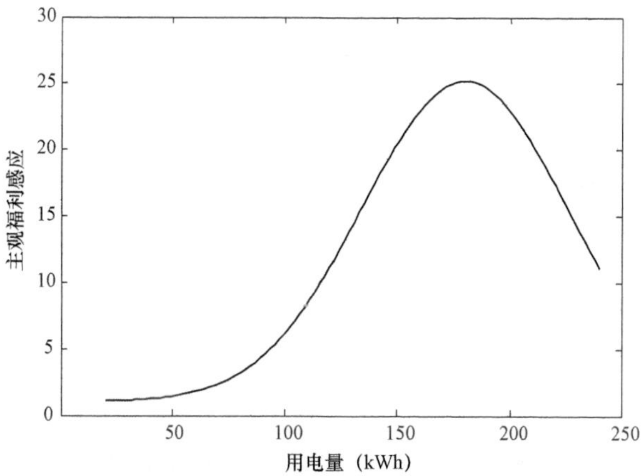

图 4－21　大营镇电力普遍服务受助个体主观福利感应函数曲线

2. 罗免彝族苗族乡

罗免彝族苗族乡共包括 25 位电力普遍服务受助个体，将这 25 组个体主观福利感应值、用电量、教育程度和健康状况带入 ALO 优化后的 LSSVM 模型，可以求得最优的正则化参数 C 和核函数参数 σ^2 数值，最终可得到受助个体主观福利感应函数。ALO 优化算法的参数设置和大营镇的参数设置相同。

ALO 优化算法迭代寻找 LSSVM 最优正则化参数 C 和核函数参数 σ^2 的过程如图 4－22 所示。可以看出，ALO 优化算法在第 80 代后开始慢慢收敛，尽管收敛速度较慢，但最终收敛结果表明 ALO 能够找到最优的 LSSVM 模型参数值，

即将个体主观福利感应值、用电量、教育程度和健康状况非线性关系映射到高维特征空间后能够找到一个最优的线性分界面来表征个体主观福利感应与用电量的对应关系。

对于罗免彝族苗族乡，通过 ALO 算法优化确定的 LSSVM 模型的最优正则化参数 C 和核函数参数 σ^2 的值分别为 113 和 0.011。

根据 Matlab 软件输出结果，构建的罗免彝族苗族乡受助个体主观福利感应函数为

$$W_{\mathrm{LM}}^{\mathrm{s}} = 24.82 \times \mathrm{e}^{-\left(\left(\frac{\left(E_{\mathrm{LM}}-113\right)}{388.89}\right)^{2} \Big/ 0.011\right)} + 2.588 \qquad (4-50)$$

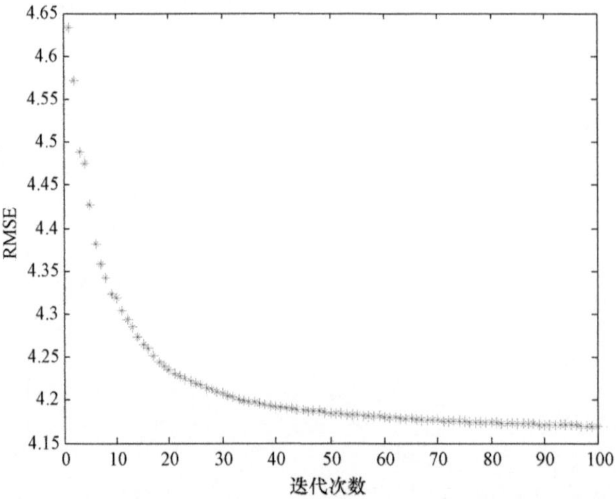

图 4－22　罗免彝族苗族乡 ALO 优化迭代寻找 LSSVM 最优参数过程

罗免彝族苗族乡受助个体主观福利感应函数曲线如图 4－23 所示，可以看出，当罗免彝族苗族乡电力普遍服务受助个体的用电量在 45kWh 以内时，其主观福利感应随着用电量的增加逐渐上升，但上升速度较慢（即曲线的斜率为正但较小）；当用电量在 45～88kWh 之间时，受助个体主观福利感应随着用电量的增加逐渐上升，且上升速度很快（即曲线的斜率为正且较大）；当用电量超过 88kWh 时，受助个体主观福利感应随着用电量的增加而逐渐上升的速度又有所下降，且下降幅度较大；当用电量达到 113.33kWh 时，受助个体主观福利感应达到最大值，而后受助个体主观福利感应随着用电量的进一步增加而减少。

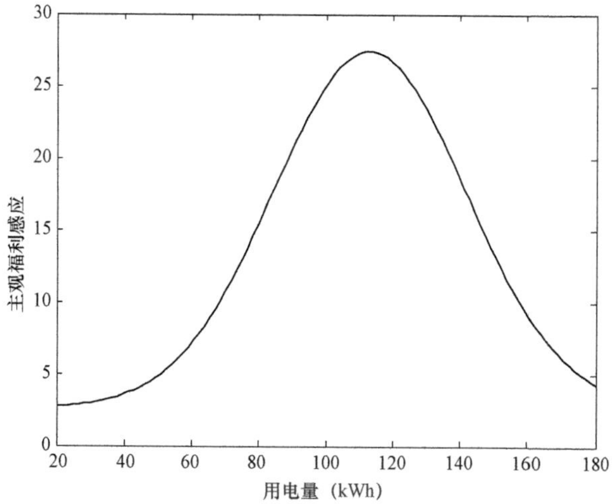

图 4-23　罗免彝族苗族乡电力普遍服务受助个体主观福利感应函数曲线

3. 赤鹫乡

赤鹫乡共包括 35 位电力普遍服务受助个体，将这 35 组个体主观福利感应值、用电量、教育程度和健康状况带入 ALO 优化后的 LSSVM 模型，可得到最优正则化参数 C 和核函数参数 σ^2 值，从而可得到赤鹫乡受助个体主观福利感应函数。ALO 优化算法的参数设置和大营镇的参数设置相同。

对于赤鹫乡，ALO 优化算法迭代寻找 LSSVM 最优正则化参数 C 和核函数参数 σ^2 的过程如图 4-24 所示。可以看出，ALO 优化算法收敛速度很快，在第 33 代时 MRSE 达到最小，并在之后的迭代过程中保持不变，这表明运用 ALO

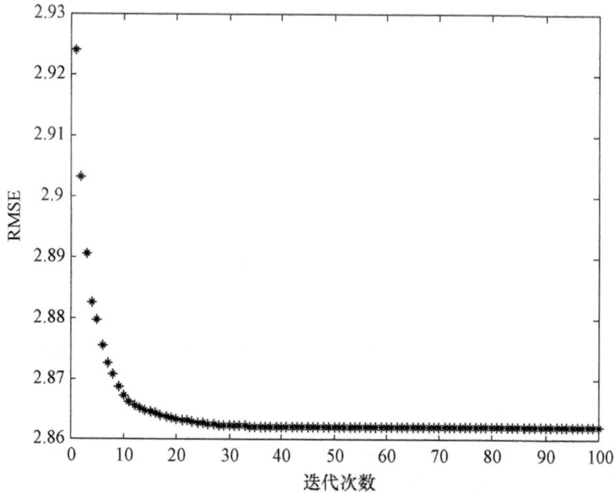

图 4-24　赤鹫乡 ALO 优化迭代寻找 LSSVM 最优参数过程

优化 LSSVM 模型后能够将个体主观福利感应值、用电量、教育程度和健康状况非线性关系映射到高维特征空间后找到一个最优的线性分界面来表征赤鹫乡受助个体主观福利感应与用电量的对应关系。

对于赤鹫乡，通过 ALO 算法优化确定的 LSSVM 模型的最优正则化参数 C 和核函数参数 σ^2 的值分别为 247 和 0.025。

根据 Matlab 软件输出结果，构建的赤鹫乡受助个体主观福利感应函数为

$$W_{CJ}^{s}=19.9\times e^{-\left(\left(\frac{\left(E_{CJ}-247\right)}{1318.33}\right)^{2}\Big/0.025\right)}-1.155 \tag{4-51}$$

赤鹫乡受助个体主观福利感应函数曲线如图 4－25 所示，可以看出，当赤鹫乡电力普遍服务受助个体的用电量在 180kWh 以内时，其主观福利感应随着用电量的增加逐渐上升，上升速度基本相同（即曲线的斜率为正且大致相等）；当用电量超过 180kWh 时，受助个体主观福利感应随着用电量的增加而逐渐上升的速度又有所下降，且下降幅度较大；当用电量达到 247kWh 时，受助个体主观福利感应达到最大值，而后受助个体主观福利感应随着用电量的进一步增加而减少。

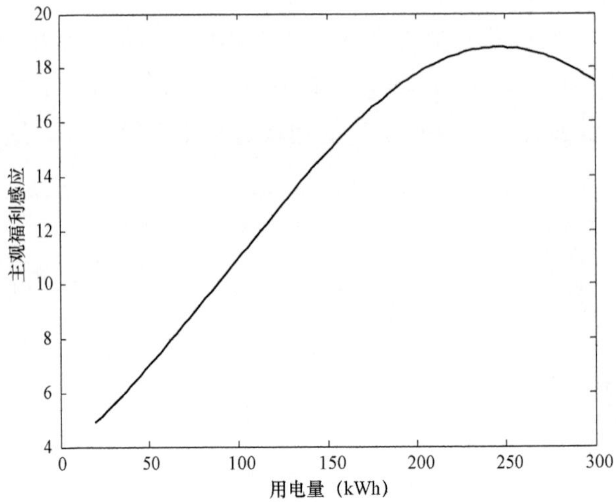

图 4－25　赤鹫乡电力普遍服务受助个体主观福利感应函数曲线

4. 永定镇

永定镇共包括 39 位电力普遍服务受助个体，将这 39 组个体主观福利感应值、用电量、教育程度和健康状况带入 ALO 优化后的 LSSVM 模型，可得到最

优正则化参数 C 和核函数参数 σ^2 值，从而可得到永定镇受助个体主观福利感应函数。ALO 优化算法的参数设置和大营镇的参数设置相同。

对于永定镇，ALO 优化算法迭代寻找 LSSVM 最优正则化参数 C 和核函数参数 σ^2 的过程如图 4-26 所示。可以看出，ALO 优化算法刚开始时收敛速度很快，在第 70 代后 MRSE 基本达到最小，这表明运用 ALO 优化 LSSVM 模型后能够将个体主观福利感应值、用电量、教育程度和健康状况非线性关系映射到高维特征空间后找到一个最优的线性分界面来表征永定镇受助个体主观福利感应与用电量的对应关系。

对于永定镇，通过 ALO 算法优化确定的 LSSVM 模型的最优正则化参数 C 和核函数参数 σ^2 的值分别为 116 和 0.012。

根据 Matlab 软件输出结果，构建的永定镇受助个体主观福利感应函数为：

$$W_{\mathrm{YD}}^{\mathrm{s}} = 22.72 \times \mathrm{e}^{-\left(\frac{(E_{\mathrm{YD}}-116)}{652.22}\right)^2 / 0.012} - 4.185 \tag{4-52}$$

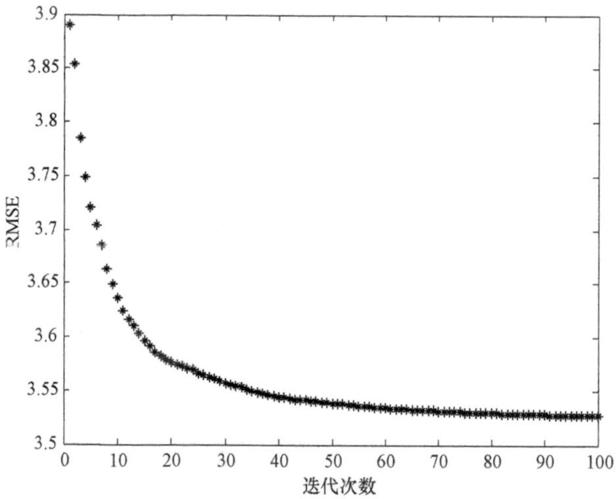

图 4-26　永定镇 ALO 优化迭代寻找 LSSVM 最优参数过程

永定镇受助个体主观福利感应函数曲线如图 4-27 所示，可以看出，当永定镇电力普遍服务受助个体的用电量在 78kWh 以内时，其主观福利感应随着用电量的增加逐渐上升，但上升速度较快（即曲线的斜率为正且较大）；当用电量超过 78kWh 时，受助个体主观福利感应随着用电量的增加而逐渐上升的速度又有所下降，且下降幅度较大；当用电量达到 115.56kWh 时，受助个体主观福利感应达到最大值，而后受助个体主观福利感应随着用电量的进一步增加而减少。

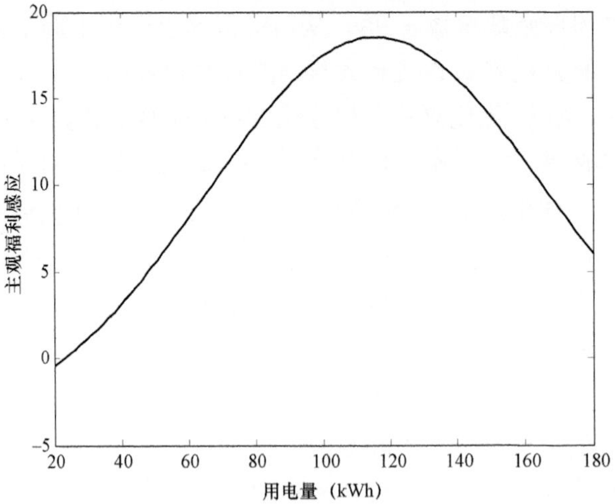

图 4－27　永定镇电力普遍服务受助个体主观福利感应函数曲线

5. 函数拟合结果综合分析

大营镇、罗免彝族苗族乡、赤鹫乡和永定镇这四个地区的电力普遍服务受助个体主观福利感应函数如图 4－28 所示，可以看出，大营镇和罗免彝族苗族乡的个体主观福利函数形状特征类似，但用电量和个体主观福利感应之间的对应关系有很大不同，罗免彝族苗族乡用电量达到 113.33kWh 时，其个体主观福利感应达到最大，而大营镇个体主观福利感应达到最大所对应的用电量为 180kWh 时，主要原因可能在于少数民族乡罗免彝族苗族乡的文化习俗、教育程度和生活水平与大营镇具有很大的不同。与其他地区相比，赤鹫乡受助个体主观福利

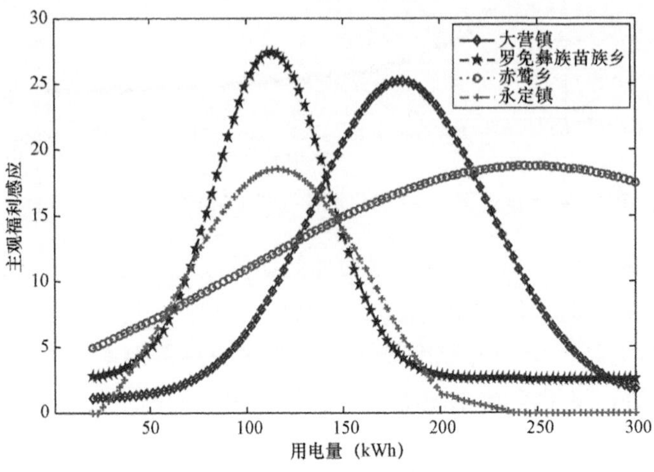

图 4－28　四个地区受助个体主观福利感应函数

感应增长缓慢，其主观福利感应达到最大时所对应的用电量是最多的，为247kWh，赤鹫乡所处地区偏僻，在四个地区中生活水平、教育水平最差，从而导致当用电量增加时其主观福利感应不向其他地区增长很快。永定镇距离县城较近，与其他三个地区相比，其生活水平、教育水平都较高，个体主观福利感应随用电量增加而增长很快，但可能受生活压力等因素影响，其总体主观福利水平不高。

第5章 电力普遍服务社会福利函数构建与测度

每个地区个体福利感应在一定电力消费区间内具有不同的分布规律，从而不同地区电力普遍服务受助个体福利感应函数具有不同的形式。电力普遍服务社会福利函数是具有不同特征的个体福利感应函数的一般表达，不是对代表性电力普遍服务受助个体福利感应函数的简单相加，而需要一个合适的社会福利泛函由个体福利感应函数推导出社会福利函数。本章运用前景理论构建社会福利泛函，通过个体福利感应前景价值得到个体福利感应函数推导社会福利函数的期望权重，进而实现电力普遍服务社会福利函数的构建与测度。

5.1 电力普遍服务社会福利函数构建原理

前文基于阿玛蒂亚·森提出的可行能力方法构建了电力普遍服务受助个体客观福利感应函数和主观福利感应函数。阿罗不可能性定理指出，从个体偏好加总到社会偏好在逻辑上存在很大的困难，而阿玛蒂亚·森等人的研究结果表明：人际比较在个体偏好加总形成社会偏好过程中具有十分重要的作用。在由个体福利函数推导社会福利函数时，如果允许一定程度的人际可比，即可参考功利主义、纳什主义和罗尔斯主义等典型的社会福利函数，这三种社会福利函数分别在不同程度上体现了对个体福利感应水平的不平等规避特征。

功利主义的社会福利函数为

$$\forall\, p,q \in R_{+}^{n},\quad w(p) \geqslant w(q) \text{ 当且仅当 } \sum_{i\in N} p_i \geqslant \sum_{i\in N} q_i \tag{5-1}$$

纳什社会福利函数为

$$\forall\, p,q \in R_{+}^{n},\quad w(p) \geqslant w(q) \text{ 当且仅当 } \prod_{i\in N} p_i \geqslant \prod_{i\in N} q_i \tag{5-2}$$

罗尔斯主义社会福利函数为

$$\forall\, p,q \in R_+^n,\ \ w(p) \geqslant w(q) \text{ 当且仅当 } \min_{i\in N}\{p_i\} \geqslant \min_{i\in N}\{q_i\} \tag{5-3}$$

功利主义社会福利函数认为社会福利为个体福利感应的算术平均，其满足基数且人际可比；纳什社会福利函数认为社会福利为个体福利感应的几何平均，其满足比率不可比性；而罗尔斯主义社会福利函数认为社会福利由在社会中处境最差者的个体福利感应水平决定，其满足序数且人际可比。同时，这三种社会福利函数都满足弱帕累托准则和匿名性。

电力普遍服务社会福利函数的构建是基于受助个体福利感应状况或受助个体福利感应函数的，即将社会福利表达为个体福利感应的加总，或者说，社会福利函数为个体福利感应函数的某种形式的加总，而其实现需要社会福利泛函。一个社会福利泛函即为一个从个体福利感应函数组合空间$W(X)^n$对应到社会福利函数空间$W(X)$的函数，其给出了一种社会最优选择的标准，这个标准能够使任何一个个体福利感应函数，存在一个与之对应的社会福利函数。对于电力普遍服务社会福利函数来说，这种偏好标准能够在电能消费空间上给出一个社会福利排序。

由电力普遍服务受助个体福利感应函数推导出电力普遍服务社会福利函数需要给出一个合适的社会福利泛函，这种社会福利泛函不是对若干个电力普遍服务受助个体福利感应函数的简单相加，因为每个个体福利感应在一定电力消费区间内的分布是不同的，且在实际中也很难获得每个地区受助个体的福利感应函数（本书只包括大营镇、罗免彝族苗族乡、赤鹫乡和永定镇四个地区），从而导致个体福利感应函数只可能是整个社会中具有代表性的福利感应函数。若采用功利主义的社会福利泛函或纳什社会福利泛函，则只是将代表性地区的个体福利感应函数进行简单算术平均或几何平均，这会丢弃不同地区之间的用电行为对比这一构建电力普遍服务社会福利函数的重要信息，且这种社会福利泛函隐含着“每个代表性个体福利感应函数在构建社会福利函数时是同等重要的”这一假设，而这与实际情况具有很大的差距。

本书借鉴功利主义和纳什社会福利函数构建思想，在基于阿玛蒂亚·森的可行能力方法获得电力普遍服务受助个体客观福利感应函数和主观福利感应函数的基础上，运用前景理论构建社会福利泛函，进而从电力普遍服务受助个体福利感应函数推导出电力普遍服务社会福利函数。前景理论是一种基于个体“有限理性”且考虑“参考依赖”的新的决策范式理论，运用前景理论构建电力普遍服务社会福利函数推导过程中所需的社会福利泛函具有一定的合理性：① 基于“有限理论”假设使运用该理论分析问题时更加符合实际情况；② 个体在决策过程中是基于某一参考点的，这种决策方式能够包括电力普遍服务受助个体之间电力消费不同的重要对比信息，其使电力普遍服务社会福利函数构建时充分考虑了不同受助个体电能消费与社会参照水平之间的不同所带来的福利感应差异；③ 个体对待收益和损失的不同态度能够很好反映未达到电力普遍服务社会参照水平的受助个体对电力普遍服务的迫切渴望，而高于电力普遍服务社会参照水平的受助个体在一定程度上存在着电力普遍服务弱敏感性。

5.2 基于前景理论的电力普遍服务社会福利函数模型构建

前景理论（prospect theory，PT）是由诺贝尔经济学奖获得者 Daniel Kahneman 和 Amos Tversky 在 1979 年提出的一种描述性范式的决策模型，其与传统决策理论关注的“人们应该如何决策”不同，前景理论关注的是“人们是如何决策的”，这缩小了理论与实际的差距。前景理论是继期望值理论（expected value theory，EVT）、期望效用理论（expected utility theory，EUT）之后的又一风险决策理论。

与期望效用理论不同，前景理论认为由于受到自身能力限制、客观条件约束、信息不完备等影响，人们在决策过程中应该是“有限理性”，而非“完全理性”。前景理论将人们的风险决策过程分为两个过程：编辑和评价。在编辑阶段，根据框架、参考点等准则收集与决策过程相关的信息，并对这些决策信息进行编辑、处理、整合、简化；在评价阶段，个体基于在编辑阶段获得的决策信息，根据主观概率权重函数和价值函数对收集到的决策信息进行判断，从而做出决策。

前景理论为风险决策问题提出了一个新的范式框架，认为个体收益的多少是相对于参考点的，价值函数是根据个体自身状态偏离参考点的距离进行定义的，并基于这种价值函数来进行决策。基于此，前景理论具有以下特征：①“确定效应”，即人们在面对确定性收益时往往是风险规避的，人们会偏向选择确定性的收益而不会冒险具有风险的收益，“二鸟在林，不如一鸟在手”；②“反射效应”，即人们在面对损失时往往是风险偏好的，人们会偏向选择具有一定风险的不确定损失而不会选择确定性损失；③“损失规避”，即同等数量的收益给人们带来的快乐要比同等数量的损失给人民带来的痛苦要小，人们对损失比收益更敏感，在决策过程中收益与损失具有不对称性；④“参照依赖”，即人们在对某件事情做出决策时，往往会考虑其带来的收益或损失与某一参照点的相对值，而不是得失的大小。

前景理论通过价值函数和主观概率权重函数计算前景值来为决策提供参考，即

$$V\left(p,\Delta x\right)=\sum_{i=1}^{n}\pi\left(p_i\right)v\left(\Delta x_i\right) \tag{5-4}$$

式中：$V(p,\Delta x)$为前景值；$\pi(p_i)$为决策者对事件i给予的主观概率权重；$v(\Delta x_i)$为决策者对事件i给予的主观价值。

主观概率权重函数$\pi(\cdot)$具有以下性质：① 其是关于p的增函数，且有$\pi(0)=0$，$\pi(1)=1$；② 亚比例性，即概率比值一定时，概率小所对应的决策权重大于概率大所对应的决策权重，若$0<p,q,r\leqslant 1$，则对于同概率比值$pq/p,pqr/pr$，有$\pi(pqr)/\pi(pr)\geqslant\pi(pq)/\pi(p)$；③ 亚确定性，除极低概率事件以外的其他事件，主观概率决策权重通常小于对应的概率，即$\pi(p)=p$，且$\pi(p)+\pi(1-p)\leqslant 1$；④ 次可加性，当事件处于小概率区域时，主观概率权重函数是次可加性函数，即对于任意的$r(0<r<1)$，有$\pi(rp)<r\pi(p)$；⑤ 决策者对极高概率事件和极低概率事件的主观权重会采用不同的判断标准，即对于高概率事件，决策者往往具有低估倾向$[\pi(p)<p]$而对于极低概率事件，决策者一般有高估倾向$[\pi(p)>p]$。主观概率权重函数具体表达式如下：

$$\pi(p_i)=\begin{cases}\dfrac{p^r}{\left[p^r+(1-p)^r\right]^{1/r}},\text{对于收益}\\[2ex]\dfrac{p^\delta}{\left[p^\delta+(1-p)^\delta\right]^{1/\delta}},\text{对于损失}\end{cases}\tag{5-5}$$

式中：r和δ分别为决策者对收益和损失情况下的主观概率权重判定参数。

Daniel Kahneman 和 Amos Tversky 通过大量实验得出：$r=0.61$，$\delta=0.69$。

主观价值函数$v(\cdot)$为决策者对每个事件给出的主观价值，其具有如下特点：① 对于收益情形，主观价值具有边际敏感性递减规律，即决策者对事件给出的主观价值随着收益的增加而增加，但边际增加值是递减的；② 对于损失情形，主观价值（此时为负）的边际敏感性也是递减的，同时的损失在参考点附近要比远离参考点给决策者带来的主观价值大；③ 决策存在“惧怕损失效应”，即决策者会下意识的减小收益所带来的快乐，而夸大损失带来的痛苦。价值函数如图 5-1 所示，其在收益区域是向下凹的，而在损失区域是向下凸的。

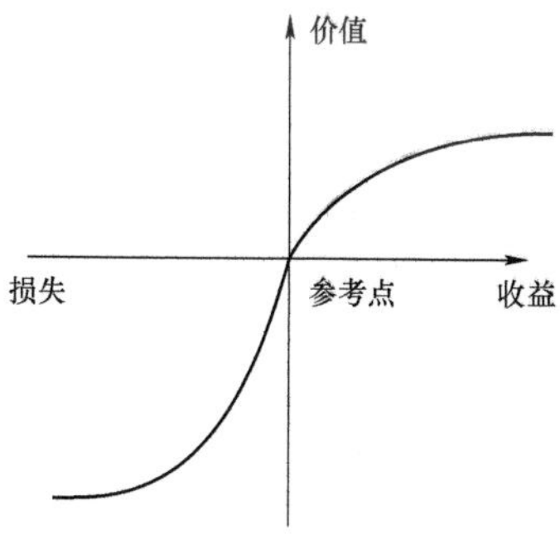

图 5-1　前景理论的价值函数

价值函数的具体表达式为

$$v(\Delta x)=\begin{cases}\Delta x^\alpha & \text{当}\Delta x\geqslant 0\\-\lambda(\Delta x)^\alpha & \text{当}\Delta x<0\end{cases}\tag{5-6}$$

式中：$v(\Delta x)$为价值函数；α为风险态度系数，$0<\alpha<1$，其值越大，表示决策者越倾向于冒险；λ为损失规避系数，若$\lambda>1$，表明决策者对损失很敏感。

Daniel Kahneman 和 Amos Tversky 通过实证测验得出：$\alpha = 0.88$，$\lambda = 2.25$。

运用社会福利泛函在构建电力普遍服务社会福利函数时，一个重要的问题是如何确定各代表性电力普遍服务受助个体福利感应函数在推导电力普遍服务社会福利函数时所占的地位。运用前景理论构建社会福利泛函以从个体福利感应函数推导出社会福利函数的思路：① 每个地区受助个体的用电量所带来的个体福利感应与社会平均水平用电量带来的个体福利感应之差作为主观价值函数的计算的基础；② 每个地区受助个体的前景福利价值为①中所述的福利之差带来的主观价值与主观概率权重之积；③ 各地区受助个体福利感应函数在电力普遍服务社会福利函数中的重要性由该地区所有受助个体的前景福利价值之和占所有地区所有受助个体前景福利价值和的比重来决定，该比重越大，其在推导社会福利函数时越重要；④ 电力普遍服务社会福利函数由代表性地区受助个体福利感应函数及其重要性决定。基于前景理论的电力普遍服务社会福利函数构建过程如图 5-2 所示。

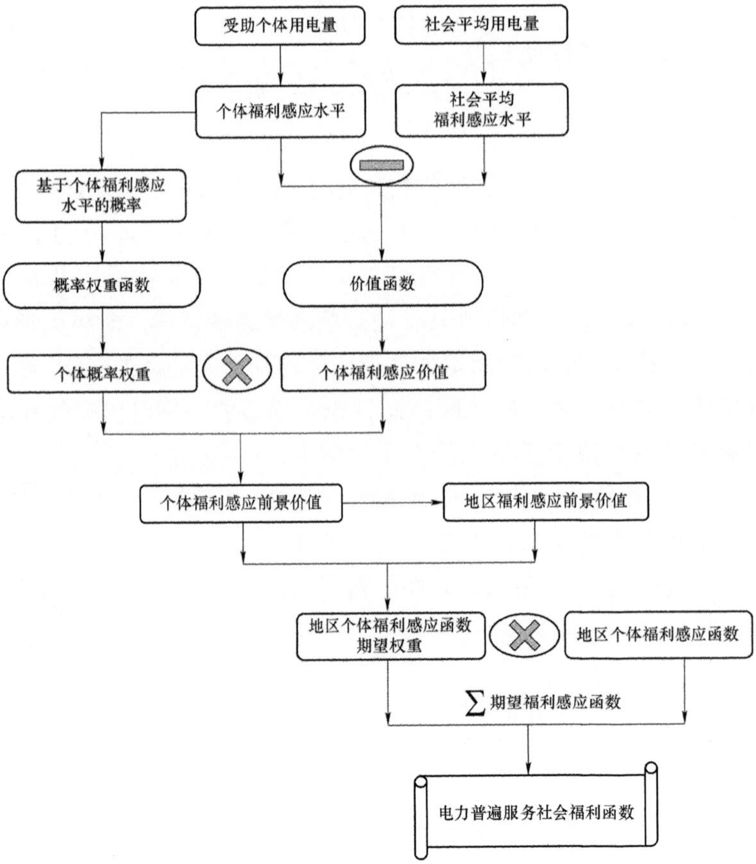

图 5-2　电力普遍服务社会福利函数构建流程

5.3 电力普遍服务社会福利测度

运用前景理论构建社会福利泛函，进而由电力普遍服务受助个体福利感应函数推导出电力普遍服务社会福利函数。为体现电力普遍服务受助个体客观福利感应函数和主观福利感应函数的特点，在构建电力普遍服务社会福利函数时，首先，运用前景理论构建客观福利泛函，进而从大营镇、罗免彝族苗族乡、赤鹫乡和永定镇四个地区的受助个体客观福利感应函数推导出电力普遍服务社会客观福利函数；其次，运用前景理论构建主观福利泛函，进而从大营镇、罗免彝族苗族乡、赤鹫乡和永定镇四个地区的受助个体主观福利感应函数推导出电力普遍服务社会主观福利函数；最后，将电力普遍服务社会客观福利函数与主观福利函数加总即可得到电力普遍服务社会福利函数。

5.3.1 电力普遍服务社会客观福利函数构建

在构建电力普遍服务社会客观福利函数时，需要首先计算各地区受助个体客观福利感应函数的期望权重。运用前景理论计算各地区受助个体客观福利感应函数的期望权重的具体过程如下。

1. 大营镇

首先，将大营镇45位电力普遍服务受助个体的用电量带入本地个体客观福利感应函数，可计算得出对应的个体客观福利感应水平；其次，计算社会平均用电量在该地区的个体客观福利感应水平，称为该地区的社会平均客观福利感应水平；再次，将每位受助个体的客观福利感应水平与该地区的社会平均客观福利感应水平之差作为前景理论中价值函数的输入，进而可计算出大营镇受助个体客观福利感应价值，如图5-3所示；然后，根据个体客观福利感应水平计算概率权重函数的输入值，即概率，进而可计算得出该个体所对应的概率权重；最后，将大营镇每位受助个体客观福利感应价值与其概率权重相乘即可得出每位个体的客观福利前景价值，如图5-4所示。将45位个体的客观福利前景价值累计求和，作为计算大营镇地区个体福利感应函数的期望权重的基础。

2. 罗免彝族苗族乡

首先，将罗免彝族苗族乡25位电力普遍服务受助个体的用电量带入本地个体客观福利感应函数，可计算得出对应的个体客观福利感应水平；其次，计算社会平均用电量在该地区的个体客观福利感应水平，称为该地区的社会平均客观福利感应水平；再次，将罗免彝族苗族乡每位受助个体的客观福利感应水平

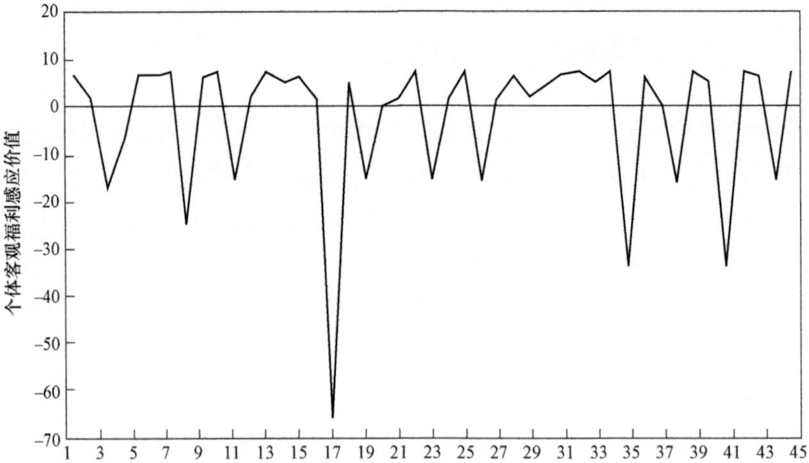

图 5-3　大营镇 45 位受助个体客观福利感应价值

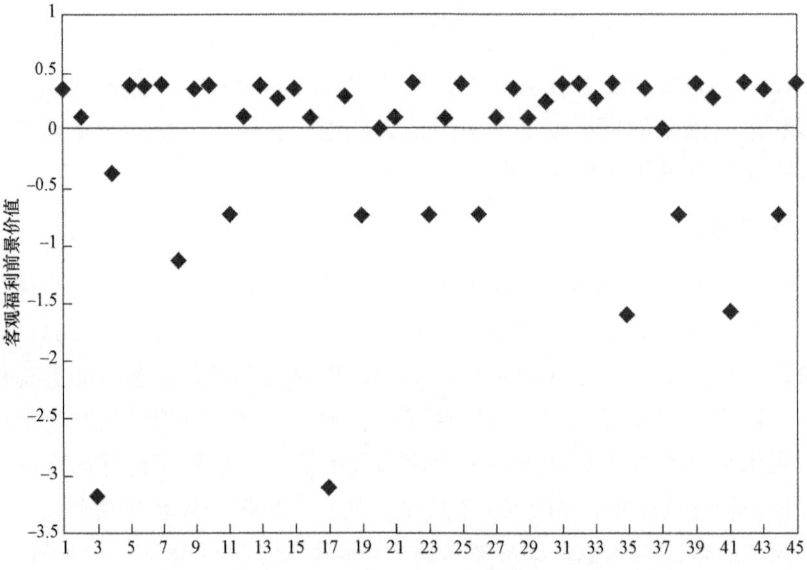

图 5-4　大营镇 45 位受助个体客观福利前景价值

与该地区的社会平均客观福利感应水平之差作为前景理论中价值函数的输入，进而可计算出罗免彝族苗族乡受助个体客观福利感应价值，如图 5-5 所示；然后，根据个体客观福利感应水平计算概率权重函数的输入值，即概率，进而可计算得出该个体所对应的概率权重；最后，将罗免彝族苗族乡每位受助个体客观福利感应价值与其概率权重相乘即可得出每位个体的客观福利前景价值，如图 5-6 所示。将 25 位个体的客观福利前景价值累计求和，作为计算罗免彝族苗族乡地区个体福利感应函数的期望权重的基础。

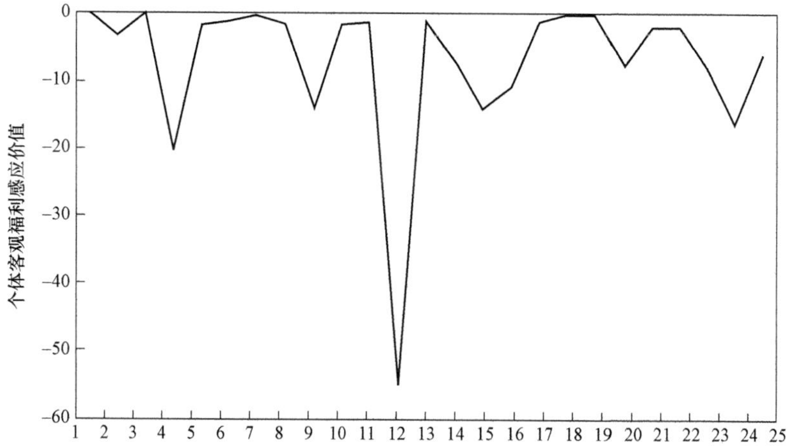

图 5-5　罗免彝族苗族乡 25 位受助个体客观福利感应价值

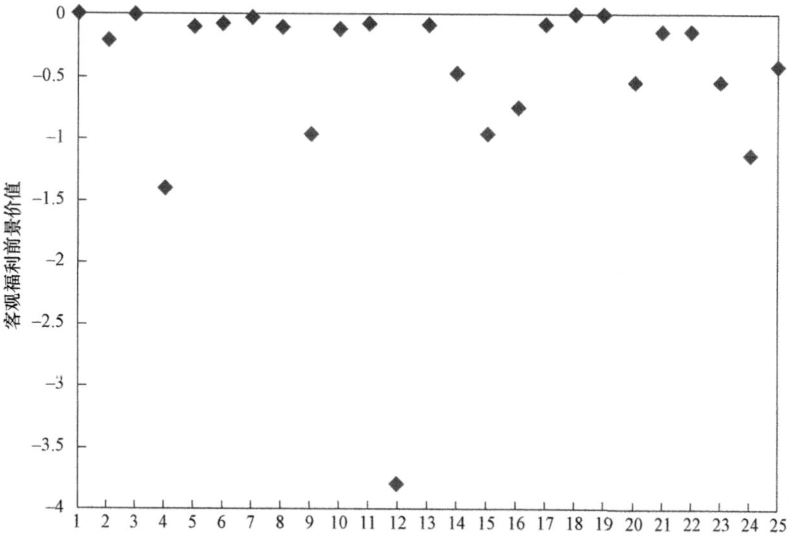

图 5-6　罗免彝族苗族乡 25 位受助个体客观福利前景价值

3. 赤鹫乡

首先，将赤鹫乡 35 位电力普遍服务受助个体的用电量带入本地个体客观福利感应函数，可计算得出对应的个体客观福利感应水平；其次，计算社会平均用电量在该地区的个体客观福利感应水平，称为该地区的社会平均客观福利感应水平；再次，将赤鹫乡每位受助个体的客观福利感应水平与该地区的社会平均客观福利感应水平之差作为前景理论中价值函数的输入，进而可计算出赤鹫乡受助个体客观福利感应价值，如图 5-7 所示；然后，根据个体客观福利感应水平计算概率权重函数的输入值，即概率，进而可计算得出该个体所对应的概率权重；最后，将赤鹫乡每位受助个体客观福利感应价值与其概率权重相乘即可得出每位个体的客观福利前景价值，如图 5-8 所示。将 35 位个体的客观福利前景价值累计求和，作为计算赤鹫乡地区个体福利感应函数的期望权重的基础。

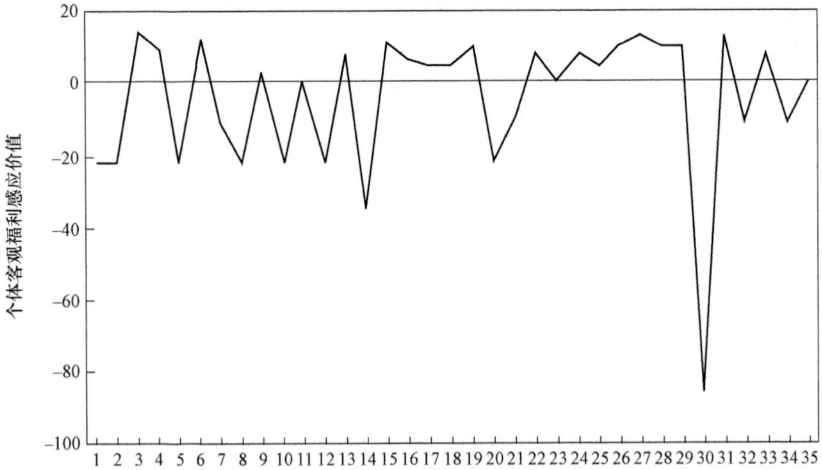

图 5-7　赤鹫乡 35 位受助个体客观福利感应价值

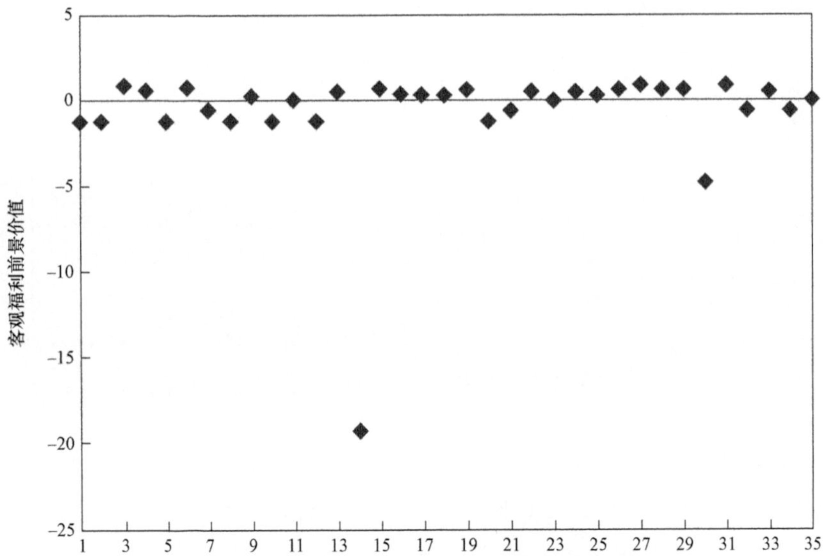

图 5-8　赤鹫乡 35 位受助个体客观福利前景价值

4. 永定镇

首先，将永定镇 39 位电力普遍服务受助个体的用电量带入本地个体客观福利感应函数，可计算得出对应的个体客观福利感应水平；其次，计算社会平均用电量在该地区的个体客观福利感应水平，称为该地区的社会平均客观福利感应水平；再次，将永定镇每位受助个体的客观福利感应水平与该地区的社会平均客观福利感应水平之差作为前景理论中价值函数的输入，进而可计算出永定镇受助个体客观福利感应价值，如图 5－9 所示；然后，根据个体客观福利感应水平计算概率权重函数的输入值，即概率，进而可计算得出该个体所对应的概率权重；最后，将永定镇每位受助个体客观福利感应价值与其概率权重相乘即可得出每位个体的客观福利前景价值，如图 5－10 所示。将 39 位个体的客观福利前景价值累计求和，作为计算永定镇地区个体福利感应函数的期望权重的基础。

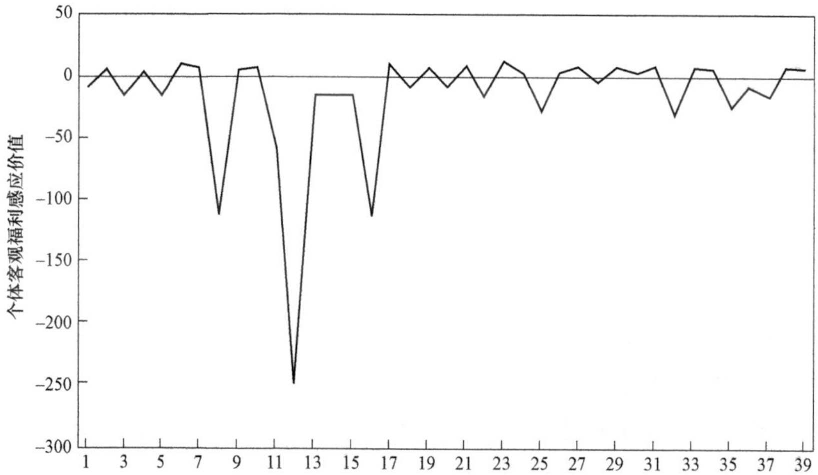

图 5－9　永定镇 39 位受助个体客观福利感应价值

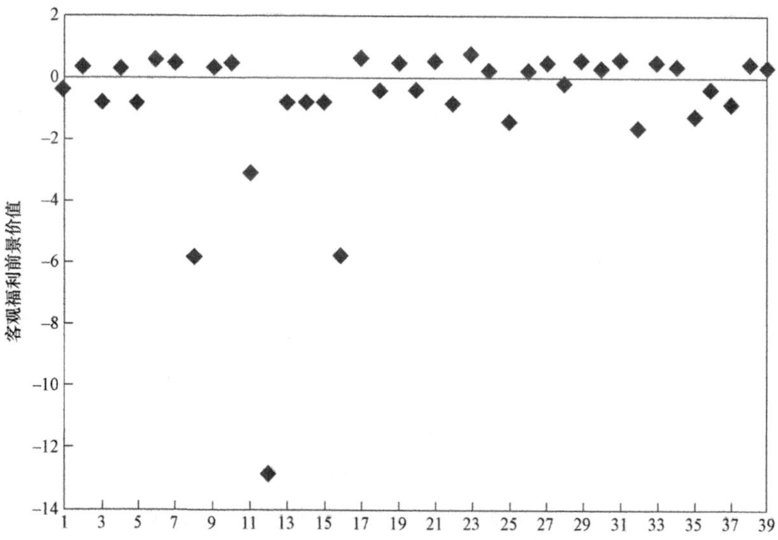

图 5－10　永定镇 39 位受助个体客观福利前景价值

在得到大营镇、罗免彝族苗族乡、赤鹫乡和永定镇四个地区受助个体客观福利前景价值之后，即可计算得出这四个地区的个体福利感应函数期望权重，结果见表 5-1。

表 5-1　四个地区个体客观福利感应函数期望权重

地区	大营镇	罗免彝族苗族乡	赤鹫乡	永定镇
期望权重	0.141 8	0.158 0	0.309 2	0.391 1

进而，根据大营镇、罗免彝族苗族乡、赤鹫乡和永定镇这四个地区个体客观福利感应函数，即可求得电力普遍服务社会客观福利函数，即

$$\tilde{W}^{o} = -0.000\,67E^2 + 0.058\,749E + 57.688\,76 \qquad (5-7)$$

电力普遍服务社会客观福利函数曲线如图 5-11 所示，可以看出，电力普遍服务社会客观福利函数呈下抛物线型，且为上凸，其主要来自于两方面因素的影响：一是使用电能产品所带来的直接福利影响，在电力消耗量较少时，其带来的社会福利水平很大，但随着用电量的增加，社会福利增加的幅度会有所下降；二是电能消费的支出，随着受助对象用电量的增加，支付的电费也有所增加，从而使受助对象可用于其他活动的可支配支出变小，随着用电量的增加，电费支出在总可支配收入的比重越来越大，势必会对社会福利水平产生负面影响。从整体来看，随着用电量的增加，社会客观福利水平下降较快；当受助对象用电量很大时，由于电能消费所带来的社会客观福利水平的增加会变得相对较少，但此时电费支出导致的社会客观福利感下降得很快。

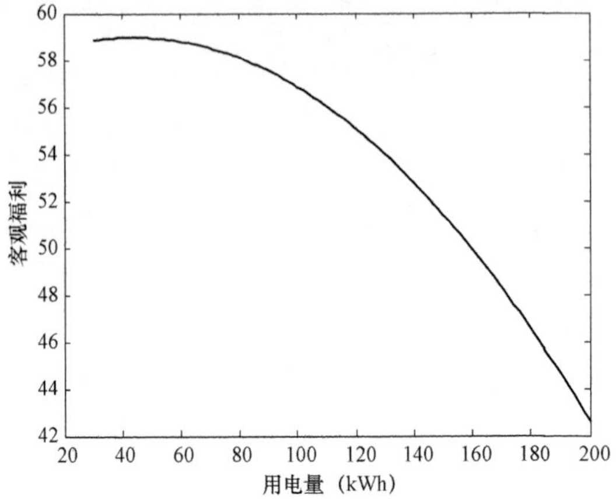

图 5-11　电力普遍服务社会客观福利函数曲线

5.3.2 电力普遍服务社会主观福利函数构建

在构建电力普遍服务社会主观福利函数时，需要首先计算各地区受助个体主观福利感应函数的期望权重。运用前景理论计算各地区受助个体主观福利感应函数的期望权重的具体过程如下。

1. 大营镇

首先，将大营镇45位电力普遍服务受助个体的用电量带入本地个体主观福利感应函数，可计算得出其对应的个体主观福利感应水平；其次，计算社会平均用电量在该地区的个体主观福利感应水平，称为该地区的社会平均主观福利感应水平；再次，将大营镇每位受助个体的主观福利感应水平与该地区的社会平均主观福利感应水平之差作为前景理论中价值函数的输入，进而可计算出大营镇受助个体主观福利感应价值，如图5－12所示；然后，根据个体主观福利感应水平计算概率权重函数的输入值，即概率，进而可计算得出该个体所对应的概率权重；最后，将大营镇每位受助个体主观福利感应价值与其概率权重相乘即可得出每位个体的主观福利前景价值，如图5－13所示。将45位个体的主观福利前景价值累计求和，作为计算大营镇地区个体福利感应函数的期望权重的基础。

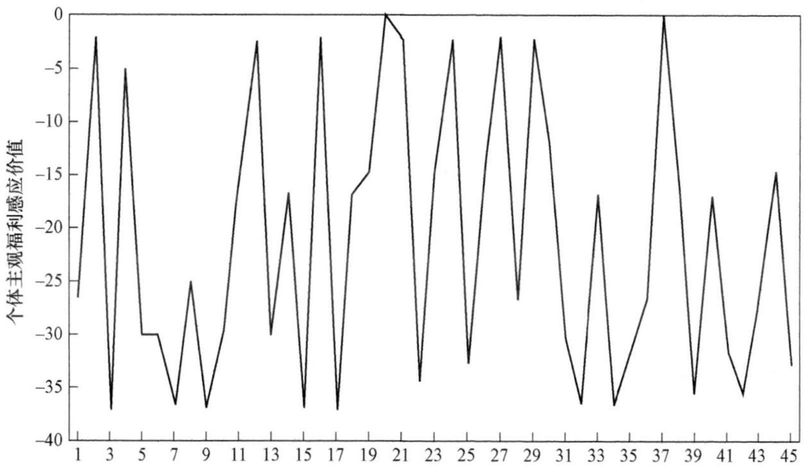

图5－12 大营镇45位受助个体主观福利感应价值

2. 罗免彝族苗族乡

首先，将罗免彝族苗族乡25位电力普遍服务受助个体的用电量带入本地个体主观福利感应函数，可计算得出其对应的个体主观福利感应水平；其

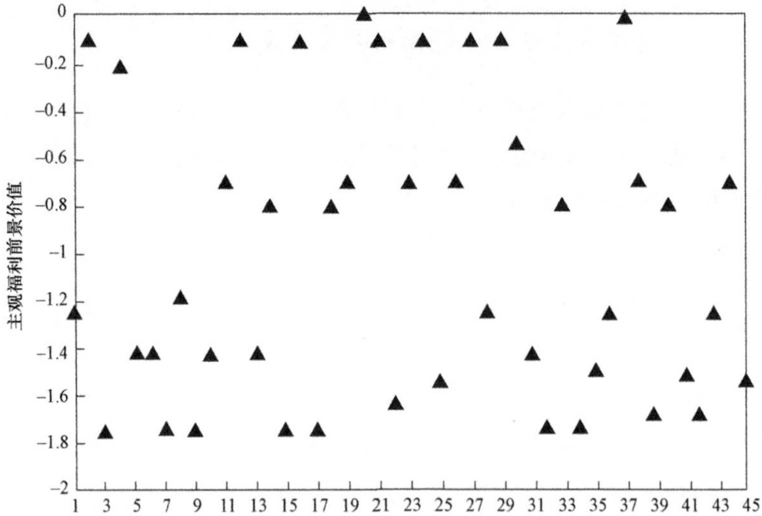

图 5-13　大营镇 45 位受助个体主观福利前景价值

次，计算社会平均用电量在该地区的个体主观福利感应水平，称为该地区的社会平均主观福利感应水平；再次，将罗免彝族苗族乡每位受助个体的主观福利感应水平与该地区的社会平均主观福利感应水平之差作为前景理论中价值函数的输入，进而可计算出罗免彝族苗族乡受助个体主观福利感应价值，如图 5-14 所示；然后，根据个体主观福利感应水平计算概率权重函数的输入值，即概率，进而可计算得出该个体所对应的概率权重；最后，将罗免彝族苗族乡每位受助个体主观福利感应价值与其概率权重相乘即可得出每位个体的主观福利前景价值，如图 5-15 所示。将 25 位个体的主观福利前景价值累计求和，作为计算罗免彝族苗族乡地区个体福利感应函数的期望权重的基础。

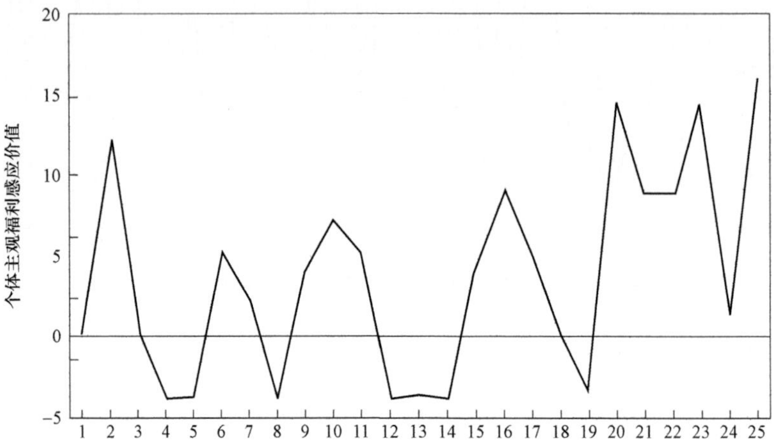

图 5-14　罗免彝族苗族乡 25 位受助个体主观福利感应价值

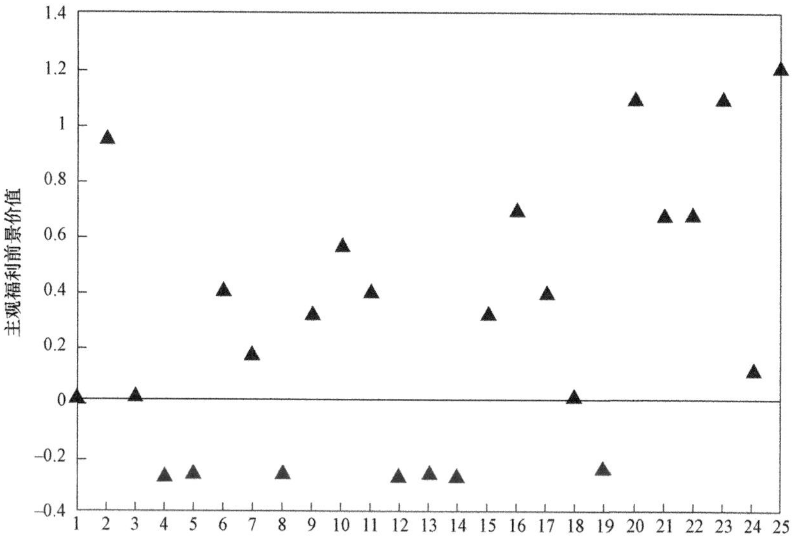

图 5-15 罗免彝族苗族乡 25 位受助个体主观福利前景价值

3. 赤鹫乡

首先，将赤鹫乡 35 位电力普遍服务受助个体的用电量带入本地乡个体主观福利感应函数，可计算得出其对应的个体主观福利感应水平；其次，计算社会平均用电量在该地区的个体主观福利感应水平，称为该地区的社会平均主观福利感应水平；再次，将赤鹫乡每位受助个体的主观福利感应水平与该地区的社会平均主观福利感应水平之差作为前景理论中价值函数的输入，进而可计算出赤鹫乡受助个体主观福利感应价值，如图 5-16 所示；然后，根据个体主观福利

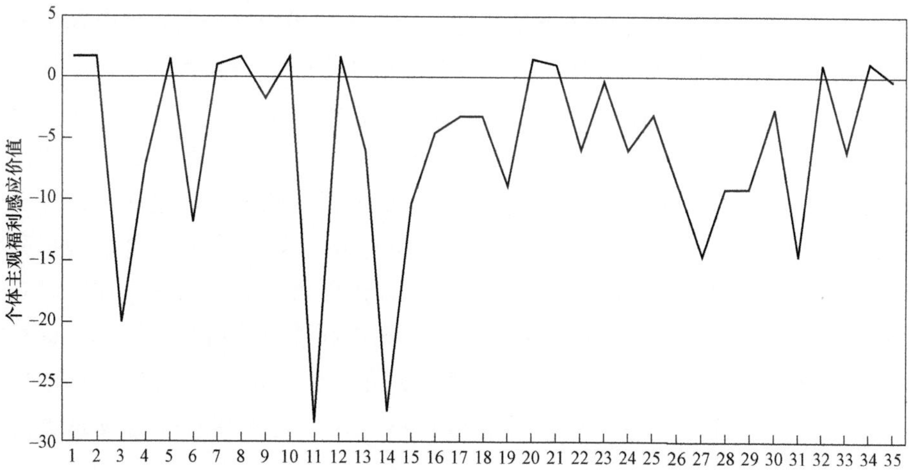

图 5-16 赤鹫乡 35 位受助个体主观福利感应价值

感应水平计算概率权重函数的输入值，即概率，进而可计算得出该个体所对应的概率权重；最后，将赤鹫乡每位受助个体主观福利感应价值与其概率权重相乘即可得出每位个体的主观福利前景价值，如图 5－17 所示。将 35 位个体的主观福利前景价值累计求和，作为计算赤鹫乡地区个体福利感应函数的期望权重的基础。

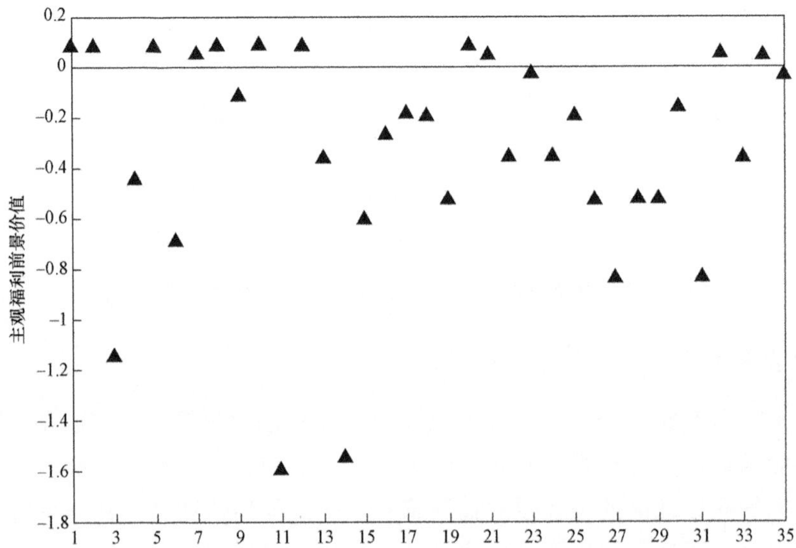

图 5－17　赤鹫乡 35 位受助个体主观福利前景价值

4. 永定镇

首先，将永定镇 39 位电力普遍服务受助个体的用电量带入本地个体主观福利感应函数，可计算得出其对应的个体主观福利感应水平；其次，计算社会平均用电量在该地区的个体主观福利感应水平，称为该地区的社会平均主观福利感应水平；再次，将永定镇每位受助个体的主观福利感应水平与该地区的社会平均主观福利感应水平之差作为前景理论中价值函数的输入，进而可计算出永定镇受助个体主观福利感应价值，如图 5－18 所示；然后，根据个体主观福利感应水平计算概率权重函数的输入值，即概率，进而可计算得出该个体所对应的概率权重；最后，将永定镇每位受助个体主观福利感应价值与其概率权重相乘即可得出每位个体的主观福利前景价值，如图 5－19 所示。将 39 位个体的主观福利前景价值累计求和，作为计算永定镇地区个体福利感应函数的期望权重的基础。

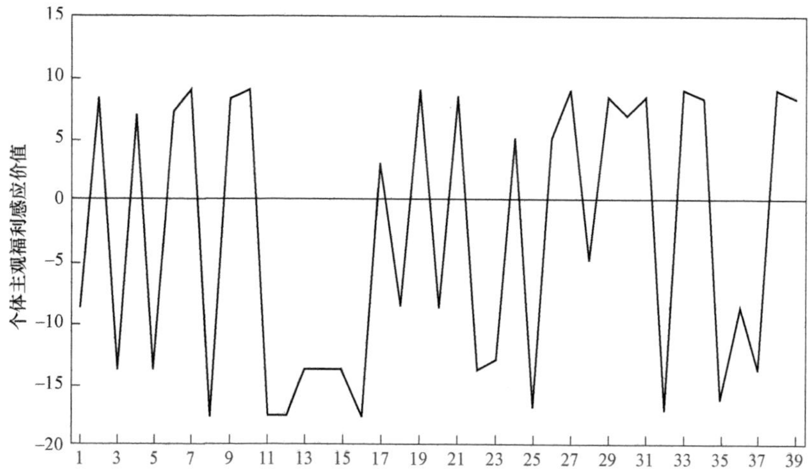

图 5-18　永定镇 39 位受助个体主观福利感应价值

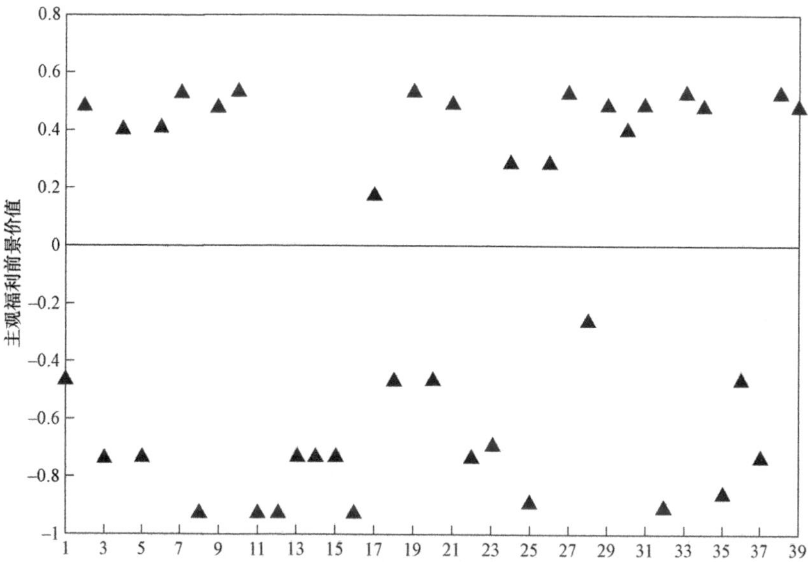

图 5-19　永定镇 39 位受助个体主观福利前景价值

在得到大营镇、罗免彝族苗族乡、赤鹫乡和永定镇四个地区受助个体主观福利前景价值之后，即可计算得出这四个地区的个体主观福利感应函数期望权重，结果如表 5-2 所示。

表 5-2　　四个地区个体主观福利感应函数期望权重

地区	大营镇	罗免乡	赤鹫乡	永定镇
期望权重	0.656 5	0.106 5	0.159 2	0.077 8

由于大营镇、罗免彝族苗族乡、赤鹫乡和永定镇这四个地区个体主观福利感应函数是幂指函数，不能像个体客观福利感应函数对这四个函数进行加权平均。为使电力普遍服务社会主观福利函数更具有一般代表性，其形式与个体主观福利感应函数相似，本文采用插值法近似对四个个体主观福利感应函数进行加权平均。电力普遍服务社会主观福利函数近似求得为

$$\tilde{W}^{s}=26.2\times e^{-\left(\frac{(E-131.82)^{2}}{3760}\right)}+0.694 \tag{5-8}$$

电力普遍服务社会主观福利函数曲线如图 5－20 所示，可以看出，当电力普遍服务受助对象的用电量在 100kWh 以内时，社会主观福利水平随用电量的增加而逐渐上升，且上升速度较快（即曲线的斜率为正且较大）；当用电量超过 100kWh 时，社会主观福利水平随着用电量的增加而逐渐上升的速度有所下降；当用电量达到 132kWh 时，社会主观福利水平达到最大值，约为 26 个效用单位，而后社会主观福利水平随着用电量的增加而减少。

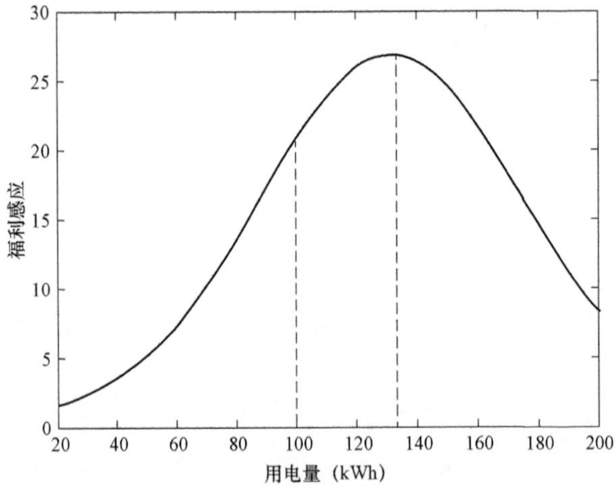

图 5－20　电力普遍服务社会主观福利函数曲线

5.3.3　电力普遍服务社会福利函数构建及测度

电力普遍服务社会客观福利函数代表受助对象消费一定数量的用电量所带来的社会客观福利水平，而电力普遍服务社会主观福利函数代表受助对象使用一定数量用电量所带来的社会主观福利。当给定某一数量的电力消费时，根据电力普遍服务社会客观福利函数和社会主观福利函数可计算得出其对应的社会客观福利水平和社会主观福利水平，进而将社会客观福利水平和社会主观福利水平相加后即可求得该电力消费数量所对应的社会福利水平。从而可知，电力

普遍服务社会客观福利函数和电力普遍服务社会主观福利函数具有纵向可加性。因此，可求得电力普遍服务社会福利函数为

$$\tilde{W} = -0.000\,67E^2 + 0.058\,749E + 58.382\,8 + 26.2 \times e^{-\left(\frac{(E-131.82)^2}{3760}\right)} \quad (5-9)$$

电力普遍服务社会福利函数曲线如图 5－21 所示，可以看出，当电力普遍服务受助对象的用电量在 85kWh 以内时，社会福利水平随用电量的增加而逐渐上升，且上升速度较快（即曲线的斜率为正且较大）；当用电量超过 85kWh 时，社会福利水平随着用电量的增加而逐渐上升的速度有所下降；当用电量达到 123.6kWh 时，社会福利水平达到最大值，为 81.14 个效用单位，而后社会福利水平随着用电量的增加而减少。

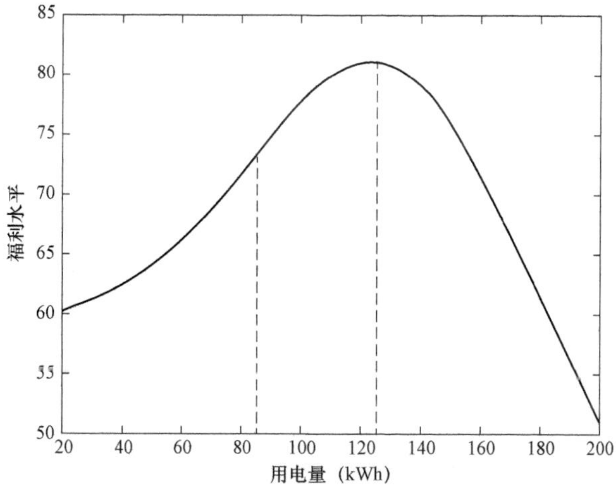

图 5－21　电力普遍服务社会福利函数曲线

5.4　基于电力普遍服务社会福利函数目标电量的确定

5.4.1　电力普遍服务目标电量的内涵

不同经济发展时期电力普遍服务应有不同的工作重点。目前，我国电力普遍服务“户户通电”目标已基本实现，无电人口的用电问题也已基本得以解决，城乡也实现了“同网同价”，即第一阶段“解决无电人口的用电问题”已完成，第二阶段“保障受助对象的基本用电需求”应成为现阶段我国电力普遍服务公共政策实施的重点。电力普遍服务的目标电量（即所要满足的基本用电需求），

是使得受助对象免于寒冷、苦力等生活困苦，满足受助对象照明等基本生活需求所需要的电量，这一目标电量也能够使受助对象摆脱能源贫困、促进其可持续发展，是对受助对象基本生存权和自由的保障。这实质上也是我国基本公共服务均等化战略的具体体现，是践行“以人为本”的执政理念，是保障人民生存权和发展权的具体表征。从人的全面发展出发，与阿玛蒂亚·森的“可行能力”发展观具有一定的耦合性。

尽管当前我国已完成电力普遍服务实施的第一阶段，但通过调研和查阅有关资料得出，我国仍有许多偏远落后地区居民的用电量尚未达到基本用电需求，甚至有些地区尽管建设了分布式电源或微电网，但受供电可靠性等问题影响，每日供电量不稳定，不能很好地满足居民每日所需。因此，在当前进入电力普遍服务实施的第二阶段，我国应该采取有效的措施从需求侧和供给侧提升电力普遍服务水平，满足居民的基本电力需求。因此，通过构建电力普遍服务社会福利函数，进而求出目标电量变得至关重要，这能够指导电力普遍服务公共政策的实施，有助于提升公共政策实施的效率，同时也能够增加受助个体用电的福利感应，使电力普遍服务公共政策实施的效益达到最大化。

电力普遍服务目标电量以解决能源贫困为出发点，改善电力普遍服务受助对象基本用能结构，满足居民基本生活标准的需求量及服务，使其免于寒冷、苦力等生活困苦，保障基本生存权和自由发展的权利，促进其可持续发展，从而达到用电福利感应的最大化。

5.4.2 电力普遍服务目标电量的确定

电力普遍服务社会福利函数能够表明电力普遍服务实施所对应的社会排序，根据该社会福利函数，能够实现对所有社会状态进行完全排序，可以对所有社会成员的福利状态进行评价，可以明确社会所追求的目标，即目标电量，指电力普遍服务社会福利达到最大值时所对应的用电量。由前文研究可知，云南省昆明市富民县这一特定区域的电力普遍服务社会福利函数为

$$\tilde{W}=-0.000\,67E^{2}+0.058\,749E+58.382\,8+26.2\times \mathrm{e}^{-\left(\frac{(E-131.82)}{3760}\right)^{2}} \quad (5-10)$$

对该福利函数求一阶导数，可求得极大值以及其所对应的用电量，即目标电量。该电力普遍服务社会福利函数的一阶导数为

$$\tilde{W}=-0.001\,34E+0.058\,749-\frac{E-131.82}{71.755\,7}\times \mathrm{e}^{-\left(\frac{(E-131.82)^{2}}{3760}\right)} \quad (5-11)$$

其曲线形式如图 5−22 所示。可以得出，该电力普遍服务社会福利函数在

123.6kWh 时的一阶导数等于 0，即达到极大值点，为 81.14 个效用单位。因此，富民县这一特定区域的电力普遍服务目标电量为每月每户 123.6kWh，此时，电力普遍服务的社会福利水平为 81.14 个效用单位。

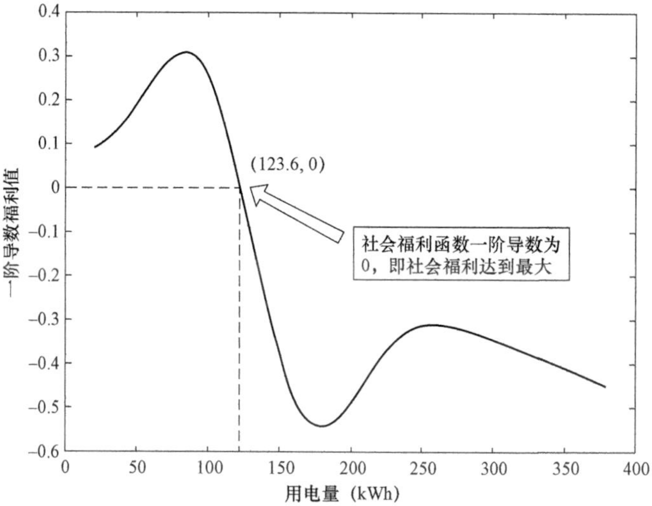

图 5-22　电力普遍服务社会福利函数一阶导数曲线

通过对富民县 2015 年全县居民用电量及用电结构咨询调查后，对相关统计数据进行整理计算，得到富民县 2015 年农村居民全年用电量约为 1240.38 万 kWh，农村户表数为 10 061 个。因此，富民县 2015 年农村居民每月每户的用电量约为 102.74kWh。由前文分析可知，富民县这一区域电力普遍服务社会福利达到最大时，对应的目标电量为 123.6kWh，可以看出，当前富民县电力普遍服务受助对象用电量还未达到目标电量的水平，仍有 20.86 kWh 的电量差距。图 5-23 给出了富民县大营镇、罗免彝族苗族乡、赤鹫乡和永定镇 144 位受助对象的用电总体福利感应水平，其中有 100 位受助个体（约占总体的 70%）的用电福利感应水平未达到电力普遍服务社会福利极大值点（即 81.14 效用单位）所对应的福利水平。

由上述分析可知，尽管富民县已经实现了“户户通电”电力普遍服务初级阶段，但受助对象的用电量距离基本电力需求（目标电量）还有一定的差距。为使电力普遍服务这一公共政策的实施效果达到最优，受助对象用电福利水平达到最大，在电力普遍服务“保障基本电力需求”这一发展阶段，需要采取有效的措施（如对电力企业的成本补偿、对受助对象的收入补偿等）提高受助对象的电力消费量，以此保障基本电力需求，达到目标电量的水平。

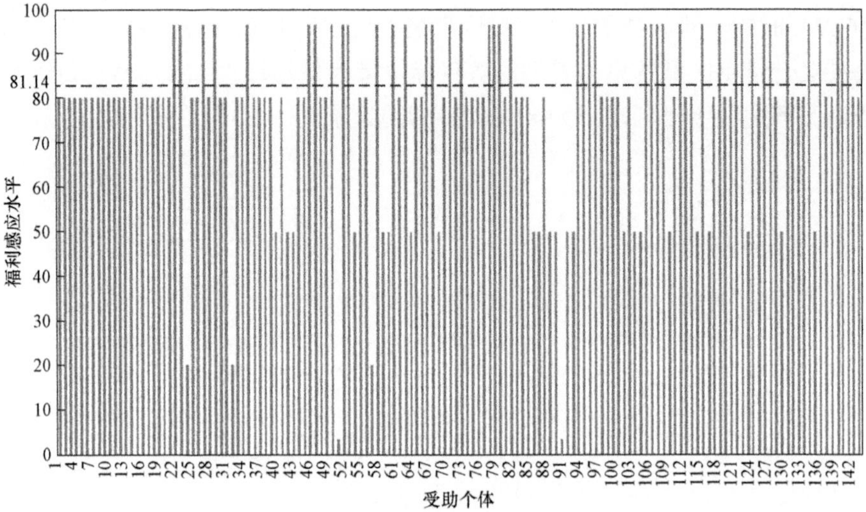

图 5－23　受助个体用电福利感应水平

中篇

电力普遍服务社会福利漏损形成机理及度量

微观经济学定义消费者剩余与生产者剩余之和为社会福利，由于资源配置导致的社会福利剩余与最优配置时的社会福利的偏差称为福利损失。由福利经济学可知，凡未能真实揭示相关主体效用的公共选择程序都会带来社会福利的漏损。因此，作为一项基本公共政策，由于一些内在和外在的原因势必会使电力普遍服务在实施过程中产生一定的社会福利漏损。

电力普遍服务作为一项政府公共职能，具有在给定时期和区域内的统一性和普适性，而电力普遍服务受助对象受家庭收入水平、文化背景、生活习俗等影响，使得不同受助对象对于电力普遍服务的福利效应不同。再者，在电力市场环境下，电力普遍服务的实施主体（电网企业）可能会出现“寻租”或“撇脂”等机会主义行为。另外，由于电能是无形的，不能被大规模储存，必须通过网络传输，且要做到发输配售瞬时平衡，因此，这种特定的网络公共产品必然具有外部性。以上因素都将导致电力普遍服务社会福利的漏损，即以某一经济量衡量的公共政策目标与实际效果之差。综上分析，电力普遍服务社会福利漏损主要来自于以下三个方面：第一，个体福利感应的差异与公共政策普适性的矛盾；第二，实施主体，即电网企业的机会主义行为；第三，网络外部性的存在。本篇对导致电力普遍服务社会福利漏损的这三种成因进行研究，通过不同的度量标准和模型构建对这三种成因给电力普遍服务社会福利带来的漏损进行实证度量。

第 6 章　个体福利感应差异带来的社会福利漏损度量

电力普遍服务作为一项政府公共职能，具有公共政策的属性，即在一定时期和区域内具有统一性和普适性。而因家庭收入水平、受教育程度的不同，使得不同受助对象对于电力普遍服务的福利效应存在差异。电力普遍服务实施政策普适性和统一性与受助个体的福利感应差异性存在矛盾，造成了电力普遍服务的福利漏损。本章主要对个体福利感应差异带来的福利漏损的作用机理进行分析，并度量该福利漏损的大小。

6.1　个体福利感应差异带来福利漏损的机理分析

在竞争性市场中，有形商品或财产对人的效用（福利）可以通过竞争均衡（帕累托最优）进行描述。而电力普遍服务则是通过政府公共政策实施的，其服务对象是弱势群体，受助个体的福利感应具有明显的主观性，不同受助个体由于收入水平、文化背景、消费习惯等因素的影响，对此会有不同的福利感应，进而会对电力普遍服务公共政策实施效果产生福利漏损。

由福利经济学可知，凡未能真实揭示相关主体效用的公共选择程序都会带来社会福利的漏损。电力普遍服务实施过程中会遇到受助个体福利感应的差异性与电力普遍服务公共政策在给定时间和区域内的普适性之间的矛盾，进而对电力普遍服务产生社会福利漏损。基于此，个体福利感应差异带来的福利漏损通过社会福利函数与个体福利差异予以刻画。在前文构建的电力普遍服务受助个体客观和主观福利感应函数的基础上，可得到电力普遍服务受助个体福利感应，进而根据电力普遍服务社会福利函数可得到在一定用电量情况下的电力普遍服务社会福利值，从而运用电力普遍服务受助个体福利感应和电力普遍服务社会福利值之差，即可度量个体福利感应差异所带来的电力普遍服务福利漏损。

如图 6-1 所示，在给定用电量 Q 的情况下，根据电力普遍服务社会福利曲线，可得到电力普遍服务受助对象的社会福利值，根据电力普遍服务受助个体主观福利感应曲线和受助个体客观福利感应曲线可得到电力普遍服务受助对象个体福利感应值，进而根据电力普遍服务受助对象社会福利值与个体福利感应值之差，即可得到个体福利感应差异带来的电力普遍服务福利漏损值。

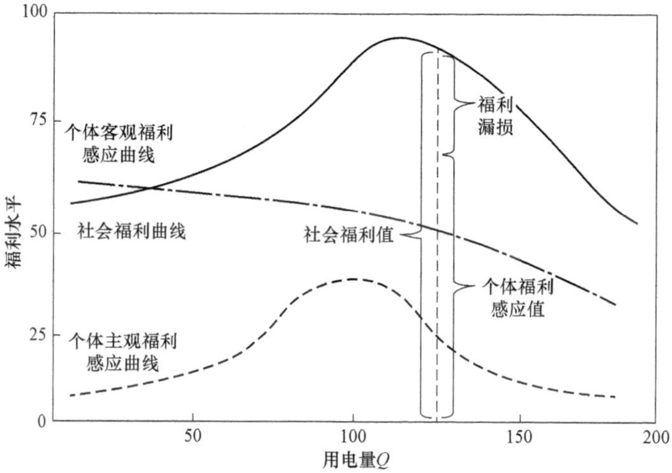

图 6-1　个体福利感应差异带来福利漏损示例图

6.2　个体福利感应差异带来福利漏损的度量

电力普遍服务受助地区的社会福利漏损受目标电量、受助个体的数量、个体及社会福利函数等综合决定。由公共政策所导致的社会福利漏损具客观必然性，由于收入水平、受教育程度等主客观因素的影响，其福利漏损或多或少将存在。

在度量个体福利感应差异带来的社会福利漏损时，首先，根据前文构建的云南省昆明市大营镇、罗免彝族苗族乡、赤鹫乡和永定镇电力普遍服务受助个体客观福利感应函数和主观福利感应函数，在 123.6kWh 目标电量水平下可得到其受助个体的总体福利感应值；其次，根据前文构建的电力普遍服务社会福利函数，可测算在目标电量水平下电力普遍服务受助对象社会福利水平；最后，目标电量水平下的电力普遍服务受助个体总体福利感应值和社会福利感应值之差，即为个体福利感应差异带来的电力普遍服务社会福利漏损值。

通过测算，在 123.6kWh 目标电量水平下，大营镇、罗免彝族苗族乡、赤鹫乡和永定镇电力普遍服务受助个体客观福利感应和主观福利感应值如表 6-1 所示。

表 6-1　　目标电量水平下受助个体主客观福利感应情况

地区	受助个体客观福利感应	受助个体主观福利感应
大营镇	59.75	12.23
罗免彝族苗族乡	78.52	25.79
赤鹫乡	51.27	12.86
永定镇	45.93	18.28

由前文测算可知，这四个地区在构建电力普遍服务社会福利函数时的重要程度（即权重）是不同的。因此，根据前文测算得到的该四个地区的期望权重，可将这四个地区受助个体的客观福利感应和主观福利感应分别进行加权综合计算。通过计算得出，该类地区电力普遍服务受助个体客观福利感应值和主观福利感应值分别为 54.69 效用单位和 14.25 效用单位，总体福利感应值为 68.94 效用单位。

通过计算可得，该地区电力普遍服务社会客观福利和社会主观福利，其值分别为 40.19 效用单位、26.43 效用单位。因此，该地区电力普遍服务社会福利为 66.62 效用单位。

由上述计算可知，该地区由于个体福利感应差异所带来的单个受助对象电力普遍服务社会福利漏损为 68.94－66.62＝2.32 效用单位。

第7章　实施主体机会主义行为带来的社会福利漏损度量

电力普遍服务是一项由政府主导的公共服务，在具体实施过程中由电力企业承担及完成，受助对象主要是居住在偏远或落后地区的农村居民和城镇低收入居民。作为垄断企业，电力企业在提供电力普遍服务时具有一定的机会主义行为。新制度经济学家威廉姆森认为，人们在经济活动中总是尽最大能力保护和增加自己的利益。电网企业具有逐利本性，与此同时，由于其有限理性和信息的不对称性，电力企业在提供电力普遍服务时往往具有机会主义行为，即没有按照真实的成本披露其提供电力普遍服务所发生的成本，从而会导致社会福利的损失。本章对电网企业机会主义行为给电力普遍服务社会福利带来的漏损进行研究。首先，对电力普遍服务的供给方式进行分析；其次，构建电力普遍服务供给成本核算模型，并进行实证测算；最后，对电网企业机会主义行为导致的社会福利漏损进行度量。

7.1　电力普遍服务供给方式分析

为偏远及落后地区供电具有负荷密度低、负荷因子差、投资运营成本高等特点。与此同时，这类地区主要以农业为主，居民收入水平低。这些因素导致了单位供电成本较高。当前，为偏远落后地区提供电力普遍服务主要有电网延伸和新能源微电网供电两种方式：电网延伸指电力企业通过构架输配电线路和变压器等设备使偏远地区与其临近城镇配电网相连的一种普遍服务提供方式；新能源微电网供电指建立风电、太阳能光伏发电、生物质发电等含储能系统的微网系统为地区提供电力。

电力供应商需要在其生产能力范围内为居住在偏远落后地区希望得到电力服务并愿意支付电费的居民提供具有相同质量和价格的基本电力服务。在我国，国家电网公司、南方电网公司和内蒙古电力（集团）有限责任公司所属的供电企业能够通过电网延伸的方式提供电力普遍服务，同时，其也可通过建设由可再生能源、储能等组成的微网供电方式为偏远落后地区提供电力普遍服务。需要指出的是，在电力体制改革后，由我国电力工业中独立出来的五大发电集团和其他电力企业都可能成为电力普遍服务的供给主体。这两种电力普遍服务供给方式示意图如图 7－1 所示。

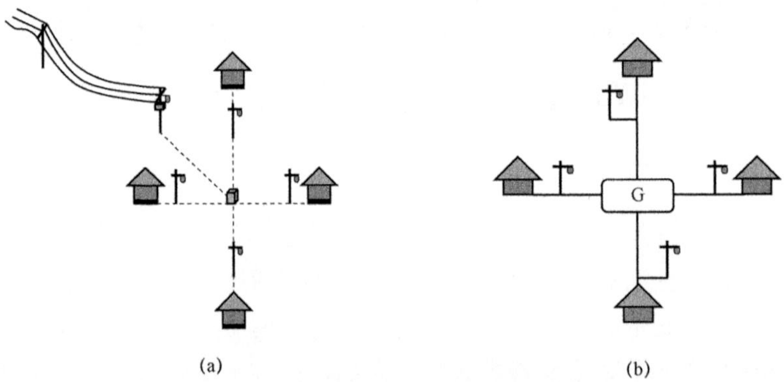

图 7－1　电力普遍服务供给方式示意图

（a）电网延伸；（b）包含新能源发电的微电网系统

1. 电网延伸方式供电

电网延伸指电力企业通过架设中压输电线路将临近电力普遍服务受助地区的供电网络进行延伸，进而在受助地区再架设低压配电网将电力配送给受助对象。

电力系统是一个复杂的电能生产和消费综合系统，由发电厂、变电站、输电线路、配电线路和用电设备等构成。在我国，发电厂发电机组的输出额定电压在 3.15～20kV 之间。为减少电力传输过程中的线路损耗，发电机组发出的电能一般需要经过升压变电站中的变压器升至到 35～1000kV，再通过高压输送电线路传送到受电区域的变电站，并通过降压变压器将电压降至 6～10kV，再经过配电线路输送到用户配电变电站并将电压降至为 380V（220V），最终供电力用户使用。我国电力系统示意图如图 7－2 所示。在实际电力传输过程中，发电机组输出的电能需要经过升、降压才能输送至电力用户，图 7－2 给出了电能传输过程中升、降压大致示意图，在实际中要比此图展示的复杂，如大型水电站发电机组发出的电能需要经过“一升四降”才能到达电力用户。

在我国，电网延伸提供电力普遍服务的流程如图 7－3 所示。首先，电力企业选择距离电力普遍服务受助区域较近的一个或多个 35/10kV 变电站作为城镇

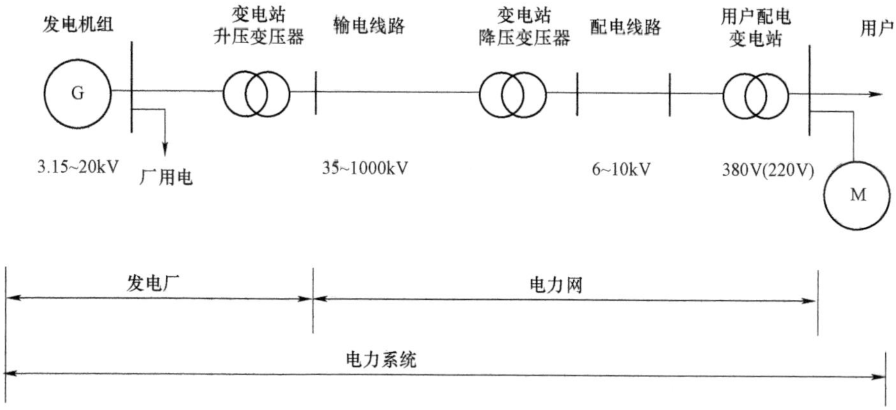

图 7－2　我国电力系统示意图

电网向偏远落后地区延伸的起点，进而在电力普遍服务受助地区（如村中的某个位置）安装 10kV/380V 配电变压器，并通过架设 6～10kV 配电线路将城镇中选择的 35/10kV 变电站与新安置的 10kV/380V 配电变压器连接起来。电力普遍服务受助对象可能存在两类负荷：一是最常见的居民用电负荷，如家用电灯、电视机等，其通过单相 220V 低压输电线路将 10kV/380V 配电变压器降压后的电能输送至用户中；另一类是少见的小工厂用电负荷，如居民开的小作坊、粮食加工厂等，需要通过三相 380V 低压输电线路将 10kV/380V 配电变压器降压后的电能输送至这类用户中。因此，在采用电网延伸方式为偏远落后地区提供电力普遍服务的时候，需要电力企业架设新的配电线路和配电变压器。

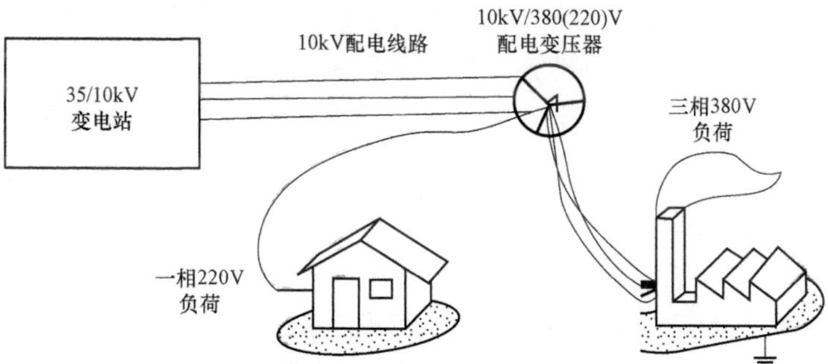

图 7－3　电网延伸提供电力普遍服务

2. 新能源微电网方式供电

可再生能源是一种储量大、可循环再生的绿色清洁能源，主要包括风能、太阳能、生物质能、水能等。其中，风能、太阳能和生物质能的主要利用形式是发电。面对传统化石能源的日益枯竭和人类生存环境的日益恶化，世界大部分国家都在积极开发可再生能源，并采用先进技术进行发电。截至 2014 年年底，世界可再生能源发电装机容量已达到 657GW，在所有国家中，中国的可再生能源发电装机容量居首，为 153GW，其次为美国（105GW）、德国（86GW），其中，风电的装机占较大比例，太阳能光伏发电装机容量也占有一定的比例，具体如图 7－4 所示。

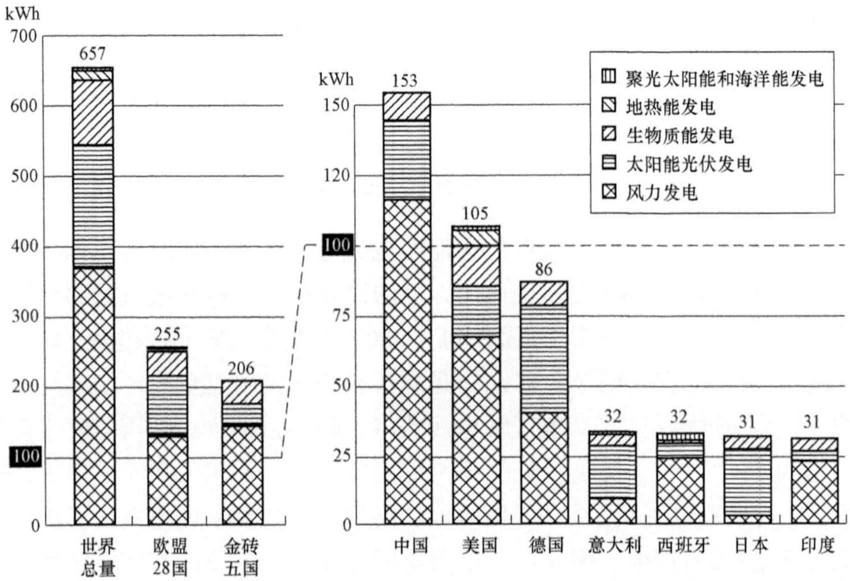

图 7－4　世界和主要国家可再生能源发电情况（截至 2014 年年底）

近年来，我国制定了一些可再生能源发展规划，明确了我国可再生能源的发展目标、重点领域和保障措施。自《可再生能源法》颁布实施以来，我国可再生能源发电快速。截至“十二五”末，我国可再生能源发电新增装机容量占世界增量的 42%，而总装机容量也已占全球总量的 24%。其中，风电和太阳能光伏发电的装机分别达到了 1.2 亿 kW 和 0.43 亿 kW，可再生能源发电总装机规模已达到 4.8 亿 kW 左右。2015 年，我国风力发电量为 1863 亿 kWh，占全国总发电量的 3.3%，太阳能光伏发电量为 392 亿 kWh，占全国总发电量的 0.69%，我国已成为全球风电、光伏发电装机容量最大的国家。

随着科学技术的发展和能源需求的不断增长，电网规模不断扩大，我国现已形成特高压、远距离输电的超大智能互联电网络系统。但与此同时，受地区资源禀赋、电网自身条件等因素的影响，受端电网在远距离输电状态下对外来电力的依赖程度不断加强，这也使得互联电网运行的安全性和稳定性更加得到关注。面对当前，传统化石能源逐渐枯竭、人类生存环境不断受到威胁，以及对大互联网络系统稳定性的担忧和用户侧电力需求的多样化，环保、高效、灵活的分布式发电越来越受到重视。分布式发电通过在负荷现场或附近区域建设相对小型的容量一般在 50MW 以下发电装置实现对用户的供电，其具有能源利用效率高、环境污染少等优点。但与此同时，分布式电源也存在控制困难、单机介入成本高等缺点，而且当电力系统发生故障时，分布式电源往往被采用隔离、限制等方式在第一时间退出运行，从而大大降低了分布式发电的优势。

为充分挖掘分布式电源的价值、协调分布式电源与大电网之间的矛盾，微电网（microgrid）这一概念被提出，并在实际中得到了不断发展。微电网也被称为分布式能源孤岛系统，是一种将发电机、储能装置、控制装置、负荷通过拓扑结构相连的新型网络结构，其能够实现自我控制、保护和管理。微电网中的电源多为装机规模小于 100kW 的微电源，如小型风力发电机组、光伏发电机组、小型生物质发电、微型燃气轮机等；储能装置包括三类储能技术的装置，分别物理储能装置（如飞轮）、化学储能装置（如锂离子电池）、电磁储能装置（如超级电容器）。微电网既可以孤立运行，也可以与外部电网互联运行。微电网不仅充分发挥了分布式电源的经济、社会与环境优势，利于可再生能源发电，同时还能够为用户带来其他方面的效益。

目前，全球微电网发展迅速，规划、在建以及建成投运的微电网示范工程已经超过 400 个，遍布北美、东亚、欧洲、拉美和非洲等地区。美国处于领先地位，占全球市场份额的 74%。我国微电网还处于起步阶段。2015 年国家能源局发布的《关于推进新能源微电网示范项目建设的指导意见》指出：新能源微电网作为可再生能源和分布式能源发展机制创新的重要方向；新能源微电网是“互联网 +”在能源领域的创新性应用；新能源微电网是电网配售侧向社会主体放开的一种具体方式。当前，我国大力推广微电网示范工程，其主要分为三类。

（1）边远地区新能源微电网。考虑到传统电网延伸成本高、环境污染以及地区资源禀赋，我国在边远地区建设了利用可再生分布式能源（如风力发电、太阳能光伏发电等）的独立微电网项目，其有效解决了偏远地区居民用电问题，是电力普遍服务的一种有效方式，如 2012 年由中国电力科学研究院和蒙东电网公司作为项目承做方的蒙东陈巴尔虎旗微电网，其包括 50kW 风力发电、110kWp 光伏发电和 50kW 磷酸铁锂电池。

（2）城市微电网。城市微电网示范工程集可再生分布式能源和储能一体，为电力用户提供多样性和高质量的供电可靠性服务，还能够实现冷、热电综合利用或发挥特殊作用。如 2010 年国家电网投资建设的河南郑州财专光储微电网示范工程，其包括 350kW 光伏发电和 200kWh 锂电池储能；2014 年由天津市电力科学研究院作为项目承做方的天津赛达工业园区微电网示范工程，其包括400kW风电、300kWp光伏发电、超级电容和锂离子电池混合储能。

（3）海岛微电网。当前，我国还约有450个海岛上居住着居民，他们大部分处于缺电的生活状态下，部分海岛居民可以在有限时间内依靠柴油发电为基本生活需求提供电力。通过电网延伸的方式为海岛居民提供电力面临很多技术、经济等问题，实现程度非常低，通过向海岛运输柴油发电的运输成本和柴油发电机发电的成本都较高，而海岛具有丰富的可再生能源资源。因此，为解决海岛居民日常生活用电问题，我国建设了大批利用海岛可再生分布式能源的独立微电网项目，如2013年，由南方海上风电联合开发有限公司承建的珠海万山海岛新能源微电网示范工程，其装机容量为19MW，包括风力发电、光伏发电、柴油机发电和电池储能；2014年，由国网浙江省电力公司承建的浙江南麓岛微电网示范工程，其包括1MW风力发电、1700kW柴油机发电、600kWp光伏发电、1MW超级电容和4000kWh磷酸铁锂电池。

通过新能源微电网方式为偏远地区供电可以采用多种方式。当电力普遍服务受助地区负荷水平较高、电力需求量较大时，可采用风电、太阳能光伏发电、生物质发电等多种新能源混合微电网形式，如图7-5（a）所示。当电力普遍服务受助区域负荷水平较低、电力需求不高时，可采用一种新能源独立发电微电网形式，可以为风能独立发电微电网、太阳能光伏独立发电微电网、生物质能独立发电微电网等，如7-5（b）所示。

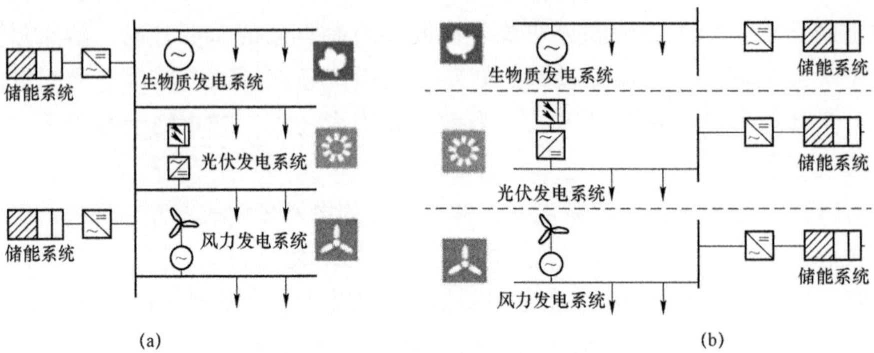

图7-5　电力普遍服务新能源微电网提供方式

（a）新能源混合微电网；（b）新能源独立微电网

7.2　电力普遍服务供给成本核算模型构建

电力普遍服务提供方式主要包括电网延伸和新能源微电网等方式，这两类提供方式的供电技术、供电技术经济特性等方面存在很大的不同之处。平准化发电成本（levelized cost of electricity，LCOE）是一种评价供电项目经济性的常用方法，能够对不同供电技术、不同发电容量、不同供电方式的成本进行公平合理地对比。因此，本部分基于 LCOE 方法构建电力普遍服务供给成本核算模型。

1. LCOE 基本原理

平准化发电成本为考虑资金时间价值的发电机组每 kWh 发电量的全生命周期成本。资金的时间价值是资源稀缺的体现，是指相同数额的资金在不同的时间节点具有不同的价值，即资金的价值随着时间的推移而发生变化，当前所持有的一定量货币的价值要高于未来获得等量货币的价值。资金的时间价值通过现金流量现值（discounted cash flow，DCF）来体现，即通过贴现率 r 计算未来各期现金流量的当前价值。

基于全生命周期思想要求，计算发电机组发电成本时需要考虑发电各环节，包括发电厂的建设、运行、维护、退役等。因此，发电机组的 LCOE 可以通过各期发电收益现值之和等于各期发电全生命周期成本的现值之和来确定，即

$$\sum_{n=0}^{N}\frac{R_n}{(1+r)^n}=\sum_{n=0}^{N}\frac{C_n}{(1+r)^n} \tag{7-1}$$

式中：R_n 为发电机组第 n 年的收益；C_n 为发电机组第 n 年的发电成本；R 为贴现率；N 为项目生命期。

此时，该发电项目的净现值（net present value，NPV）等于 0，即

$$\mathrm{NPV}=\sum_{n=0}^{N}\mathrm{PV}_i=0 \tag{7-2}$$

由式（7－2）可知，平准化发电成本 LCOE 即为对发电项目进行现金流量贴现时使项目的净现值为 0 所需的平均电力价格，此时，项目投资者能够收支平衡，且其从该项目中获得效益回报与贴现率呈比例。

每一年平准化发电成本 LCOE_n 与当年电力生产量 E_n 乘积后的贴现值之和应该等于该发电项目每年全生命周期成本的贴现值之和，即

$$\sum_{n=0}^{N}\frac{\mathrm{LCOE}_n\times E_n}{(1+r)^n}=\sum_{n=0}^{N}\frac{C_n}{(1+r)^n} \tag{7-3}$$

假设平准化发电成本 LCOE_n 每年相同，即

$$\mathrm{LCOE}_1=\mathrm{LCOE}_2=\cdots=\mathrm{LCOE}_n=\mathrm{LCOE} \tag{7-4}$$

则由式（7－4）可得

$$\sum_{n=0}^{N}\frac{\text{LCOE}\times E_n}{(1+r)^n}=\sum_{n=0}^{N}\frac{C_n}{(1+r)^n} \tag{7-5}$$

从而可得

$$\text{LCOE}=\frac{\sum_{n=0}^{N}\frac{C_n}{(1+r)^n}}{\sum_{n=0}^{N}\frac{E_n}{(1+r)^n}} \tag{7-6}$$

由式（7－6）可知，项目的平准化发电成本等于项目寿命周期内各期成本贴现值之和除以经过时间价值折算后的每期电能之和。需要注意的是，在式（7－6）中的项目初始投资是没有贴现的，因为其发生在第一年。在实际计算 LCOE 时，也可以将第一年发生的项目初始投资额年度化到项目生命周期中的每一年。

发电项目的平准化发电成本可由式（7－7）计算得出，即

$$\text{LCOE}=\sum_{n=1}^{N}\frac{\text{CA}_n+O_n+T_n}{(1+r)^n}\Bigg/\sum_{n=1}^{N}\frac{\text{IC}\times h_n\times(1-s)}{(1+r)^n} \tag{7-7}$$

式中：CA_n 为发电机组初始投资折算到第 n 年的数额；O_n 为发电机组第 n 年的生产、运行及维护等的支出；T_n 为发电机组第 n 年所缴纳的税金；IC 为发电机组的额定容量；h_n 为第 n 年的发电利用小时数；s 为厂用电率。

平准化发电成本 LCOE 也可以理解为单位发电量的价格，当达到这个价格时，发电项目的净现值为 0，即投资者在项目生命周期结束后所获得的利润为 0。

由上述分析可知，平准化发电成本 LCOE 计算存在两个假设：

（1）电价在整个生命周期内是不变的，电力市场是处于出清的状态，发电机组发出的电能可以卖出。

（2）收益的贴现率和成本的贴现率是相同的，且在整个生命周期内是不变的。

在我国，对发电项目进行经济可行性评估时，常使用的是财务净现值方法，即判断该项目的净现值 NPV 是否大于 0，当 NPV>0 时，表明该项目的获利能力是大于预定的贴现率，该项目是可行的；当 NPV<0 时，该项目获利能力较差，不建议建设。NPV 方法根据项目投资的盈亏情况来判断项目是否可行，不能表现项目的单位投资收益，特别是对不同发电装机容量、不同发电技术的投资项目不能很好地进行判断，而 LCOE 方法不仅考虑了资金的时间价值和生命周期收益及成本，还能克服 NPV 所存在的问题。

2. 电网延伸方式 LCOE 计算模型

本部分根据 LCOE 这一指标对两种电力普遍服务提供方式的成本进行核算。

在计算电网延伸供电和新能源微电网供电方式的 LCOE 时，需要根据各自特点对基本 LCOE 模型进行适当地调整变换。

在利用电网延伸供电方式提供电力普遍服务时，需要电力企业建设新的配电线路和变压器，这将产生配电 LCOE。同时，这种方式还需要考虑发电 LCOE 和输电 LCOE。因此，以电网延伸方式为偏远地区提供电力普遍服务的 LCOE 包括三个部分：发电机组的发电成本、输电成本和配电成本。

（1）发电机组的发电成本。LCOE 方法是一种对比具有不同发电技术、不同生命周期、不同投资成本、不同生产运行及燃料成本的多种发电项目的有效方法。不同发电机组的 LCOE 可由式（7－7）计算得出。在一般情况下，电力用户使用的电能可能来自于多种发电类型的机组，如燃煤机组、水电机组、新能源发电机组等，因此，电网延伸方式的发电成本 LCOE 可由式（7－8）计算得出，即

$$\mathrm{LCOE_g}=\sum_{i=1}^{m}w_i\times \mathrm{LCOE}_i \tag{7-8}$$

式中：$\mathrm{LCOE_g}$ 为电网延伸方式的发电成本；LCOE_i 为第 i 种发电技术的平准化发电成本；w_i 为第 i 中发电技术在电力供应中的比例；i 为发电技术类型，可以为燃煤、水电、燃气等。

（2）输电 LCOE。发电厂生产的电能产品经过厂变压器升压后，经过电网公司提供的输电线路输送至受端区域变电站，再降压后通过配电线路输送至用户终端的变压器降至用户额定使用电压供用户使用。输电成本主要包括输电建设成本、运行维护成本、税金、其他费用等。其中，输电建设成本包括输电线路的架设、变压器的安装等产生的费用；运行维护成本包括材料费、工资及福利、维修费、管理费、增值税、城建税、教育费附加等；税金主要由投资建设贷款产生。同时，输电成本也受输电损耗的影响。输电的平准化成本为

$$\mathrm{LCOE_t}=\sum_{n=1}^{N}\frac{\mathrm{CA}_n+O_n+T_n}{(1+r)^n}\Big/\sum_{n=1}^{N}\frac{E_n\times(1-s)}{(1+r)^n} \tag{7-9}$$

式中：$\mathrm{LCOE_t}$ 为输电平准化成本；CA_n 为输电线路和变压器初始投资折算到第 n 年的数额；O_n 为输电线路在第 n 年的运行维护成本；T_n 为输电投资活动在第 n 年所缴纳的税金；E_n 为输电线路每年输送的电量；s 为输电损耗，包括输电线路损耗和电压器损耗。

（3）配电 LCOE。采用电网延伸方式为偏远地区居民提供电力时，电力公司需要在配电网侧架设新的配电线路和安置新的变压器。35kV 电压等级的电能经过变压器降压至 10kV 以后，经过中压配电线路到达受助区域，进而通过受助

区域建设的变电站降压至 380V 或 220V，以供电力用户使用。这个过程需要架设三相 10kV 中压配电线、三相或一相 380V 和 220V 低压配电线、变压器。为减少偏远地区电网延伸的建设费用，世界银行能源部门管理援助计划建议在建设配电线路时，在技术可行的情况下，应尽量使用单相配电线路，这大约能够节省 30%～40%的配电线费用。

通过电网延伸方式提供电力普遍服务时的配电 LCOE 可由下式计算，即

$$\mathrm{LCOE_d}=\frac{\left(C_{\mathrm{T}}P_{\mathrm{PL}}/p_{\mathrm{f}}+x_{10}C_{10}+x_{220}C_{220}+x_{380}C_{380}\right)\times\left(\mathrm{CRF_d}+\beta_{\mathrm{d}}\right)}{8760\times P_{\mathrm{PL}}\times\Psi^{\mathrm{LF}}} \tag{7-10}$$

式中：$\mathrm{LCOE_d}$ 为配电平准化成本；C_{T} 为配电侧变压器的单位投资成本；P_{PL} 为电力普遍服务地区的预期负荷；p_{f} 为变压器的功率因子；x_{10}、x_{220}、x_{380} 分别为 10kV 配电线路、220V 线路和 380V 线路的所需长度；C_{10}、C_{220}、C_{380} 分别为 10kV 配电线路、220V 单相线路和 380V 三相线路的单位投资成本；$\mathrm{CRF_d}$ 为资本回收因子，$\mathrm{CRF_d}=r\left(1+r\right)^t/\left(1+r\right)^t-1$；$\beta_{\mathrm{d}}$ 为每年运维费占总配电网建设投资的比例；Ψ^{LF} 为新建配电网的功率因子。

（4）电网延伸方式的 LCOE。综上，电网延伸方式为偏远地区提供电力普遍服务的平准化供电成本 LCOE 为

$$\mathrm{LCOE_{ge}}=\frac{\mathrm{LCOE_g}}{1-l_{\mathrm{td}}}+\mathrm{LCOE_t}+\mathrm{LCOE_d} \tag{7-11}$$

式中：$\mathrm{LCOE_{ge}}$ 为电网延伸方式的平准化供电成本；$\mathrm{LCOE_g}$、$\mathrm{LCOE_t}$、$\mathrm{LCOE_d}$ 分别为发、输、配电的平准化成本；l_{td} 为输配电线损率。

3. 新能源微电网方式 LCOE 计算模型

新能源微电网由可再生能源发电、储能系统等构成。考虑到我国偏远地区的能源资源禀赋、运输条件和成本等因素，本书只考虑由风力发电、太阳能光伏发电和生物质能发电构成的新能源微电网为偏远地区提供电力。

由风力发电和储能系统组成的新能源微电网方式的 LCOE 可由式（7－12）计算得出

$$\mathrm{LCOE}=\sum_{n=1}^{N}\frac{\mathrm{CA}_n+O_n+T_n+(x_1C_1)_n+\mathrm{Con}_n+\mathrm{ESB}_n}{\left(1+r\right)^n}\Bigg/\sum_{n=1}^{N}\frac{\mathrm{IC}\times h_n\times\left(1-s\right)}{\left(1+r\right)^n} \tag{7-12}$$

式中：x_1 为微电网中配电线路的长度；C_1 为配电线的单位成本；Con_n 为变流器投资年度化成本；ESB_n 为储能电池的年度化成本。

与风力发电不同，太阳能光伏发电组件受日照、风雨等环境的影响较大，其每年发电量会有所下降。考虑到这个因素，由光伏发电和储能系统组成的新

能源微电网方式的 LCOE 可由式（7－13）计算得出

$$\mathrm{LCOE}=\sum_{n=1}^{N}\frac{\mathrm{CA}_n+O_n+T_n+(x_1C_1)_n+\mathrm{Con}_n+\mathrm{ESB}_n}{(1+r)^n}\Bigg/\sum_{n=1}^{N}\frac{\mathrm{IC}\times h_n\times(1-d)^n(1-s)}{(1+r)^n} \tag{7-13}$$

式中：d 为光伏发电组件的年退化率。

由生物质能发电和储能系统组成的新能源微电网方式的 LCOE 可由式（7－14）计算得出

$$\mathrm{LCOE}=\sum_{n=1}^{N}\frac{\mathrm{CA}_n+O_n+T_n+(x_1C_1)_n+\mathrm{Con}_n+\mathrm{ESB}_n}{(1+r)^n}\Bigg/\sum_{n=1}^{N}\frac{\mathrm{IC}\times h_n\times(1-s)}{(1+r)^n} \tag{7-14}$$

7.3 电力普遍服务供给成本实证测算

由前文可知，在云南省昆明市富民县这一区域范围内，当受助对象每月每户用电量为 123.6kWh 时，其福利感应是最大的，这满足“公平基础上的效率”原则。本部分实证分析仍选择富民县这一区域，选取其管辖的罗免彝族苗族乡一少数民族村为实证分析对象，该少数民族村拥有农户 75 户，乡村人口 322 人。该村农民收入主要以种植业、养殖业为主。在得知该地区电力普遍服务目标电量的基础上，根据该地区的资源禀赋、经济条件等现状，选择电力普遍服务供给的最优方式。

1. 电网延伸方式供电的 LCOE 计算

电力企业通过电网延伸方式为罗免彝族苗族乡少数民族村提供基本电力需求，这种方式包括发电、输电和配电三个环节的成本。

（1）发电平准化成本的核算。该村所在的云南省发电来源以水电为主，约占全省的 70%，其他主要为燃煤机组。因此，在计算电网延伸方式的发电 LCOE 部分时，选取水力发电和燃煤发电两种发电类型，其占比分别取 0.7 和 0.3。在计算发电 LCOE 时，分别选取典型水电站和燃煤电厂，各发电类型机组的相关参数见表 7－1。

表 7－1　典型水力发电机组和燃煤机组的有关参数

参数	250MW 水电机组	600MW 燃煤机组
机组发电容量	250MW	600MW
计划发电利用小时数	4500h	4200h
厂用电率	4%	6%
寿命期	50 年	25 年

续表

参数	250MW 水电机组	600MW 燃煤机组
建设周期	4 年	1 年
建设投资成本	17.5 亿	23.08 亿
自有资本比例	20%	20%
上网电价	0.27 元/kWh	0.336 元/kWh
运维费用占总投资比例	2% 每年递增 1%	2.5% 每年递增 1%
保险费率	0.25%	0.25%
贷款利率	6.12%	6.12%
其他费用占年收益比例	2%	2%
工资及福利	605 万元 每年递增 2%	6347 万元 每年递增 2%
固定资产残值	5%	5%
增值税率	17%	17%
城市维护建设税	5%	4%
教育费附加税	3%	3%
企业所得税	25%	25%

根据表 7–1 和式（7–7）可计算得出水电机组和燃煤机组的平准化发电成本 LCOE，进而根据式（7–8）可计算得出电网延伸方式供电中的发电侧平准化成本 $LCOE_g$ 为 0.242 元/kWh。

（2）输电平准化成本的核算。我国输电线路分为多种，如 1000kV 特高压输电线路、500kV 超高压输电线路、220kV/110kV/35kV 高压输电线路等。考虑到富民县电网和罗免彝族苗族乡电网网架结构特征，本部分采用 110kV 输电工程为例，计算电网延伸方式供电中的输电平准化成本。

110kV 输电工程安装 2 台 50MWA 主变压器，110kV 采用 GIS（地理信息系统）设备，架空出线共 4 回，导线型号为 LGJ–150135。本工程建设期为一年，寿命期为 25 年。初始建设投资 1600 万元，自有资本占 20%，贷款占 80%，贷款利率为 6.12%；工程项目残值为 5%，线路损耗和变压器损耗率分别为 2%、1.8%。该 110kV 输电工程成本费用有关参数见表 7–2。根据表 7–2 和式（7–9）可计算得出电网延伸方式供电中的输电侧平准化成本 $LCOE_t$ 为 0.075 元/kWh。

表 7－2　　110kV 输电线路有关参数

参　　数	250MW 水电机组	参　　数	250MW 水电机组
输电规模	110kV	保险费率	0.25%
年输送电量	1.04 亿 kWh	贷款利率	6.12%
线路损耗	2%	工资及福利占固定投资比例	1.22%
变压器损耗	1.8%	固定资产残值	5%
建设周期	1 年	增值税率	17%
建设投资成本	1600 万	城市维护建设税	5%
生命期	25 年	教育费附加税	3%
自有资本比例	20%	企业所得税	25%
运维费用占固定投资比例	1.6%		

（3）配电平准化成本的核算。该云南省富民县罗免彝族苗族乡少数民族村以种植业、养殖业为主，没有小作坊、加工厂之类的小厂房。因此，在架设配电线路时，仅需要 10kV 和 220V 配电线路。根据该村距离最近城镇配电所的距离和该村人口居住范围和特征，分别需要 10kV 中压配电线 21.5km，220V 低压配电线 2.9km。农村电网的功率因子一般为 0.8～0.9，本文选取 0.9 作为罗免彝族苗族乡少数民族村新建农网的功率因子，该村的用电最大负荷为 42kW，负荷因子为 0.8。

根据式（7－10），可计算得出，为罗免彝族苗族乡少数民族村建设配电网的平准化成本 $LCOE_d$ 为 0.68 元/kWh。

在得到为罗免彝族苗族乡少数民族村采用电网延伸方式提供电力普遍服务时平准化发电成本 $LCOE_g$、输电成本 $LCOE_t$ 和配电成本 $LCOE_d$ 后，取输配电线损率为 0.25，根据式（7－11）可计算得出：采用电网延伸方式提供电力普遍服务的综合平准化成本为 1.078 元/kWh。

2. 新能源微电网方式供电的 LCOE 计算

前文的研究表明，在云南省昆明市富民县罗免彝族苗族乡少数民族村每户每月用电量为 123.6kWh 时，其福利感应是最大的。为满足电力普遍服务实施时的“公平基础上的效率”原则，本章在确定采用哪种新能源微电网形式为该村供电仍以该 123.6kWh 目标电量作为参考。

基于该少数民族村每月 123.6kWh 的电力普遍服务目标电量和 75 户人口规模，可计算得出该村每年的目标电力消费量为 111.24MWh。据此，如果安装新能源独立微网系统时，根据各新能源发电利用小时数，可得知如果安装风电独立微电网系统时，需要安装60kW风力发电机组和相应的储能系统；安装太阳能光伏独立发电系统时，需要安装80kW光伏发电组件和相应的储能系统；安装生物质能独立发电系统时，需要30kW发电机组和储能系统。虽然云南省水电非常丰富，但根据该村地理位置和实际水资源禀赋情况，不适合以安装小水电机组为其提供电力。同时，由于该村负荷较小，采用新能源独立发电系统时，每种新能源发电装机容量都比较小，因此，也没有必要采用新能源混合发电微电网系统（如风电+光伏发电、风电+生物质能发电或风电+光伏发电+生物质能发电等）。

（1）风能独立发电微电网系统的LCOE计算。包括风力发电机组和储能系统的风力独立发电微电网系统如图7－6所示。该微电网系统包括两台型号为FD12.5－30kW的风力发电机组，储能系统中的整流器和燃料电池、配电线路等。

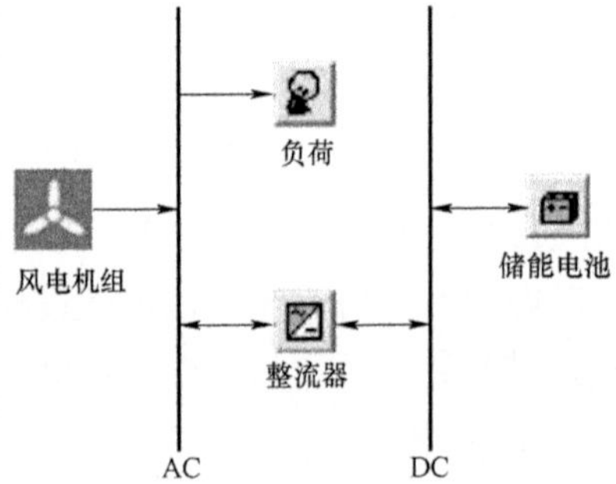

图7－6　风力独立发电微电网系统

风电机组的初始投资额为42.5万元，使用年限为20年，残值为总投资的5%，运行维护费约占初始投资的2%，包括风电机组及储能系统相关设备自用电率为2%。考虑到初始投资额较小，该微电网系统投资费用全部来自于自有资产。该地区处于第Ⅳ类风能资源区，年等效运行小时数为1900h。在微电网运行期间，雇佣两人负责日常的生产运行及维护等工作，考虑到农村居民年收入情况，每人每月的工资为1000元。

储能系统中的电池投资额为1500元/kWh，整流器总购置费为4.5万元。该微电网一共需要2.9km的配电线路。

在计算风力独立发电微电网系统时，风电系统和储能系统的初始投资作为该微电网系统的总投资，并相应进行折旧。综合上述系统各投资参数和运行参数，可计算得出风力独立发电微电网系统的平准化供电成本为0.704元/kWh。

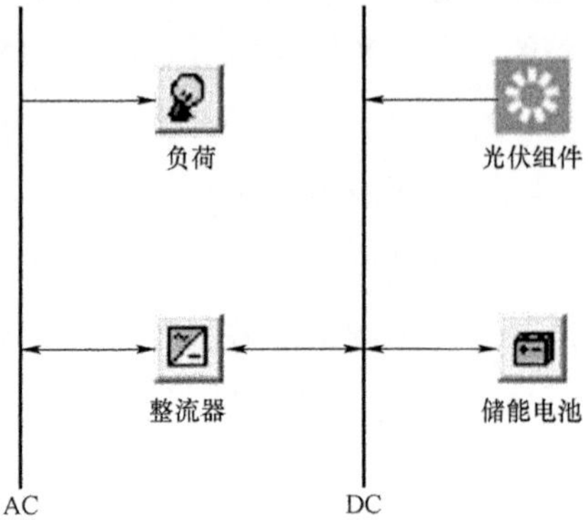

图7－7　光伏独立发电微电网系统

（2）光伏独立发电微电网系统的LCOE计算。包括光伏发电机组和储能系统的光伏独立发电微电网系统如图7－7所示。该微电网系统包括 60kW 光伏发电组件，储能系统中的整流器和燃料电池、配电线路等。

光伏组件的建设成本为 8 元/W，使用年限为 25 年，残值为总投资的 5%，运行维护费第一年约占初始投资的 0.2%，第二年至第八年占初始投资的 0.5%，剩下年份占 1%。微电网运行过程中每年其他约占售电额的 0.5%。包括风电机组及储能系统相关设备自用电率为 2%。考虑到初始投资额较小，该微电网系统投资费用全部来自于自有资产。该地区处于第Ⅱ类太阳能资源区，该光伏发电机组年等效运行小时数取为 1500h。在微电网运行期间，雇佣两人负责日常的生产运行及维护等工作，考虑到农村居民年收入情况，每人每月的工资为 1000 元。该微电网一共需要 2.9km 的配电线路。储能系统中的电池投资额为 1500 元/kWh，整流器总购置费为 4.5 万元。

在计算光伏独立发电微电网系统时，光伏系统和储能系统的初始投资作为该微电网系统的总投资，并相应进行折旧。综合上述系统各投资参数和运行参数，可计算得出光伏独立发电微电网系统的平准化供电成本为 0.658 元/kWh。

（3）生物质独立发电微电网系统的 LCOE 计算。包括生物质发电机组和储能系统的生物质独立发电微电网系统如图 7－8 所示。该微电网系统包括 30kW 生物质发电机组，储能系统中的整流器和燃料电池、配电线路等。

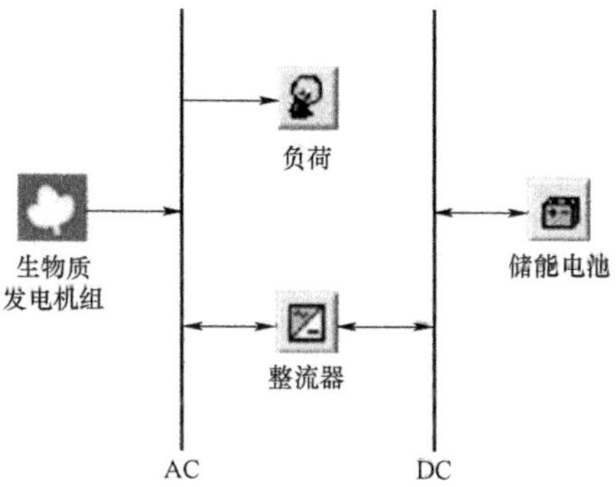

图 7－8　生物质独立发电微电网系统

生物质发电机组的建设成本为 1.05 万元/kW，使用年限为 20 年，残值为总投资的 5%，运行维护费约占初始投资的 2%。微电网运行过程中每年其他约占售电额的 1%。包括风电机组及储能系统相关设备自用电率为 10%。考虑到初始投资额较小，该微电网系统投资费用全部来自于自有资产。该生物质发电机组年等效运行小时数取为 5500h。在微电网运行期间，雇佣两人负责日常的生产运行及维护等工作，由于生物质发电较风电和光伏发电工作任务强度大，设定每人每月的工资为 2000 元。生物质发电的燃料主要为农作物秸秆，是生物质发电运行成本中的主要部分，该部分成本主要包括燃料购买成本、燃料打包成本、燃料运输成本，总和为 200 元/t。根据该生物质发电装机容量和实际运行情况，每年约才需要生物质燃料 180t。该微电网一共需要 2.9km 的配电线路。储能系统中的电池投资额为 1500 元/kWh，整流器总购置费为 4.5 万元。

在计算生物质独立发电微电网系统时，生物质发电系统和储能系统的初始投资作为该微电网系统的总投资，并相应进行折旧。综合上述系统各投资参数和运行参数，可计算得出生物质独立发电微电网系统的平准化供电成本为0.885元/kWh。

3. 电力普遍服务供给方式成本对比分析

为该罗免彝族苗族乡少数民族村提供电力的各种普遍服务供给方式的平准化供电成本如图7-9所示，可以看出，新能源微电网方式中的光伏独立发电微电网系统的平准化供电成本为0.658元/kWh，在所有供电方式中是最小的，其次分别为风力独立发电微电网0.704元/kWh、生物质独立发电微电网0.885元/kWh，而电网延伸方式的平准化供电成本1.078元/kWh是最大的，其主要原因在于其配电成本很高，为0.68元/kWh，占总供电成本的63.08%，而这配电成本也高于光伏独立发电微电网系统的平准化供电成本。

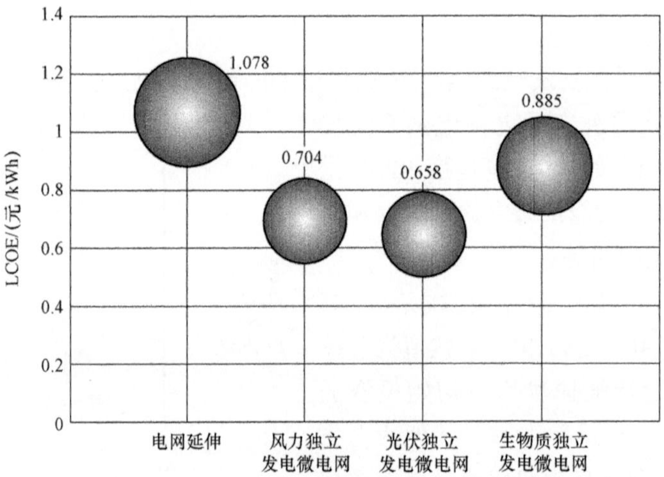

图7-9　各种电力普遍服务供给方式成本对比

7.4　机会主义行为导致的社会福利漏损的度量

在测算电力企业提供电力普遍服务真实成本的基础上，再结合电力普遍服务受助对象支付电价水平，即销售电价，即可度量机会主义行为导致的电力普遍服务社会福利漏损情况，该漏损为经济漏损。

表7-3给出了云南省2016年6月1日起执行的电价情况。考虑到电力普遍服务受助对象实际用电能力和目标电量的水平，其支付的电价水平应为0.45元/kWh。

表 7-3　　云南省 2016 年 6 月 1 日电网销售电价表（元/kWh）

用电分类			电度电价				
			不满 1kV	1～10kV	35～110kV 以下	110kV	110kV 以上
一、居民生活用电							
一户一表	每年 12 月至次年 4 月	0～170kWh/月	0.45	0.44	0.44		
		171～260kWh/月	0.50	0.49	0.49		
		>260kWh/月	0.80	0.79	0.79		
	每年 5～11 月		0.45	0.44	0.44		
合表用户			0.51	0.50	0.50		
二、一般工商业及其他用电			0.655	0.645	0.635		
三、大工业用电			0.535	0.512	0.489	0.412	0.394
四、农业生产用电			0.452	0.442	0.432		
其中：贫困县农业排灌用电			0.299	0.294	0.289		

注：除贫困县农业排灌用电外，均含农网还贷资金 2 分钱和重大水利工程建设基金 0.4 分钱；除农业生产用电外，均含大中型水库移民后期扶持资金 0.5 分钱，地方水库移民后期扶持资金 0.05 分钱；除农业生产用电外，均含可再生能源附加，其中，居民生活用电 0.1 分钱，其他各类用电 1.9 分钱。

电网延伸方式、风力独立发电微电网系统、光伏独立发电微电网系统和生物质独立发电微电网系统这四种方式提供电力普遍服务的成本分别为 1.078 元 /kWh、0.704 元/kWh、0.658 元/kWh、0.885 元/kWh。但无论采用哪一种供电形式，电力普遍服务受助对象需要支付的电价为 0.45 元/kWh。因此，采用这四种电力普遍服务提供方式所发生的经济福利漏损分别为 0.628 元/kWh、0.254 元/kWh、0.208 元/kWh、0.435 元/kWh。

第 8 章　网络外部性带来的社会福利漏损度量

电力普遍服务的供应主体为电力企业，电力企业提供普遍服务获得的价值低于普遍服务对全社会的价值，因而出现了庇谷所指的正外部性，即为电力普遍服务网络外部性的直接体现。卡茨和夏皮罗（1985 年）将网络外部性定义为“当消费同样产品的其他使用者的人数增加时，某一使用者消费该产品所获得的效用增量”；范里安与夏皮罗（1995 年）的定义是：若某一方加入网络系统所愿意支付的价格，与网络中现有的顾客数量或对象有关，则网络外部性就存在。对于电力产品而言，由于输电网络具有容量约束，由“俱乐部理论”，在到达容量限之前，网络正外部性效应比较明显，而在临近饱和状态下，由于消费的拥挤会带来明显的负外部性。前者主要通过影响政府财政支出的效率来影响社会福利；而后者则直接作用于消费者的福利，这种负外部性带来的福利漏损与“基本电力需求”（即目标电量）有关。本章对网络外部性给电力普遍服务社会福利带来的漏损进行度量。首先，对电力普遍服务网络外部性的表征进行刻画；其次，构建电力普遍服务社会价值测量模型，并进行实证测算；再次，测算电力普遍服务的正外部性价值；最后，对网络外部性导致的电力普遍服务社会福利漏损进行实证度量。

8.1　电力普遍服务网络外部性的表征

据此定义电力普遍服务正外部性：当电力企业提供电力普遍服务获得的边际私人净产品小于边际社会净产品时，即产生了外部性。其中电力普遍服务的社会边际净产品是指单位普遍服务售电量增加给全社会带来的净产品总和，而电力普遍服务边际私人净产品则是指单位普遍服务售电量为电力企业带来的边际净产品。

电力普遍服务正外部性包含以下几个特点：

（1）电力普遍服务涉及三个利益相关方，电力企业直接提供电力普遍服务，是正外部性的产生主体；受助对象是电力普遍服务的主要服务对象，是正外部性的主要作用对象；一般纳税人因电力普遍服务享受环境的改善，是电力普遍服务的作用服务对象，是正外部性的次要接受对象。

（2）公共价值视角下电力普遍服务创造的社会价值包括福利价值、环境价值和经济价值，其中对电力企业的私人价值则表现为经济价值，因此电力企业的私人边际净产品为企业的边际经济价值，社会边际净产品为边际社会价值，即

$$\begin{aligned}\mathrm{MV_s} &= \left(V_1+V_2+V_3\right)' \\ &= \mathrm{MV_1}+\mathrm{MV_2}+\mathrm{MV_3} \\ &= p\left[f\left(Q,Q'\right)\right]'+\alpha_1+\alpha_2+\left(R-C\right)'\end{aligned} \tag{8-1}$$

$$\mathrm{MV_p}=\mathrm{MV_3}=\left(R-C\right)' \tag{8-2}$$

式中：$\mathrm{MV_s}$为边际社会价值；$\mathrm{MV_p}$为边际私人价值；当$\mathrm{MV_p}$与$\mathrm{MV_s}$出现背离时，电力普遍服务即出现了外部性。

以电力企业为主体，电力普遍服务的正外部性所产生的外部效益为除电力企业经济价值以外的社会价值，即环境价值与福利价值之和，因此电力普遍服务的外部效益为

$$E=V_1+V_2 \tag{8-3}$$

8.2 电力普遍服务社会价值测量

电力普遍服务是由政府主导、电力企业承担、全社会共同受益的一项公共职能。电力普遍服务的重点职能是提高偏远落后地区及低收入人群生活质量，具备较强的公益性，对电力企业而言提供普遍服务获得的价值低于电力普遍服务对全社会的价值，因而出现了庇谷所指的正外部性，即边际私人价值与边际社会价值的背离，这将导致电力普遍服务无法达到最优供给而造成资源配置失当，进而导致电力普遍服务偏离公共价值实现的目标。因此对电力普遍服务外部性的分析，应当建立在电力普遍服务社会价值与私人价值研究的基础之上。本部分依据公共价值的生成路径，首先对电力普遍服务进行利益相关者偏好分析，形成的电力普遍服务社会价值构成框架；其次通过对各利益相关者偏好意愿的度量，建立电力普遍服务社会价值的测量模型，并以云南省富民县为例对该模型进行了实证分析。

8.2.1 公共价值视角下电力普遍服务社会价值测算框架

1. 电力普遍服务利益相关者识别

一般的公共政策利益相关者涉及提供服务的政府和为政府提供基金同时享受公共服务的纳税人。电力普遍服务不同于一般的公共政策，其主要的服务对象是偏远地区农村或低收入城镇居民，提供基金的全体纳税人并不能够全部享受普遍服务，虽然实际上纳税人包含全体居民，但考虑到电力普遍服务地区纳税人纳税额度低，群体占社会比重小，为了便于分析本书将一般纳税人和受助对象视作两类电力普遍服务的利益相关者，假定一般纳税人不包括受助对象；另一方面，电力普遍服务由电力企业而不是政府来直接提供，因此电力企业是电力普遍服务的第三类利益相关者；政府作为一般纳税人的基金代理人以及电力企业的规制者出现，在电力普遍服务中作为转移支付、利益均衡角色存在。从公共价值生成的路径来看，政府作为政治系统在于社会系统中社会价值的互动中创造公共价值，不在社会价值测量范围，因此政府不作为电力普遍服务公共价值视角的利益相关者。综上，电力普遍服务的利益相关者包括一般纳税人、受助对象、电力企业三个主体。

2. 电力普遍服务利益相关者偏好意愿分析

（1）受助对象偏好意愿分析。目前我国电力普遍服务受助对象集中在偏远地区农村或低收入城镇，属于社会的弱势群体。电力普遍服务的有效提供首先通过电力供应改善受助对象的用能条件；通过电力能源的普及，减轻受助对象农业劳动和家务劳动的负担，改善受助对象身体状况，增加闲暇时间进而促进收入、受教育水平等各项福利的提升，因此对于受助对象而言，电力普遍服务的价值主要体现在福利价值上，受助对象的偏好通过其福利状态进行表征。

（2）一般纳税人偏好意愿分析。一般纳税人作为“政府基金”的投资者，关心其资金是否用到有效合理的途径，因此一般纳税人偏好意愿首先表达为对相关项目合法性的评价。一方面，电力普遍服务是解决能源贫困、促进社会公平的关键性公共产品，基于公民对于社会公平普遍认同的合理假设，电力普遍服务获得了纳税人的合法性支持，不需要再单独表达；另一方面，电力普遍服务对于贫困地区用能环境的改善能够促进清洁电能对于农业秸秆及化石能源的替代，进而带来更大范围的环境改善。因此纳税人对于电力普遍服务的支持主要是基于其对政府追求社会公平的支持，而从电力普遍服务中获取的私人价值则主要是电力普遍服务的环境价值。

（3）电力企业功能偏好分析。传统的微观经济理论认为企业的目标是实现利润最大化。早期我国电力服务统一由政府提供，随着电力体制市场化改革，电力供应逐步从政府职能中脱离出来由国有性质的企业提供，这一时期的电力企业兼顾社会责任与市场竞争，在政府激励下进行普遍服务供给。未来随着我国电力体制改革不断深化，电力供应的市场化程度加深，电力企业将更多地作为市场主体参与市场竞争，以实现利润最大化作为企业的经营目标。因此电力企业从电力普遍服务中获取的私人价值主要是经济价值。

3. 电力普遍服务社会价值测算框架

根据利益相关者偏好分析可以得到公共价值视角下电力普遍服务的社会价值包含三个方面：一是受助对象偏好的福利价值；二是纳税人偏好的环境价值；三是电力企业偏好的经济价值。公共价值视角下电力普遍服务社会价值测量框架如图 8－1 所示。

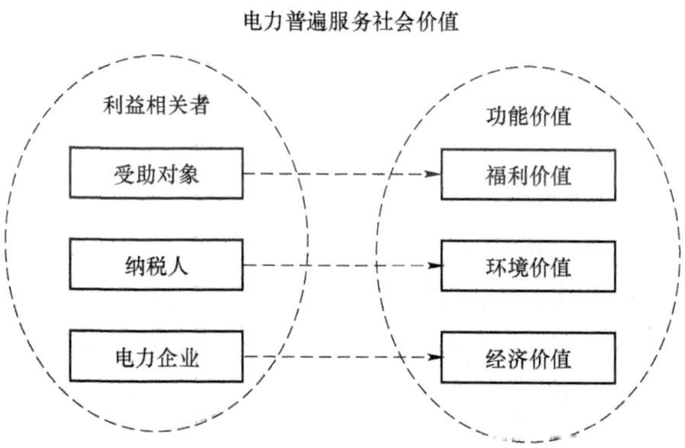

图 8－1　公共价值视角下电力普遍服务社会价值测量框架

8.2.2　公共价值视角下电力普遍服务社会价值测算模型

1. 受助对象福利价值测算

与普遍服务各社会系统利益相关方诉求不同，政治系统关注的福利、环境和经济价值为群体收入等客观物质条件、碳排放、污染物减少以及地区 GDP。从政治系统偏好出发的公共政策提供并不一定代表着公民的真实偏好，这将导致基本公共价值与核心公共价值偏离。如果能够在政策制定实施过程中充分考虑社会系统的偏好意愿，则能够实现基本公共价值与核心公共价值重合，为政府提供最大化的公信力和可持续性。据此，本部分以创造公共价值为目标对各种测算方法进行筛选整合，建立公共价值视角下的电力普遍服务社会价值测算模型。

福利价值测算方法。福利测算方法经历了经济福利方法、社会指标模式和心理账户模式三个发展阶段。

经济福利方法。早期的福利测算以经济福利测算为主，典型的方法有以就业和 GDP 指标衡量福利水平、对资本账户扩展后构建“经济福利测算”指标体系等方法，这一类测算主要衡量经济福利，未能考虑到一些非价格非市场因素。

社会指标模式。社会指标模式认为对福利的测算实际上是对满足人类需求的社会进行的评价，评价指标包括了营养、住房、教育、健康和预期寿命等非货币单位的指标，代表性的指标有莫里斯的“物质生活质量指数”“人类发展指数”，这些指数包含“基本需求”，隐含着其评价方法对于社会舆论的依赖，但在实际应用中社会指标面临外延扩大对象不清的局限，影响了指标的普适性。

心理指标模式。心理指标模式力图直接反映福利体验，通过 GDP 福利联系或探测满意度来实现。典型的方法有满意度评价、幸福过程指数即将各活动消费时间加权得出特定行为的满足程度等方法。

早期的经济福利测算方法以经济作为衡量福利的主要指标，这一标准依赖于社会精英的价值判断，表现出了新公共管理的特点。社会指标模式通过指标体系外延的扩大将社会舆论引入到价值标准体系当中，部分地包含了利益相关者的偏好表示，但是由于地区差异缺乏普遍的适用性，在实际应用当中受到指标构建者偏好的影响而未能反映公民共识。心理指标模式直接反映福利体验，福利评价结论的生成过程即包含了利益相关者的偏好表示，有效地为利益相关者偏好表示提供了表达路径，这为公共价值的创造提供了基础。另一方面，从个体福利体验的表达到社会福利价值的生成需要实现从个体到社会的福利测算，据此关于福利价值的测算可以采用包含利益相关者偏好表示的社会福利函数来实现，即

$$V_1 = p(W) \tag{8-4}$$

$$W = f(Q,Q') \tag{8-5}$$

式中：V_1 为福利价值；p 为货币化函数；W 为社会福利，用满意度来表征；Q 为用电量；Q' 为用电量，间接影响福利水平的相关因素。

2. 纳税人环境价值测算

环境价值包括生态价值、资源价值、污染损失减少等多个方面，测算方法主要包括直接市场法、间接市场法和模拟市场法。

直接市场法。直接市场法是通过相关的市场价格直接估算市场价值，典型的方法有恢复和防护费用法、影子工程法等，即把恢复环境不受污染所需的费用或者创造一个替代工程代替环境功能作为环境资源破坏的最低经济损失。

间接市场法。间接市场法通过与环境相关的消费活动来估算环境市场价值，典型的方法有旅行费用法和享乐价格法，即公众在旅游或者消费过程中实际支出的价格差来反映环境价值的差异。

模拟市场法。模拟市场法是通过构造一个虚拟的市场来衡量公众对环境价值的支付意愿。典型的方法是条件价值法，即通过问卷调查、投标博弈等方法模拟市场，以支付意愿来表达环境商品的经济价值。

从纳税人环境改善意愿与政治系统互动来看，政治系统关注地区碳排放、污染物减少的环境问题，在环境价值衡量上政府更多关注减排工程对经济的贡献本身而不是公民支付意愿，这在一定程度上也会造成公共价值供给与需求的失衡。因此需要充分考察公民对环境的支付意愿来实现公共价值供需平衡。电力普遍服务的环境价值主要是由于电力供应对于用能结构的改善，以清洁电能代替农村生物质能以及燃煤。南方农村地区目前主要的燃料为生物质能，生物质能的过度使用会导致森林覆盖率下降、破坏土地失去植被保护造成水土流失等生态问题，同时燃烧中产生的CO_2,CO,SO_2,TSP等物质会对人居环境和大气环境造成污染。因此电力普遍服务的环境价值主要来源于两个方面，一是对林地的保护，二是对大气污染的改善。环境价值评估的三种方法均通过市场价格的方式反映了利益相关者的偏好，直接市场法和间接市场法是通过显示偏好来体现，模拟市场法则通过陈述偏好来体现，后者更符合公共价值范式的“共识”生成路径。据此关于电力普遍服务环境价值的测算可以采用条件价值法分别对林地保护和减排的支付意愿进行测算进而评估其环境价值，即

$$V_2 = \alpha_1 Q + \alpha_2 Q \tag{8-6}$$

式中：V_2为环境价值；α_1为林地保护的支付意愿；α_2为改善大气污染的支付意愿。

3. 电力企业经济价值测算

经济价值的测算通常采用成本效益模型。地区经济价值多因企业经济活动带来的GDP增长，企业对于GDP的贡献同企业的经济价值相一致。即社会系统偏好（利润最大化）与政治系统偏好（创造 GDP）相一致，因此采用一般企业经济价值核算方法进行核算，即电力企业经济价值为电力企业收益成本之差。

$$V_3 = R - C \tag{8-7}$$

式中：V_3为电力企业经济价值；R为企业收入；C为企业成本。

其中经济价值有电力普遍服务带来的直接经济收入以及通过提高企业价值带来的间接收入。直接经济收入是直接提供普遍服务的县级电网公司的售电收

入，而间接经济收入则是由于电力普遍服务服务社会的功用，是电网公司履行社会责任的体现，会为电网公司带来品牌价值的提升进而促进其经济效益。成本则为电力普遍服务投资建设及日常运营过程中发生的费用支出。

4. 电力普遍服务社会价值测算

综上，电力普遍服务社会价值测算方法对比及模型构建如表 8－1 所示。

表 8－1　　社会价值测算方法对比及模型构建

价值类型	传统评价方法	改进评价方法	测算公式
福利价值	经济福利方法 扩展账户方法 社会指标方法 心理指标方法	满意度评价＋社会福利函数	$V_1 = p(W), W = f(Q,Q')$
环境价值	直接市场法 间接市场法 模拟市场法	林地资源支付意愿＋ 污染物减排支付意愿	$V_2 = \alpha_1 Q + \alpha_2 Q$
经济价值	成本－效益法	成本－效益法	$V_3 = R - C$

电力普遍服务社会价值测算模型为

$$
\begin{aligned}
V &= V_1 + V_2 + V_3 \\
&= p \geqslant \left[f(Q,Q') \right] + \alpha_1 Q + \alpha_2 Q + R - C
\end{aligned}
\tag{8-8}
$$

8.2.3　云南省富民县电力普遍服务社会价值测算

云南省由于省内山区较多，是我国解决无电人口、提供电力普遍服务的重点省份，富民县位于昆明市西北，是个山区较多的县。富民县共设 5 乡共 562 个自然村，居住着汉、回、彝、苗等 25 个民族。本书以云南省富民县作为研究对象进行实证分析。

1. 数据获取

根据前述模型，对电力普遍服务实证分析需要获取富民县户月均用电水平以及农网售电量等数据，本书对富民县相关数据采集与估算遵循以下方案：

（1）1999—2015 年，农电售电量数据根据富民县户均用电情况及户数进行估算，云南地区无电人口通电后典型日用电量为 0.5kWh，自 1999 年实施一期农网工程以来，富民县农电年均增长 10%左右，富民县 2006 年、2008 年农户数量分别为 33 222 户和 33 329 户，数据不足的年份采用趋势外推法估算农村生活用电量。其中 2008 年富民县电力普遍服务投资大幅增加，基本实现“户户通电”，且国家实施家电下乡政策，预计自 2008 年后云南省农电的售电量与 2008 年的趋势有较大变化，因此对 2008—2015 年用电增速进行了调整，得到 1999—2015 年富民县户数及户用电情况如表 8-2 所示。

表 8-2　　1999—2015 年富民县户数及户用电情况

年份	户数	户日均用电量（kWh）	户月均用电量（kWh）	年生活用电量（万 kWh）
1999	32 850	0.5	15	591.29
2000	32 903	0.55	16.50	651.47
2001	32 956	0.61	18.15	717.77
2002	33 009	0.67	19.97	790.82
2003	33 062	0.73	21.96	871.31
2004	33 115	0.81	24.16	959.98
2005	33 169	0.89	26.57	1057.68
2006	33 222	0.97	29.23	1165.33
2007	33 275	1.07	32.15	1283.92
2008	33 329	1.18	35.37	1414.58
2009	33 383	1.41	42.44	1700.23
2010	33 436	1.70	50.93	2043.56
2011	33 490	1.95	58.57	2353.88
2012	33 544	2.25	67.36	2711.32
2013	33 598	2.58	77.46	3123.03
2014	33 652	2.97	89.08	3597.26
2015	33 706	3.41	102.44	4143.51

（2）2012—2014 年《富民县国民经济和社会发展统计公报》对农村售电量数据进行了统计，分别为 5549 万 kWh、6078 万 kWh 和 6328 万 kWh，这与上表农村生活用电差值较大，表明富民县农村存在相当的非生活用电量，因此在计算电力企业经济价值时，采用农村售电量数据，而对福利价值、环境价值中涉及的户用电量则采用农村生活用电量。农村售电量数据根据 2012—2014 年数据采用趋势外推法进行估算。

2. 模型参数计算

（1）福利价值测算模型参数计算。福利价值的测算可以采用包含利益相关者偏好表示的社会福利函数来实现，以满意度作为福利的表征。前文通过对主客观福利进行分解并分别进行因素分析后，建立了包含主客观因素的电力普遍服务受助对象福利函数如下

$$W=-0.000\,67Q^2+0.058\,749Q+58.382\,8+26.2\mathrm{e}^{-\left(\frac{(Q-131.82)^2}{3760}\right)} \quad (8-9)$$

以用电满意度来表征。函数参数中包含影响客观福利的经济水平以及影响主观福利的因素，以陈述偏好作为福利表征，符合公共价值对于福利度量的要求，因此以此函数作为本书测量的福利价值的起点，在此基础上将上述用电满意度 W 由福利值转换为经济值。

货币化函数 $V_1=p(W)$ 即将福利值转换为经济值。生活满意度是居民对生活整体的福利水平评价，这一整体的生活福利可以看成是由各个领域的满意度评价综合而成，具体包括用电满意度、收入满意度等多个方面。将用电满意度货币化，可以将其与收入满意度进行转换，进而通过收入实现用电满意度的货币化。收入满意度与用电满意度对生活满意度的贡献 Probit 分析见表 8–3。

表 8–3　收入满意度与用电满意度对生活满意度的贡献 Probit 分析

变量	系数	标准差	Z–统计量	P 值
用电满意度	0.195 253	0.113 605	1.718 697	0.085 7
收入满意度	0.404 506	0.109 589	3.691 110	0.000 2

表 8–3 表明生活满意度与用电满意度及收入满意度的 Probit 拟合结果均显著，这表明总体生活幸福感是由具体领域的满意度分别作用而产生的，用电满意度对总体生活满意度构成影响为 19.52%，收入满意度对总体生活满意度构成的影响为 40.45%，以生活满意度为生活追求的最终目的，则 1 单位用电满意度可以转换为 0.48 单位的收入满意度。收入对收入满意度的贡献 Probit 分析见表 8–4。

表 8–4　收入对收入满意度的贡献 Probit 分析

变量	系数	标准差	Z–统计量	P 值
收入	0.44	0.036	1022	0.224

因此福利（用电满意度）货币化参数为 $p=0.48\times0.44=0.2112$。进而，可得到富民县电力普遍服务福利价值函数为

$$V_1=-0.000\,141\,5Q^2+0.012\,414\,9Q+12.330\,4+5.534\,4\mathrm{e}^{-\left[\frac{(Q-131.82)^2}{3760}\right]} \quad (8-10)$$

将户月均用电数据带入式（8–10），得到 1999—2015 年富民县电力普遍服务福利价值如表 8–5 所示。

表 8-5　　富民县 1999—2015 年电力普遍服务福利价值

年份	福利价值（万元）	年份	福利价值（万元）
1999	497.93	2008	522.28
2000	499.77	2009	531.33
2001	501.74	2010	544.35
2002	503.86	2011	558.64
2003	506.17	2012	577.93
2004	508.70	2013	603.36
2005	511.51	2014	634.74
2006	514.65	2015	668.05
2007	518.20		

（2）环境价值测算模型参数计算。电力普遍服务环境价值包括林地保护价值和大气污染改善价值，富民县电力普遍服务林地保护价值与当地居民的柴薪消耗量相关。本书从已有文献中获取电力对柴薪的替代量，进而核算单位电量的林地保护价值。1kWh 电能可以产生 3600kJ 热能，每千克薪柴可以产生 16 726kJ 热能，平均每 667m² 林地每年产生 1.5t 柴薪。研究发现，上海市郊区林地面积每亩每年支付意愿 872.1 元补偿，据此测算每度电林地保护价值为

$$\alpha_1=\frac{3600}{16\,726}\times\frac{667}{1.5\times10^3}\times\frac{872.1}{666}=0.125\,3 \tag{8-11}$$

已有研究表明：针对大气污染物五年内降低 50%目标，家庭收入低于 5000 元的最大支付意愿为 299.179 元/年/户，这一收入水平与富民县实际收入情况较为接近，因此采用 299.179 作为富民县居民的近似支付意愿。由于其采集区域在北京市，因此按北京第一档电量 240 度计算，据此测算用户每度电愿意支付价格为

$$\alpha_2=\frac{299.179}{5\times12\times240}=0.020\,8$$

$$V_2=0.125\,3Q+0.020\,8Q=0.146\,1Q \tag{8-12}$$

将户月均用电数据带入公式上式，计算得到 1999—2015 年富民县电力普遍服务环境价值如表 8-6 所示。

表 8-6　　富民县 1999—2015 年电力普遍服务环境价值

年份	环境价值（万元）	年份	环境价值（万元）
1999	86.39	2001	104.87
2000	95.18	2002	115.54

续表

年份	环境价值（万元）	年份	环境价值（万元）
2003	127.30	2010	298.56
2004	140.25	2011	343.90
2005	154.53	2012	396.12
2006	170.25	2013	456.27
2007	187.58	2014	525.56
2008	206.67	2015	605.37
2009	248.40		

（3）经济价值测算模型参数计算。电力企业收益主要来自于售电收入，即电价与售电量的乘积，具体计算公式为

$$\begin{aligned} R_y &= p\times Q_y \\ &= p\times q_y\times H = p\times 12\times 30\times q_d\times H \end{aligned} \tag{8-13}$$

式中：R_y为年售电收入；q_y为年户均用电量；q_d为日户均用电量；H为户数。

售电量数据来采用富民县农村售电量总数，富民县农电用电价格为0.44元/kWh。据此计算富民县1999—2015年农电电费收入如表8－7所示。

表8－7　　富民县1999—2015年农电电费收入

年份	电费收入（万元）	年份	电费收入（万元）
1999	682.44	2008	1549.43
2000	747.54	2009	1697.22
2001	818.84	2010	1859.11
2002	896.95	2011	2036.45
2003	982.50	2012	2441.56
2004	1076.22	2013	2674.45
2005	1178.88	2014	2784.50
2006	1291.33	2015	2899.07
2007	1414.50		

从富民县农网建设经验来看，富民县针对农村电网的建设项目包括新建10kv线路、0.4及以下线路、配电变压器、JP柜，配电网供电线路损耗约占输电容量的10%～15%，上述损耗加上配电设施维护费用，按经验取值山区电网年运行费用大约为初始投资的2.5%左右。1999—2015年富民县农网建设工程投资情况及估算运行费用如表8－8所示。

表 8－8　1999—2015 年富民县农网建设工程投资情况及估算运行费用

年份	投资规模（万元）	年运行费用（万元）	成本合计（万元）
1999	7296.59	182.41	7479.01
2002	317.49	7.94	325.43
2006	2264.33	56.61	2320.94
2007	670.68	16.77	687.44
2008	1456.31	36.41	1492.72
2009	1337.76	33.44	1371.20
2010	2927.30	73.18	3000.48
2011	2110.57	52.76	2163.34
2012	480.34	12.01	492.34
2013	2734.48	68.36	2802.84
2014	3611.87	90.30	3702.16
2015	942.00	23.55	965.55
合计	26149.72	653.74	26803.46

3. 社会价值测算

将上述三种价值数据加总得到 1999—2015 年电力普遍服务福利价值 9203.21 万元，环境价值 4262.75 万元，三种价值合计 13693.48 万元。1999—2015 年电力普遍服务社会价值及其占比如表 8－9 所示。

表 8－9　1999—2015 年电力普遍服务社会价值及其构成

年份	社会价值（万元）	福利价值（万元）	环境价值（万元）	经济价值（万元）
1999	－6212.25	497.93	86.39	－6796.57
2000	1342.48	499.77	95.18	747.54
2001	1425.44	501.74	104.87	818.84
2002	1190.92	503.86	115.54	571.52
2003	1615.97	506.17	127.30	982.50
2004	1725.18	508.70	140.25	1076.22
2005	1844.91	511.51	154.53	1178.88
2006	－344.71	514.65	170.25	－1029.61
2007	1432.84	518.20	187.58	727.06
2008	785.65	522.28	206.67	56.70
2009	1105.76	531.33	248.40	326.02
2010	－298.45	544.35	298.56	－1141.37
2011	775.65	558.64	343.90	－126.89
2012	2923.26	577.93	396.12	1949.22

续表

年份	社会价值（万元）	福利价值（万元）	环境价值（万元）	经济价值（万元）
2013	931.24	603.36	456.27	-128.39
2014	242.63	634.74	525.56	-917.67
2015	3206.94	668.05	605.37	1933.52
合计	13693.48	9203.21	4262.75	227.52

由表8-9可知，自1999年实行农网改造一期工程以来，随着农网覆盖面扩大、供电质量提升，富民县电力普遍服务多数年份都创造了正的社会价值。其中福利价值和环境价值均随着用电量的增加呈增长趋势，经济价值与农网建设投资规划有关，未呈现明显分布规律。与社会价值相比，经济价值只占社会价值很小一部分，表明电力普遍服务有较高的社会价值。

8.3 电力普遍服务正外部性测算

1998年以前，我国农村电网通电率较低，已通电的农村电价普遍高于城市，有鉴于此国家出台了《关于改造农村电网改革农电管理实现城乡同网同价的请示》。1999—2006年富民县相继开展了“一期农网”（1999年）和“二期农网”（2002年）工程，改造户表39 636户。至2006年对城区电网进行了改造，实现了85.71%的乡镇完成农村电网改造，100%的村通电，100%的自然村通电。这表明由于农网地处偏远，架设难度高，用户分散收益低，电力公司从经济角度考虑缺乏建设积极性，通电地区也可能出现电价高于城市的情况。另一方面，“电力扶贫”又是国家推动社会公平的一向重要举措。我国农村电网的建设改造多是政府出台相关政策法规推动，电力企业则出于社会责任和义务承担相应的普遍服务责任。上述情形表明在实践中确实存在单凭电力企业自发提供存在供给不足、电价过高的问题。而全社会对于电力普遍服务的积极性高于电力企业对于经济利益的追求，这也进一步表明电力普遍服务社会价值高于电力企业经济价值的，即电力普遍服务正外部性的存在。

根据前述富民县电力普遍服务社会价值测算数据，可测得1999—2015年富民县电力普遍服务的外部效益及其中各类价值占比如表8-10所示。

表8-10　富民县1999—2015年电力普遍服务外部效益及其构成

年份	外部效益（万元）	福利价值占比	环境价值占比
1999	584.32	85.22%	14.78%
2000	594.95	84.00%	16.00%
2001	606.60	82.71%	17.29%

续表

年份	外部效益（万元）	福利价值占比	环境价值占比
2002	619.40	81.35%	18.65%
2003	633.47	79.90%	20.10%
2004	648.96	78.39%	21.61%
2005	666.04	76.80%	23.20%
2006	684.90	75.14%	24.86%
2007	705.78	73.42%	26.58%
2008	728.95	71.65%	28.35%
2009	779.74	68.14%	31.86%
2010	842.92	64.58%	35.42%
2011	902.54	61.90%	38.10%
2012	974.05	59.33%	40.67%
2013	1059.63	56.94%	43.06%
2014	1160.30	54.70%	45.30%
2015	1273.42	52.46%	47.54%
合计	13465.96	68.34%	31.66%

由表 8–10 可知富民县电力普遍服务存在显著客观的外部效益，这一效益随着电力普遍服务从解决无电人口到供电质量提升有所变化。在解决无电人口初期阶段，外部效益中福利价值占比较高，这是因为在从无电到有电的通电过程中，用户的福利感应较高引起；在供电质量提升阶段环境价值占比逐步提升，这是因为电力普遍服务的推广，农村的生活水平逐步提高，产生了相应的家用电器需求，农村的用能结构得以改善，进而产生了较高的环境效益。

8.4 网络外部性导致的社会福利漏损测度

8.4.1 社会福利漏损产生的原因

如图 8–2 所示，MC 表示边际成本，MR_p 表示边际私人净收益，MR_s 表示边际社会净收益，MR_s 高于 MR_p 的面积为正外部性。根据微观经济学的利润最大化条件，电力企业根据自身经济效益进行决策时均衡点为 E_1，此时电力普遍服务的供应量为 Q_1；当从社会价值最大化的角度进行决策时，均衡点为 E_2，电力普遍服务的最优供给为 Q_2；$Q_2 > Q_1$，电力企业的经济决策偏离了社会价值最大化的最优供给点，造成社会福利损失。根据微观经济学的剩余分析，福利净损失的面积为 AE_1E_2。

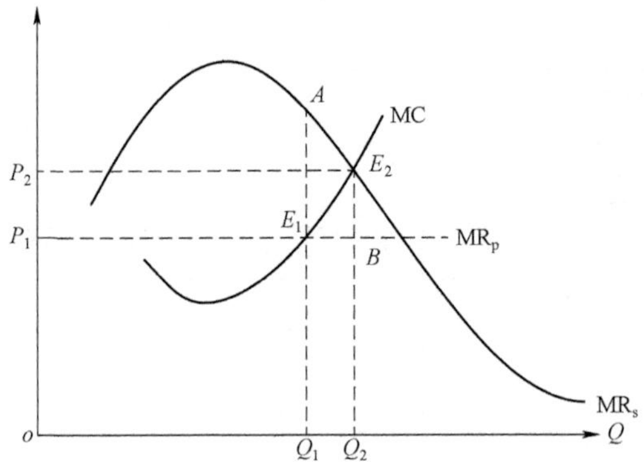

图 8－2　电网企业成本效益图

由上可知，由于电力普遍服务正外部性的存在，电力普遍服务社会价值为正，而经济价值可能较低甚至为负，造成供给的偏离进而引致福利损失。即当经济价值小于社会价值时，电力普遍服务供给偏离最优供给或者不提供电力普遍服务造成社会价值减少。

8.4.2　社会福利漏损的测度模型构建

电力普遍服务社会福利漏损测度模型见式（8－14）。

$$L=\begin{cases} V_1+V_2,V_3\leqslant 0 \\ (V_m-V_1)+(V_m-V_2),V_3>0 \end{cases}$$
$$=\begin{cases} p\left[f(Q,Q')\right]+\alpha_1 Q+\alpha_2 Q,V_3\leqslant 0 \\ p\left[f(Q,Q')\right]-p\left[f(Q_m,Q'_m)\right]+\alpha_1(Q_m-Q)+\alpha_2(Q_m,Q'),V_3>0 \end{cases} \quad (8-14)$$

式中：L 为福利漏损；V_1 为福利价值；p 为货币化函数；W 为社会福利，用满意度来表征；Q 为用电量；Q' 为用电量间接影响福利水平的相关因素；Q_m 为潜在最优电量供给；V_2 为环境价值；α_1 为林地保护的支付意愿；α_2 为改善大气污染的支付意愿。

式（8－14）表示当经济价值小于零时，电力企业不提供电力普遍服务，福利漏损为电力普遍服务环境价值与福利价值的潜在损失；当经济价值大于零时，福利漏损为假设电力企业不提供服务所造成的环境与福利价值损失。

8.4.3　社会福利漏损实证测算

目前富民县基本实现了无电人口通电，自 2007 年以来相继进行了多次农村电网改造的计划。“十三五”期间，富民县响应国家号召，主要对目前农网中存在的问题进行改造升级。剔除“十三五”规划库中的项目，2015 年新增供电能力提升项目需求 356 项，投资需求估算 23 707.41 万元（2015 年价），其中基建类新增项目 17 项，大修技改类项目新增 94 项，营销类项目 245 项。首先假设“十三五”期间不对富民县电力普遍服务进行任何补偿，对未来富民县农网经济收入与成本进行测算。

2015 年，富民县农村户月均用电量为 102.44kWh，鉴于当前富民县农村生活用电增速较快，预计“十三五”期间户月均用电增速为 10%；2015 年富民县农村售电量增速为 4.11%，较上一年度 9.54%的增速有所放缓，未来预计富民县农电售电量以较低增速进行增长。据此测得未来富民县电力普遍服务电力企业的经济价值见表 8－11。

表 8－11　“十三五”期间富民县电力普遍服务企业经济价值

年份	成本（万元）	收益（万元）	经济价值（万元）
2016	4741.48	3018.35	－1723.13
2017	4741.48	3142.55	－1598.93
2018	4741.48	3271.85	－1469.63
2019	4741.48	3406.48	－1335.00
2020	4741.48	3546.64	－1194.84
合计	23707.40	16385.87	－7321.53

经测算，富民县“十三五”期间电力普遍服务成本超过其收益，电力企业提供电力普遍服务会承担一定的损失，从企业经济性来讲，电力企业不具备投资积极性，将不进行电网改造投资。假设不进行电网改造农户用电水平不变，产生的社会价值损失见表 8－12。

表 8－12　“十三五”期间富民县电力普遍服务社会价值损失

年份	外部性漏损（万元）	年份	外部性漏损（万元）
2016	80.39	2019	273.16
2017	156.91	2020	307.06
2018	222.96	合计	1040.47

根据表 8－12 分析，如果“十三五”期间不对富民县电力普遍服务进行相应的补偿，将导致富民县产生合计 1040 万元的福利漏损。

下篇

电力普遍服务补偿机制公平–效率机理研究

国家电力监管委员会将我国电力普遍服务定义为“国家制定政策，采取措施，确保所有用户都能以合理的价格，获得可靠的、持续的基本电力服务”。电力普遍服务的内涵决定了其主旨是体现公平，然而如果仅以公平为其成立的根据，这样的公共政策是不利于社会进步的。另外，由于电力普遍服务社会福利漏损的客观必然性，就有了如何提高公共政策的效率问题，其目标就是要实现社会福利漏损最小。因此，电力普遍服务必然要涉及公平与效率关系的权衡问题。

典型的准公共物品具备排他性、消费数量非均等性等特点。传输电能的输配电网络具有准公共属性，存在“容量”问题。在容量之内电能的消费不具有竞争性，增加一个消费者不会影响现有消费者的边际成本；在超过拥挤点之后，新增消费者会使增加提供公共物品的边际成本不断上升，需要新建设施。电能的这一特性反映了电力普遍服务不能像私人物品通过市场机制来进行调节，也不能由政府直接提供。同时电力普遍服务的内涵要求其提供的服务价格为可接受的，这限制了通过消费付费解决普遍服务供给的空间，付费可能不能完全弥补电力公司的服务成本。随着厂网分开等一系列市场化改革措施的实施以及售电侧放开、输配电价改革等新一轮电力体制改革的不断推进，存在“撇脂”行为的电网企业无法继续获得原来用于补贴非盈利领域的超额利润，因此电网企业不能再以内部交叉补贴作为电力普遍服务的主要经济来源，这势必导致电网企业亏损，影响电网企业履行电力普遍服务的积极性和主动性，最终将使电力普遍服务供给困难。因此，制定电力普遍服务补偿机制是电力体制改革条件下保障电力普遍服务供给的必然选择。本篇对电力普遍服务补偿机制的公平–效率问题进行研究。首先，提出电力普遍服务补偿机制决策准则及方式；其次，对电力普遍服务成本补偿激励机制进行设计；再次，对电力普遍服务收入补偿激励机制进行设计；最后，对能够保障电力普遍服务补偿机制实施的电力普遍服务基金进行论述。

第 9 章　电力普遍服务补偿机制决策准则及方式

由公共经济学，一项公共政策必然面临公平和效率关系问题，它们从不同方面对社会福利产生影响。公平从分配方面影响社会福利，效率则从生产方面影响社会福利；二者是矛盾的统一，往往是强调了公平就会牺牲效率，而注重了效率又会损害公平。电力普遍服务是政府通过实施收入补偿、价格补偿、成本补偿及建立普遍服务基金等一系列公共政策来推进的，若使电力普遍服务这一公共政策顺利实施，需要建立良好的补偿机制，并处理好公平与效率之间的关系。本章对电力普遍服务补偿机制进行研究。首先，提出电力普遍服务补偿机制的决策准则；其次，分析电力普遍服务的几种重要的补偿方式。

9.1　电力普遍服务补偿机制的决策准则

电力普遍服务的内涵决定了其主旨是体现公平，但由于电力普遍服务社会福利漏损的客观必然性，使得电力普遍服务之一公共政策也面临着效率问题。因此，电力普遍服务必然要涉及公平与效率关系的权衡问题。公平其实是人类社会普遍追求的一种生活理想和价值目标。人类社会发展到今天，在公共事业领域确立的普遍服务原则，其立意就在于强调公平，是公平理念在现实社会经济生活中的具体体现。

电力普遍服务公平的法理在于体现公民的发展权，公民的发展权可以成为普遍服务的理论基础。在竞争环境下，由于对资源占有的初始状况不同，会使弱者恒弱，这其实是剥夺或限制了弱势群体生存发展的基本权利。要改变这种局面，构建和谐社会，就需要来自社会的救济，以使每个人都享有发展机会。平等的发展机会是比共享发展利益更为重要的诉求。依据这一法理，本书认为，政府在进行电力普遍服务补偿机制模式选择时，应把“公平基础上的效率”作为决策准则，在此基础上，确立符合实际的电力普遍服务实施机制。

从经济学意义上讲，电力普遍服务补偿机制主要是针对两类群体：一是从电能消费的角度，针对经济发展相对落后的偏远地区人群以及城镇低收入的弱势群体；二是从电能供给的角度，由于偏远地区网络基础设施建设花费大，导致电力服务成本过高而对电力企业的补偿。因此本书重点研究收入补偿和成本补偿两种机制。

9.2 电力普遍服务的补偿方式简介

电力普遍服务的补偿方式主要有成本补偿、收入补偿以及价格补偿等。

9.2.1 成本补偿

成本补偿机制通过计量成本收益，确定一定的成本标准，在企业超过标准时进行补偿。电力普遍服务的成本补偿机制包括内部补偿机制、社会性补助和外部补偿机制三类。内部补偿机制即交叉补贴形式，将盈利业务和地区的超额收入补偿到不盈利低收入地区和业务，实现收入的再分配。这一补偿方式隐含着非公平的待遇，并未体现“谁用电，谁缴费”的公平原则，目前来看，商业和工业大用户对于居民用户的补贴导致其实际支出远高于真实成本。社会性补助包括财政援助、税收优惠、低息贷款等形式。外部补偿机制即电力普遍服务基金，普遍服务基金是指政府把多方面的基金整合起来，通过招标的市场手段配置普遍服务基金。

成本补偿的难点在于：第一，由于电力企业与政府存在信息不对称，供电企业在普遍服务中的信息优势体现在了解电力系统、企业经营管理和用户需求等状况，并拥有普遍服务资源配置的决策权；第二，政府机构虽然有权制定普遍服务政策，但却无法直接观测到供电企业的具体行为，难以全面把握电力系统和用户信息，处于比较明显的信息弱势地位，这将使得政府难以制定合理的激励措施使企业提高电力普遍服务水平。

9.2.2 收入补偿

收入补偿机制是指对低收入者通过货币补贴以保障其用电的补偿方式。普遍服务的非歧视性内涵要求，无论人群的收入多少都能成为电力普遍服务的服务对象，在不得实行价格歧视的条件下，将补贴款直接提供给低收入者以减轻用电负担是简单有效的选择方式。收入补偿政策实际上是实现收入的再分配，政府对低收入用户进行补贴后能够减少收入分配上的巨大差距，增加补贴对象使用电力服务的机会。收入补偿机制不会造成交叉补贴存在的效率损失，可以部分发挥价格调节需求的作用，增加了企业提供电力普遍服务的积极性，同时收入补偿方案透明度高，有利于公众的监督。

收入补偿机制的难点在于补偿对象的确定，如何有效合理区分需要补偿的人群，大多数国家通过贫困标准来确定，但实际上在标准之外尤其是接近标准的人群费用负担可能仍然很大。其次，确定收入补偿的数额也是一个难点，补偿较低对低收入者福利增加作用不明显，太高则会造成较大的财政负担。

9.2.3 价格补偿

价格补偿按照不同的对象可以分为产品补偿、企业补偿和行业补偿，电力普遍服务的价格补偿是指政府对于电价进行补偿，这实际上是成本补偿的“暗补”形式。电价补偿有通过销售电价补贴以及设置最低用电量补贴的形式。电力普遍服务的价格补偿使服务价格不能充分反映价值，这一价格扭曲了通过价格补偿进行价值补偿的客观基础。同时由于电力普遍服务受助对象为低收入人群，对低收入群体的用电价格补偿也是一种社会福利手段。

价格补偿比较易于实施，但其在一定程度上扭曲了价格信号，损害了公平竞争的环境，同时也会增大政府的管制成本。电力普遍服务三种补偿方式的形式和弊端见表 9–1。

表 9–1　电力普遍服务的补偿方式

补偿机制	补偿形式	弊端
成本补偿	根据成本计量模型计算补偿成本； 通过拍卖招标的方法确定补贴额度	没有解决低成本地区低收入人口补偿问题
收入补偿	对低收入用户直接进行补贴	补偿对象、补偿数额难以确定
价格补偿	阶梯电价	扭曲价格损害竞争，增加管制成本

第 10 章　电力普遍服务成本补偿激励机制设计

电力普遍服务提供的成本与收益存在着一定的错位：一方面，为提供电力普遍服务而发生的电网延伸或新能源微电网建设费用由电力企业来承担，而电力普遍服务实施后所获得的效益由受助地区全体居民共同享有；另一方面，受助地区居民生活水平和发展机会受电力普遍服务实施及目标的影响和限制，但电力普遍服务的提供需要依赖于电力企业和政府的投入。电力企业为高成本地区或低收入地区居民提供电力普遍服务时，通常会产生很大的亏损。鉴于此，政府需要对电力普遍服务的提供者即电力企业提供成本补偿，以此激励电力企业按照受助对象可承受的电力价格提供电能产品。本章对电力普遍服务成本补偿机制进行研究，采用契约设计方式这种激励机制来有效解决成本补偿的低效率问题，以实物期权、委托代理等理论基础，采用动态委托代理模型来对电力普遍服务成本补偿契约进行激励机制的设计。

10.1　信息不对称条件下的利益主体成本补偿契约基本模型

在对电力普遍服务成本补偿激励机制设计时，在对电力普遍服务责任主体——电力监管机构和实施主体——电力企业（可能为电网企业、发电企业或社会资本投资且拥有配电网经营权的售电公司）各自行为进行假定的基础上，构建信息不对称条件下的电力监管机构和电力企业的成本补偿契约基准模型。

电力普遍服务实施中涉及责任主体、实施主体和受助主体等多个利益主体。在我国电力体制改革、“厂网分开”以后，电网公司成为电力普遍服务的主要实体，电网公司以企业利润最大化作为自身的经营目标，而实现全社会电力普遍服务是电力监管机构的目标，电力监管机构与电网公司的目标具有很大的不同。与此同时，电力监管机构存在着信息不对称劣势地位，其不能直接观测到电网公司的具体行为和经营成本等一些指标。因此，电力监管机构和电力普遍服务提供者实际上是一种委托人和代理人的关系，从而可知电力普遍服务问题实质上是委托–代理问题。

电力监管机构作为电力消费者的代表，委托电力企业提供电力普遍服务，并对电力企业提供电力普遍服务这一经营活动给予效益奖励，其提供效益奖励的目标是电力普遍服务社会效益最大化。电力企业作为代理人，对电力普遍服务投入的数量（即提供电力的多少）和时机具有一定的决定权，通过电力普遍服务的提供提高社会认同和价值。电力普遍服务社会效益主要由受助对象自身状况、电力企业提供电力普遍服务的努力水平和投资水平三个因素决定。电力监管机构和电力企业之间存在着隐藏信息（即电力普遍服务提供状况）和隐藏行为（电力企业提供电力普遍服务的努力水平）这种信息不对称状况。在设计电力普遍服务成本补偿激励机制时，电力普遍服务提供者即电力企业的投资收益决策是一个需要重点考虑的问题，本书运用产出不确定和投资不可逆条件下的连续时间实物期权理论对电力企业提供电力普遍服务的效率进行分析。考虑到我国电力监管机构和电力企业的性质，本书假设二者皆是风险中性的。

假设电力企业对电力普遍服务投资是不可逆的，每年的电力普遍服务投资成本（包括年金化初始投资和运维成本）为 C_t，电力企业获得的收益为

$$B_{it} = k_i R_t \tag{10-1}$$

式中：k_i 为电力普遍服务投资项目的质量参数，由受助区域状况和电力企业努力程度共同决定，其值越大，表示该投资项目的质量越高，从而获得效益越大，在信息不对称条件下，k_i 为私人信息；R_t 为提供电力普遍服务所产生的效益流。

因此，电力企业获得的净收益为

$$U_{it} = k_i R_t - C_t \tag{10-2}$$

在实际电力普遍服务提供过程中，每年产生的效益流和电力普遍服务投资成本是不同的，即具有不确定性，且随时间连续变化。

令 R_t 和 C_t 服从几何布朗运动，则存在

$$\begin{cases} \dfrac{\mathrm{d}R}{R} = \mu_R \mathrm{d}t + \sigma_R \mathrm{d}Z_R \\ \dfrac{\mathrm{d}C}{C} = \mu_C \mathrm{d}t + \sigma_C \mathrm{d}Z_C \end{cases} \tag{10-3}$$

式中：μ_R、σ_R、μ_C、σ_C 分别为投资电力普遍服务效益流的条件期望、标准差和电力普遍服务投资成本的条件期望、标准差；$\mathrm{d}t$ 为时间增量；$\mathrm{d}Z_R$、$\mathrm{d}Z_C$ 为标准维纳增量，其都服从正态分布 $N(0, \mathrm{d}t)$，且二者的相关系数为 ρ。

当在信息完全条件下，电力企业不存在信息优势，电力监管机构能够对电

力企业提供电力普遍服务的状况进行观察。假设电力普遍服务效益流 R_t 和投资成本 C_t 对于电力普遍服务效益价值函数是一次齐次性的，在 R_t 和 C_t 服从几何布朗运动条件下，可得到信息完全条件下的最优电力普遍服务效益价值函数为

$$V_i^{CE}(R,C)=\underset{t_i^{CE}}{\mathrm{Sup}}E_t\left[\int_{t_i^{CE}}^{\infty}e^{-r(k-t)}(k_iR_k-C_k)\mathrm{d}k\right]$$
$$=\begin{cases}C\beta_i^{CE}(R/C),R/C<(R/C)_i^{CE}\\ \dfrac{k_iR}{r-\mu_R}-\dfrac{C}{r-\mu_C},R/C\geqslant(R/C)_i^{CE}\end{cases}\tag{10-4}$$

式中：$(R/C)_i^{CE}$ 为信息完全条件下的最优投资成本收益比；t_i^{CE} 为投资时点，且有 $t_i^{CE}=\mathrm{Inf}\left\{t:R/C\geqslant(R/C)_i^{CE}\right\}$。

进而可得到

$$\begin{cases}\beta_i^{CE}=\left\{\dfrac{\left[(R/C)_i^{CE}\right]^{-(\alpha-1)}}{\alpha}\right\}\cdot\left[\dfrac{k_i}{r-\mu_R}\right]\\ (R/C)_i^{CE}=\left(\dfrac{\alpha}{\alpha-1}\right)\cdot\left(\dfrac{r-\mu_R}{k_i}\right)\cdot\left(\dfrac{1}{r-\mu_C}\right)\end{cases}\tag{10-5}$$

式中：$\alpha=\dfrac{(a-b)+\sqrt{(a-b)^2+4ac}}{2a}>1$，其中 $a=\dfrac{\sigma_R^2}{2}-\rho\sigma_R\sigma_C+\dfrac{\sigma_C^2}{2}$，$b=\mu_R-\mu_C$，$c=r-\mu_C$。

当 $R/C<(R/C)_i^{CE}$ 时，可以得到

$$V_i^{CE}=\frac{1}{\alpha-1}\times\frac{C}{r-\mu_C}\cdot\left[\frac{R/C}{(R/C)_i^{CE}}\right]^{\alpha}$$
$$=\left[\frac{Ck_i}{r-\mu_R}\left(\frac{R}{C}\right)_i^{CE}-\frac{C}{r-\mu_C}\right]\cdot\left[\frac{R/C}{(R/C)_i^{CE}}\right]^{\alpha}\tag{10-6}$$

在信息不对称条件下，电力普遍服务提供的质量参数属于电力企业的私有信息，在此条件下的电力监管机构和电力企业博弈可采用信息甄别模型来分析：电力监管机构在电力普遍服务实施前给出合理的激励契约，以此甄别出电力企业提供电力普遍服务时的真实信息以使电力普遍服务效益最大化。此外，电力企业除具有隐藏电力普遍服务提供信息的动机外，还可能存在隐藏提供行为的选择。因此，电力监管机构在设计成本补偿激励契约时不仅要解决电力企业的

逆向选择问题，而且还要对电力企业存在的道德风险问题进行有效地解决。

假设电力普遍服务提供具有两种质量参数 k_{H} 和 k_{L}（$k_{\mathrm{H}}>k_{\mathrm{L}}$），并且 k_{H} 和 k_{L} 的发生概率分别为 p_{H} 和 $1-p_{\mathrm{H}}$。因此，当 $R/C<(R/C)_i^{\mathrm{CE}}\ (i=\mathrm{H,L})$ 时，最优的电力普遍服务效益市场价值为

$$
\begin{aligned}
V_i^{\mathrm{CE}}=&\,p_{\mathrm{H}}\left[\frac{Ck_{\mathrm{H}}}{r-\mu_{\mathrm{R}}}\left(\frac{R}{C}\right)_{\mathrm{H}}^{\mathrm{CE}}-\frac{C}{r-\mu_{\mathrm{C}}}\right]\cdot\left[\frac{R/C}{(R/C)_{\mathrm{H}}^{\mathrm{CE}}}\right]^{\alpha}+\\
&(1-p_{\mathrm{H}})\left[\frac{Ck_{\mathrm{L}}}{r-\mu_{\mathrm{R}}}\left(\frac{R}{C}\right)_{\mathrm{L}}^{\mathrm{CE}}-\frac{C}{r-\mu_{\mathrm{C}}}\right]\cdot\left[\frac{R/C}{(R/C)_{\mathrm{L}}^{\mathrm{CE}}}\right]^{\alpha}
\end{aligned}
\tag{10-7}
$$

信息不对称条件下，电力监管机构需要对电力企业支付信息租金和代理租金对电力企业所持有的私人信息进行甄别，从而实现电力普遍服务效益最大化。在信息甄别博弈模型中，分离均衡总是占优与混合均衡的。因此，本书仅对分离均衡形式进行研究，即 k_{H} 和 k_{L} 两种类型的电力普遍服务成本补偿激励契约结构形式。

电力监管机构在时点 t_0 对电力企业提出电力普遍服务成本补偿激励契约，并承诺给予电力企业提供电力普遍服务行为绩效激励 S（包括代理租金和信息租金）。假设电力监管机构是根据电力企业的普遍服务投入 C 和生产的效益流 R 来对电力普遍服务行为绩效 $S(R/C)$ 进行决定。因此，电力监管机构将会给予电力企业两种行为绩效激励 $S_{\mathrm{H}}=S\left[(R/C)_{\mathrm{H}}\right]$ 和 $S_{\mathrm{L}}=S\left[(R/C)_{\mathrm{L}}\right]$。由显示原理可知，$k_{\mathrm{H}}$ 和 k_L 这两种电力普遍服务投资成本效益比分别为 $(R/C)_{\mathrm{H}}$ 和 $(R/C)_{\mathrm{L}}$。在信息不对称条件下，电力监管机构和电力企业的预期普遍服务效益函数分别为

$$
\begin{aligned}
V_{\mathrm{RE}}=&\,p_{\mathrm{H}}\left[\frac{Ck_{\mathrm{H}}}{r-\mu_{\mathrm{R}}}\left(\frac{R}{C}\right)_{\mathrm{H}}-\frac{C}{r-\mu_{\mathrm{C}}}-S_{\mathrm{H}}\right]\cdot\left[\frac{R/C}{(R/C)_{\mathrm{H}}}\right]^{\alpha}+\\
&(1-p_{\mathrm{H}})\left[\frac{Ck_{\mathrm{L}}}{r-\mu_{\mathrm{R}}}\left(\frac{R}{C}\right)_{\mathrm{L}}-\frac{C}{r-\mu_{\mathrm{C}}}-S_{\mathrm{L}}\right]\cdot\left[\frac{R/C}{(R/C)_{\mathrm{L}}}\right]^{\alpha}
\end{aligned}
\tag{10-8}
$$

$$
V_{\mathrm{EC}}=p_H\left[\frac{R/C}{(R/C)_H}\right]^{\alpha}S_H+(1-p_H)\left[\frac{R/C}{(R/C)_L}\right]^{\alpha}S_L
\tag{10-9}
$$

根据电力监管机构的预期普遍服务效益函数可知，电力监管机构在对普遍服务成本补偿激励契约进行设计时应考虑的契约条款主要包括 S_{H}、S_{L}、$(R/C)_{\mathrm{H}}$、$(R/C)_{\mathrm{L}}$。在满足信息甄别模型有效解决逆向选择和道德风险问题条件下，电力监管机构最大化电力普遍服务效益的最优问题可表示为

$$\max_{S_i,(R/C)_i(i=\mathrm{H,L})} V_{\mathrm{RE}}\left[S_{\mathrm{H}},S_{\mathrm{L}},(R/C)_{\mathrm{H}},(R/C)_{\mathrm{L}}\right]=$$

$$p_{\mathrm{H}}\left[\frac{Ck_{\mathrm{H}}}{r-\mu_{\mathrm{R}}}\left(\frac{R}{C}\right)_{\mathrm{H}}-\frac{C}{r-\mu_{\mathrm{C}}}-S_{\mathrm{H}}\right]\cdot\left[\frac{R/C}{(R/C)_{\mathrm{H}}}\right]^{\alpha}+ \tag{10-10}$$

$$(1-p_{\mathrm{H}})\left[\frac{Ck_{\mathrm{L}}}{r-\mu_{\mathrm{R}}}\left(\frac{R}{C}\right)_{\mathrm{L}}-\frac{C}{r-\mu_{\mathrm{C}}}-S_{\mathrm{L}}\right]\cdot\left[\frac{R/C}{(R/C)_{\mathrm{L}}}\right]^{\alpha}$$

10.2 电力普遍服务成本补偿最优激励契约设计

电力监管机构和电力企业之间的信息不对称包括隐藏信息和隐藏行为。在设计电力普遍服务成本补偿最优激励契约时，本书采用层级递进的方法，即依次设计隐藏信息条件下、隐藏行为条件下和同时隐藏信息及隐藏行为条件下的电力普遍服务成本补偿最优激励契约。

在隐藏信息条件下，电力监管机构和电力企业的信息不对称问题仅涉及电力普遍服务提供的质量参数。因此，电力监管机构设计成本补偿激励契约的目标是甄别电力企业关于提供电力普遍服务的质量参数信息，从而避免电力企业的逆向选择问题。电力企业提供电力普遍服务的质量参数包括 k_{H} 和 k_{L} 两种类型，因此，对应的电力普遍服务成本补偿契约激励相容约束条件也为两个，即

$$\left[\frac{R/C}{(R/C)_{\mathrm{H}}}\right]^{\alpha}S_{\mathrm{H}}\geqslant\left[S_{\mathrm{L}}+\frac{C(k_{\mathrm{H}}-k_{\mathrm{L}})}{r-\mu_{\mathrm{R}}}\left(\frac{R}{C}\right)_{\mathrm{L}}\right]\cdot\left[\frac{R/C}{(R/C)_{\mathrm{L}}}\right]^{\alpha} \tag{10-11}$$

$$\left[\frac{R/C}{(R/C)_{\mathrm{L}}}\right]^{\alpha}S_{\mathrm{L}}\geqslant\left[S_{\mathrm{H}}+\frac{C(k_{\mathrm{H}}-k_{\mathrm{L}})}{r-\mu_{\mathrm{R}}}\left(\frac{R}{C}\right)_{\mathrm{H}}\right]\cdot\left[\frac{R/C}{(R/C)_{\mathrm{H}}}\right]^{\alpha} \tag{10-12}$$

激励相容约束条件式（10－11）的等号左边表示电力企业对质量参数为 k_{H} 的电力普遍服务提供在成本效益比为 $(R/C)_{\mathrm{H}}$ 处进行普遍服务的供给投资，并且真实向电力监管机构报告普遍服务提供质量参数为 k_{H} 时，将得到较高的绩效奖励 S_{H}；等号右边的含义是电力企业对质量参数为 k_{H} 的普遍服务供给在成本效益比为 $(R/C)_{\mathrm{L}}$ 处进行投资决策，并向电力监管机构报告普遍服务提供质量参数为 k_{L} 时，虽然电力企业得到的行为绩效奖励仅为 S_{L}，但却可得到错误报告的额外收益，即 $\frac{C(k_{\mathrm{H}}-k_{\mathrm{L}})}{r-\mu_{\mathrm{R}}}\left(\frac{R}{C}\right)_{\mathrm{L}}$，这个额外收益即为质量参数为 k_{H} 和 k_{L} 这两种电力普遍服务供给产生的价值差。电力企业会向电力监管机构错误报告电力普遍服务

供给质量的原因主要在于：其一，可能是电力监管机构对k_{H}和k_{L}这两种类型普遍服务供给的行为绩效奖励差别不大，但提供这两种普遍服务产生的社会效益却存在很大的差别，从而导致电力企业没有足够的激励显示自己的真实信息；其二，可能是电力企业不在意电力监管机构的绩效激励政策，而更关心自己的经营行为，通过错报能够获得更好的补贴和优惠政策。由上述分析可知，式（10－11）等号左边不低于右边保证了电力企业向电力监管机构报告电力普遍服务供给的质量信息，电力监管机构能够甄别出质量参数为k_{H}的电力普遍服务供给项目。

激励相容约束条件式（10－12）的等号左边表示电力企业对质量参数为k_{L}的电力普遍服务供给在成本效益比为$(R/C)_{\mathrm{L}}$处进行普遍服务的供给投资，并且真实向电力监管机构报告普遍服务供给质量参数为k_{L}时，将得到较低的绩效奖励S_{L}；等号右边的含义是电力企业对质量参数为k_{L}的普遍服务供给在成本效益比为$(R/C)_{\mathrm{H}}$处进行投资决策，并向电力监管机构报告普遍服务供给质量参数为k_{H}时，虽然电力企业可以得到较高的绩效奖励S_{H}，但必须支付错误报告的额外成本，即$\dfrac{C(k_{\mathrm{H}}-k_{\mathrm{L}})}{r-\mu_{\mathrm{R}}}\left(\dfrac{R}{C}\right)_{\mathrm{H}}$，这个额外成本即为质量参数为$k_{\mathrm{H}}$和$k_{\mathrm{L}}$这两种电力普遍服务供给产生的价值差。针对电力企业会向电力监管机构错误报告电力普遍服务供给质量的原因主要在于：其一，可能是电力监管机构对k_{H}和k_{L}这两种类型普遍服务提供的行为绩效奖励差别非常大，但提供这两种普遍服务产生的社会效益差别却很小，从而导致电力企业没有足够的激励显示自己的真实信息；其二，可能是电力企业非常在意电力监管机构的绩效激励政策，从而想获得更多的绩效激励。由上述分析可知，式（10－12）等号左边不低于右边保证了电力企业向电力监管机构真实报告电力普遍服务供给的质量信息，电力监管机构能够甄别出质量参数为k_L的电力普遍服务供给项目。

由式（10－11）和式（10－12）可知，无论电力企业提供的电力普遍服务质量参数为k_{H}还是k_{L}，电力企业向电力监管机构真实报告自己的信息都要好于隐藏自己信息的情况。与此同时，电力监管机构提供的激励契约存在两个有限责任的约束：$S_{\mathrm{H}}\geqslant 0, S_{\mathrm{L}}\geqslant 0$，这样才能保证电力企业有积极性接受电力监管机构的激励契约。

由式（10－11）和$S_{\mathrm{L}}\geqslant 0$可以得出$S_{\mathrm{H}}>0$。因此，电力监管机构的最优问题［见式（10－10）］，可以仅考虑三个约束条件，即式（10－11）、式（10－12）和$S_{\mathrm{L}}\geqslant 0$。令三个约束条件的拉格朗日乘子为$\lambda_j\geqslant 0(j=1,2,3)$。根据库恩－塔克条件，通过构建拉格朗日函数，可求得电力监管机构对电力企业提供电力普

遍服务成本补偿契约最优的四个激励约束条件分别为

$$\begin{cases}\left(\dfrac{R}{C}\right)_{\mathrm{H}}^{*}=\left(\dfrac{\alpha}{\alpha-1}\right)\cdot\left(\dfrac{r-\mu_{\mathrm{R}}}{k_{\mathrm{H}}}\right)\cdot\left(\dfrac{1}{r-\mu_{\mathrm{C}}}\right)=\left(\dfrac{R}{C}\right)_{\mathrm{H}}^{\mathrm{EC}}\\ \left(\dfrac{R}{C}\right)_{\mathrm{L}}^{*}=\left(\dfrac{\alpha}{\alpha-1}\right)\cdot\dfrac{r-\mu_{\mathrm{R}}}{k_{\mathrm{L}}-p_{\mathrm{H}}\left(k_{\mathrm{H}}-k_{\mathrm{L}}\right)/\left(1-p_{\mathrm{H}}\right)}\cdot\left(\dfrac{1}{r-\mu_{\mathrm{C}}}\right)>\left(\dfrac{R}{C}\right)_{\mathrm{L}}^{\mathrm{EC}}\\ S_{\mathrm{H}}^{*}=\left[\dfrac{\left(\dfrac{R}{C}\right)_{\mathrm{H}}^{*}}{\left(\dfrac{R}{C}\right)_{\mathrm{L}}^{*}}\right]^{\alpha}\cdot\dfrac{C\left(k_{\mathrm{H}}-k_{\mathrm{L}}\right)}{r-\mu_{\mathrm{R}}}\cdot\left(\dfrac{R}{C}\right)_{\mathrm{L}}>0,S_{\mathrm{L}}^{*}=0\\ \lambda_1=1,\lambda_2=0,\lambda_3=\dfrac{1}{p_{\mathrm{H}}}\left[\dfrac{R/C}{\left(R/C\right)_{\mathrm{L}}}\right]^{\alpha}>0\end{cases}\qquad(10-13)$$

根据互补松弛条件，当$\lambda_3>0$时，必然存在$S_{\mathrm{L}}^{*}=0$，这是因为电力监管机构在双方中处于强势地位，在有效解决因电力企业隐藏信息导致的逆向选择问题后，仍然可以实现$S_{\mathrm{L}}^{*}=\min\left(S_{\mathrm{L}}\right)=0$，也即进行电力普遍服务质量类型为$k_{\mathrm{L}}$的电力企业得不到绩效激励。$\lambda_1=1$表明激励约束条件式（10－11）为紧约束，该式等号左边恒等于右边。$\lambda_2=0$表明电力监管机构处于强势地位，但为保证电力普遍服务质量类型为k_{L}的电力企业接受不存在绩效奖励的激励契约，则必须使该电力企业真实显示自己信息的激励相容约束条件为松约束。因此，电力监管机构在付出正的绩效激励$S_{\mathrm{H}}^{*}\left(S_{\mathrm{H}}^{*}>0\right)$后，可以激励质量类型为$k_{\mathrm{H}}$的电力普遍服务提供者——电力企业显示自己的真实信息，从而可以有效解决该电力企业的逆向选择问题。

针对隐藏行为这种信息不对称条件，电力监管机构和电力企业的信息不对称行为仅为电力企业提供电力普遍服务的努力程度问题，因此，电力监管机构成本补偿激励契约设计的目标是有效激励电力企业努力进行电力普遍服务的有效供给，避免电力企业的道德风险问题。

假设电力企业提供电力普遍服务时的努力水平存在e_{H}和e_{L}两种，其中$e_{\mathrm{H}}>e_{\mathrm{L}}$。由于努力提供电力普遍服务而产生的成本分别为$h\left(e_{\mathrm{H}}\right)$和$h\left(e_{\mathrm{L}}\right)$，假设该成本函数具有如下性质

$$\begin{cases}h\left(e_{\mathrm{H}}\right)>h\left(e_{\mathrm{L}}\right)\geqslant 0\\ h'>0\\ h''>0\end{cases}\qquad(10-14)$$

令电力企业提供电力普遍服务时的努力水平为e_{H}时，电力普遍服务供给的

质量参数的类型为k_H的概率为p_H；当电力企业的努力水平为e_L时，电力普遍服务供给的质量参数的类型为k_H的概率为p_L（$p_H > p_L$）。因此，为有效解决电力企业因隐藏行为导致的道德风险问题的激励相容条件为

$$\begin{aligned}&p_H\left[\frac{R/C}{(R/C)_H}\right]^{\alpha} S_H+(1-p_H)\left[\frac{R/C}{(R/C)_L}\right]^{\alpha} S_L-h(e_H)\geqslant\\&p_L\left[\frac{R/C}{(R/C)_H}\right]^{\alpha} S_H+(1-p_L)\left[\frac{R/C}{(R/C)_L}\right]^{\alpha} S_L-h(e_L)\end{aligned}\quad(10-15)$$

即

$$\left[\frac{R/C}{(R/C)_H}\right]^{\alpha} S_H-\left[\frac{R/C}{(R/C)_L}\right]^{\alpha} S_L\geqslant\frac{h(e_H)-h(e_L)}{p_H-p_L}=\frac{\Delta h}{\Delta p}\quad(10-16)$$

式中：Δh为电力企业很努力和不努力提供电力普遍服务时的成本之差；Δp为电力企业很努力和不努力提供电力普遍服务不同类型的概率差；$\frac{\Delta h}{\Delta p}$为努力的成本收益比。

式（10－16）保证了电力企业很努力提供电力普遍服务的效益优于不努力提供电力普遍服务的效益。

保证电力企业很努力提供电力普遍服务的约束条件为

$$p_H\left[\frac{R/C}{(R/C)_H}\right]^{\alpha} S_H+(1-p_H)\left[\frac{R/C}{(R/C)_L}\right]^{\alpha} S_L-\Delta h\geqslant 0\quad(10-17)$$

约束条件式（10－17）为松约束，即理性电力企业会参与并努力提供电力普遍服务。

根据式（10－16）和式（10－17），可得

$$\begin{aligned}&\left[\frac{R/C}{(R/C)_H}\right]^{\alpha} S_H+\frac{(1-p_H)}{p_H}\left[\frac{R/C}{(R/C)_L}\right]^{\alpha} S_L-\frac{\Delta h}{p_H}\geqslant\\&\frac{\Delta h}{\Delta p}+\frac{1}{p_H}\left[\frac{R/C}{(R/C)_L}\right]^{\alpha} S_L-\frac{\Delta h}{p_H}>0\end{aligned}\quad(10-18)$$

在隐藏行为的信息不对称条件下，电力监管机构对电力普遍服务预期效益最大化的约束条件为式（10－17）和有限责任约束$S_L\geqslant 0$，令这两个约束条件的

拉格朗日乘子为$\lambda_j \geqslant 0(j=1,2)$。运用库恩－塔克条件，构建拉格朗日函数，可计算得出电力监管机构成本补偿契约最优化的四个激励约束条件为

$$\begin{cases}\left(\dfrac{R}{C}\right)_{\mathrm{H}}^{*}=\left(\dfrac{\alpha}{\alpha-1}\right)\cdot\left(\dfrac{r-\mu_{\mathrm{R}}}{k_{\mathrm{H}}}\right)\cdot\left(\dfrac{1}{r-\mu_{\mathrm{C}}}\right)=\left(\dfrac{R}{C}\right)_{\mathrm{H}}^{\mathrm{EC}} \\ \left(\dfrac{R}{C}\right)_{\mathrm{L}}^{*}=\left(\dfrac{\alpha}{\alpha-1}\right)\cdot\dfrac{r-\mu_{\mathrm{R}}}{k_{\mathrm{L}}}\cdot\left(\dfrac{1}{r-\mu_{\mathrm{C}}}\right)=\left(\dfrac{R}{C}\right)_{\mathrm{L}}^{\mathrm{EC}} \\ S_{\mathrm{H}}^{*}=\left[\dfrac{\left(\dfrac{R}{C}\right)_{\mathrm{H}}^{*}}{\left(\dfrac{R}{C}\right)_{\mathrm{L}}^{*}}\right]^{\alpha}\cdot\dfrac{\Delta h}{\Delta p}>0, S_{\mathrm{L}}^{*}=0 \\ \lambda_1=1,\lambda_2=\dfrac{1}{p_{\mathrm{H}}}\left[\dfrac{R/C}{(R/C)_{\mathrm{L}}}\right]^{\alpha}>0\end{cases} \quad (10-19)$$

根据互补松弛条件，由$\lambda_1=1$可知，式（10－16）为紧约束，从而可以得到式（10－19）中的第三个表达式中的第一个等式。由$\lambda_2>0$可知，有限责任约束条件$S_{\mathrm{L}} \geqslant 0$也为紧约束，即存在$S_{\mathrm{L}}^{*}=0$。由式（10－19）中第一个表达式和第二个表达式可知，隐藏行为这种信息不对称条件下，电力企业提供电力普遍服务的最优成本收益比与完全信息条件下的最优成本收益比相同，而与电力企业提供的电力普遍服务提供类型无关。这也表明，当电力监管机构对进行质量参数为k_{H}的电力普遍服务提供的电力企业给予严格正的绩效奖励$S_{\mathrm{H}}^{*}\left(S_{\mathrm{H}}^{*}>0\right)$时，能够有效解决电力企业的道德风险问题。

在同时存在隐藏信息和隐藏行为的信息不对称条件下，电力监管机构在设计成本补偿最优激励机制时，需要同时考虑隐藏信息和隐藏行为这两种信息不对称条件下的激励约束条件。因此，电力监管机构对电力普遍服务预期效益最大化目标函数的约束条件为式（10－11）、式（10－12）、式（10－16）和有限责任约束$S_{\mathrm{L}} \geqslant 0$。令这四个约束条件的拉格朗日乘子为$\lambda_j \geqslant 0(j=1,2,3,4)$，通过库恩－塔克条件构建由目标函数和约束条件组成的拉格朗日函数，可得出电力监管机构提供电力普遍服务成本补偿契约最优化的四个激励约束条件为

$$\begin{cases}\left(\dfrac{R}{C}\right)_{\mathrm{H}}^{*}=\left(\dfrac{\alpha}{\alpha-1}\right)\cdot\left(\dfrac{r-\mu_{\mathrm{R}}}{k_{\mathrm{H}}}\right)\cdot\left(\dfrac{1}{r-\mu_{\mathrm{C}}}\right)=\left(\dfrac{R}{C}\right)_{\mathrm{H}}^{\mathrm{EC}} \\ \left(\dfrac{R}{C}\right)_{\mathrm{L}}^{*}=\left(\dfrac{\alpha}{\alpha-1}\right)\cdot\dfrac{r-\mu_{\mathrm{R}}}{k_{\mathrm{L}}-p_{\mathrm{H}}\left(k_{\mathrm{H}}-k_{\mathrm{L}}\right)/\left(1-p_{\mathrm{H}}\right)}\cdot\left(\dfrac{1}{r-\mu_{\mathrm{C}}}\right)>\left(\dfrac{R}{C}\right)_{\mathrm{L}}^{\mathrm{EC}}\end{cases} \quad (10-20a)$$

$$\begin{cases} S_H^* = \left[\dfrac{\left(\dfrac{R}{C}\right)_H^*}{\left(\dfrac{R}{C}\right)_L^*}\right]^\alpha \cdot \dfrac{C(k_H - k_L)}{r - \mu_R} \cdot \left(\dfrac{R}{C}\right)_L^* = \left[\dfrac{\left(\dfrac{R}{C}\right)_H^*}{\dfrac{R}{C}}\right]^\alpha \cdot \dfrac{\Delta h}{\Delta p} > 0, S_L^* = 0 \\ \lambda_1 + \lambda_3 = 1, 0 < \lambda_1 < 1, 0 < \lambda_3 < 1, \lambda_2 = 0, \lambda_4 = \dfrac{1}{p_H}\left[\dfrac{R/C}{(R/C)_L}\right]^\alpha > 0 \end{cases} \quad (10-20b)$$

由式（10－20）中第一个等式和第二个表达式可知，在既隐藏信息又隐藏行为的信息不对称条件下，电力企业对 k_H 类型的电力普遍服务提供的投资成本收益比与完全信息条件下的最优投资成本收益比相同，对 k_L 类型的电力普遍服务提供的投资成本收益比大于完全信息条件下的最优投资成本收益比。这表明，在此类信息不完全条件下，电力企业提供 k_H 类型的电力普遍服务的投资效率和时点与完全信息条件下是相同的，而提供 k_L 类型的电力普遍服务的投资效率和时点与完全信息条件下是不同的，逆向选择和道德风险问题共同使得提供 k_L 类型的电力普遍服务的电力企业延迟了对电力普遍服务的有效供给。

10.3 电力普遍服务成本补偿最优激励契约性质分析

对于只包含隐藏信息这种信息不对称条件下，电力企业对 k_L 类型的电力普遍服务供给的投资成本收益比大于完全信息条件下的最优投资成本收益比，不对称信息使电力企业对提供 k_L 类型的电力普遍服务要求有更高的投资效率。根据式（10－11）、式（10－16）和 $S_L^* = 0$ 可得

$$\begin{cases} S_{HG}^* = \left[\dfrac{\left(\dfrac{R}{C}\right)_H^*}{\left(\dfrac{R}{C}\right)_{LG}^*}\right]^\alpha \cdot \dfrac{C(k_H - k_L)}{r - \mu_R} \cdot \left(\dfrac{R}{C}\right)_{LG} \\ \left(\dfrac{\Delta h}{\Delta p}\right)_G < \left[\dfrac{\dfrac{R}{C}}{\left(\dfrac{R}{C}\right)_H}\right]^\alpha \cdot S_{HG}^* = \left[\dfrac{\left(\dfrac{R}{C}\right)}{\left(\dfrac{R}{C}\right)_{LG}}\right]^\alpha \cdot \dfrac{C(k_H - k_L)}{r - \mu_R} \cdot \left(\dfrac{R}{C}\right)_{LG} \end{cases} \quad (10-21)$$

式中：S_{HG}^* 为电力监管机构在仅存在逆向选择时向其报告电力普遍服务质量参数为 k_H 的电力企业提供的绩效奖励；$\left(\dfrac{\Delta h}{\Delta p}\right)_G$ 为在逆向选择情况下电力企业努力的

成本收益比；$\left(\dfrac{R}{C}\right)_{\mathrm{LG}}$ 为在逆向选择情况下质量参数为 k_{L} 的电力普遍服务投资的最优成本效益比。

当信息不对称状况为隐藏行为时，令 k_{L} 类型电力普遍服务供给的最优成本收益比为$\left(\dfrac{R}{C}\right)_{\mathrm{LP}}$，则由式（4－19）可得

$$\left(\frac{R}{C}\right)_{\mathrm{LP}}=\left(\frac{\alpha}{\alpha-1}\right)\cdot\left(\frac{r-\mu_{\mathrm{R}}}{k_{\mathrm{L}}}\right)\cdot\left(\frac{1}{r-\mu_{\mathrm{C}}}\right)=\left(\frac{R}{C}\right)_{\mathrm{L}}^{\mathrm{EC}} \tag{10-22}$$

由式（10－22）可知，在隐藏信息条件下，电力企业对 k_{L} 类型电力普遍服务投资的最优成本效益比与完全信息条件下的最优成本效益比相同，具有相同的投资效率，但电力监管机构为此付出了严格为正的绩效奖励（即代理租金）。进一步，由式（10－11）、式（10－16）和 $S_{\mathrm{L}}^{*}=0$ 可得

$$\begin{cases} S_{\mathrm{HP}}^{*}=\left[\dfrac{\left(\dfrac{R}{C}\right)_{\mathrm{H}}^{\mathrm{EC}}}{\left(\dfrac{R}{C}\right)}\right]^{\alpha}\cdot\dfrac{\Delta h}{\Delta p} \\ \left[\dfrac{\left(\dfrac{R}{C}\right)}{\left(\dfrac{R}{C}\right)_{\mathrm{L}}^{\mathrm{EC}}}\right]^{\alpha}\cdot\dfrac{C\left(k_{\mathrm{H}}-k_{\mathrm{L}}\right)}{r-\mu_{\mathrm{R}}}\cdot\left(\dfrac{R}{C}\right)_{\mathrm{L}}^{\mathrm{EC}}<\left(\dfrac{\Delta h}{\Delta p}\right)_{\mathrm{P}} \\ <\left[\dfrac{\left(\dfrac{R}{C}\right)}{\left(\dfrac{R}{C}\right)_{\mathrm{H}}^{\mathrm{EC}}}\right]^{\alpha}\cdot\dfrac{C\left(k_{\mathrm{H}}-k_{\mathrm{L}}\right)}{r-\mu_{\mathrm{R}}}\cdot\left(\dfrac{R}{C}\right)_{\mathrm{H}}^{\mathrm{EC}} \end{cases} \tag{10-23}$$

式中：S_{HP}^{*} 为电力监管机构在仅存在道德风险时对向其报告电力普遍服务质量参数为 k_{H} 的电力企业提供的绩效奖励；$\left(\dfrac{\Delta h}{\Delta p}\right)_{\mathrm{P}}$ 为存在道德风险条件下的电力企业努力成本效益比。

在电力企业既隐藏信息又隐藏行为的信息不对称条件下，对于质量参数为 k_{L} 的电力普遍服务，电力企业的最优投资成本收益比大于完全信息条件下的最优投资成本收益，即不对称信息条件下使电力企业对提供 k_{L} 类型的电力普遍服务要求有更高的投资效率。

令k_{L}类型的电力普遍服务投资的最优成本收益比为$\left(\frac{R}{C}\right)_{\mathrm{LA}}$，由式（10–13）和式（10–20）可得

$$\left(\frac{R}{C}\right)_{\mathrm{LA}}<\left(\frac{R}{C}\right)_{\mathrm{LG}} \tag{10-24}$$

由式（10–24）可以看出，既隐藏信息又隐藏行为的信息不对称条件下的最优投资成本效益比小于仅隐藏信息条件下的最优投资成本效益比。在此信息不完全条件下，由紧约束条件式（10–11）、式（10–16）和$S_{\mathrm{L}}^{*}=0$可得

$$\begin{cases} S_{\mathrm{HA}}^{*}=\left[\dfrac{\left(\frac{R}{C}\right)_{\mathrm{H}}^{\mathrm{EC}}}{\left(\frac{R}{C}\right)_{\mathrm{LA}}}\right]^{\alpha}\cdot\dfrac{C\left(k_{\mathrm{H}}-k_{\mathrm{L}}\right)}{r-\mu_{\mathrm{R}}}\cdot\left(\dfrac{R}{C}\right)_{\mathrm{LA}}=\left[\dfrac{\left(\frac{R}{C}\right)_{\mathrm{H}}^{\mathrm{EC}}}{\left(\frac{R}{C}\right)}\right]^{\alpha}\cdot\dfrac{\Delta h}{\Delta p} \\ \left[\dfrac{\left(\frac{R}{C}\right)}{\left(\frac{R}{C}\right)_{\mathrm{LG}}}\right]^{\alpha}\cdot\dfrac{C\left(k_{\mathrm{H}}-k_{\mathrm{L}}\right)}{r-\mu_{\mathrm{R}}}\cdot\left(\dfrac{R}{C}\right)_{\mathrm{LG}}<\left(\dfrac{\Delta h}{\Delta p}\right)_{\mathrm{A}} \\ <\left[\dfrac{\left(\frac{R}{C}\right)}{\left(\frac{R}{C}\right)_{\mathrm{L}}^{\mathrm{EC}}}\right]^{\alpha}\cdot\dfrac{C\left(k_{\mathrm{H}}-k_{\mathrm{L}}\right)}{r-\mu_{\mathrm{R}}}\cdot\left(\dfrac{R}{C}\right)_{\mathrm{L}}^{\mathrm{EC}} \end{cases} \tag{10-25}$$

式中：S_{HA}^{*}为电力监管机构在同时存在逆向选择和道德风险时对向其报告电力普遍服务质量参数为k_{H}的电力企业提供的绩效奖励；$\left(\frac{\Delta h}{\Delta p}\right)_{\mathrm{A}}$为在此信息不对称条件下电力企业努力的成本收益比。

综上分析，可以得到

$$\left(\frac{R}{C}\right)_{\mathrm{L}}^{\mathrm{CE}}=\left(\frac{R}{C}\right)_{\mathrm{LP}}^{\mathrm{CE}}<\left(\frac{R}{C}\right)_{\mathrm{LA}}^{\mathrm{CE}}<\left(\frac{R}{C}\right)_{\mathrm{LG}}^{\mathrm{CE}} \tag{10-26}$$

在信息不对称条件下，对于电力企业对质量参数为k_{L}的电力普遍服务的投资成本效益比来说，仅存在隐藏信息时，其值最大；同时存在隐藏信息和隐藏行为时，其值居中；仅存在隐藏行为时，其值最小。这表明，在不对称信息条件下，对拥有质量参数为k_{L}的电力普遍服务私有信息的电力企业来说，仅存在隐藏信息时，电力企业对电力普遍服务提供的效率最低；既存在隐藏信息又存在隐藏行为时，电力企业电力普遍服务提供的效率比仅存在隐藏信息条件下的

要高，而比仅存在隐藏行为条件下的要低；仅存在隐藏行为时，电力企业对电力普遍服务提供的效率最高。

由式（10－21）、式（10－23）、式（10－25）可得

$$\left(\frac{\Delta h}{\Delta p}\right)_{\mathrm{A}} < \left(\frac{\Delta h}{\Delta p}\right)_{\mathrm{P}} \tag{10-27}$$

努力的成本效益比 $\Delta h / \Delta p$ 也可以表示电力监管机构和电力企业之间关于委托代理的代理成本。因此，当隐藏信息时，代理成本是最低的；当同时存在隐藏信息和隐藏行为时，代理成本处于中间地位；而当仅存在隐藏行为时，代理成本是最高的。

由式（10－21）、式（10－23）、式（10－25）可知

$$S_{\mathrm{HG}}^{*} < S_{\mathrm{HP}}^{*} = S_{\mathrm{HA}}^{*} \tag{10-28}$$

式中：S_{HG}^{*} 为电力监管机构对电力普遍服务质量参数为 k_{H} 的电力企业显示真实信息的绩效奖励，也可以理解为信息租金；$S_{\mathrm{HP}}^{*} = S_{\mathrm{HA}}^{*}$ 代表电力监管机构对电力普遍服务质量参数为 k_{H} 的电力企业提供的显示真实信息并努力工作的绩效奖励，其也可以表示为信息租金和代理成本之和。

式（10－28）表明，在隐藏信息条件下，电力监管机构对向其报告进行电力普遍服务为 k_{H} 的电力企业提供的绩效奖励是最小的，而在其他信息不对称条件下，电力监管机构对电力企业提供的绩效奖励相等并大于隐藏信息不对称条件下的绩效奖励。

令 $\Delta R = S_{\mathrm{HP}}^{*} - S_{\mathrm{HG}}^{*}$，则有

$$\Delta R = \frac{C\left(k_{\mathrm{H}} - k_{\mathrm{L}}\right)}{r - \mu_{\mathrm{R}}} \cdot \left\{\left[\frac{(R/C)_{\mathrm{H}}^{\mathrm{EC}}}{(R/C)_{\mathrm{LA}}}\right]^{\alpha} \cdot \left(\frac{R}{C}\right)_{\mathrm{LA}} - \left[\frac{(R/C)_{\mathrm{H}}^{\mathrm{EC}}}{(R/C)_{\mathrm{LG}}}\right]^{\alpha} \cdot \left(\frac{R}{C}\right)_{\mathrm{LG}}\right\} > 0 \tag{10-29}$$

式中：ΔR 为在同时存在隐藏信息和隐藏行为条件下，电力监管机构为保证拥有质量参数为 k_{H} 的电力普遍服务私有信息的电力企业努力工作而付出的代理租金，若 $k_{\mathrm{H}} - k_{\mathrm{L}}$ 越大，电力监管机构支付的代理租金就越大。

从上述分析可知，当存在隐藏行为时，电力监管机构为让电力企业既显示真实信息又努力工作，需要在最优激励契约中给出既包括代理成本又包括信息租金的绩效奖励，其中，代理成本的目标是保证电力企业努力工作，而信息租金是为了保证电力企业显示真实信息。

第 11 章　电力普遍服务收入补偿激励机制设计

收入补偿机制是指对低收入者进行货币补贴以保证其用电的补偿方式。普遍服务的非歧视性内涵要求无论人群的收入多少都能成为电力普遍服务的服务对象，在不得实行价格歧视的条件下，将补贴款直接提供给低收入者以减轻用电负担。收入补偿机制不会造成交叉补贴那样的效率损失，可以部分发挥价格调节需求的作用，增加企业提供电力普遍服务的积极性。收入补偿方案透明度高有利于公众监督。收入补偿机制的难点在于补偿对象和补偿数额的确定。电力普遍服务收入补偿其实是作用于受助个体的，因此可用目标电量作为标准。本章对电力普遍服务收入补偿机制进行研究，以目标电量为标准，结合受助个体家庭实际收入水平，将其实际消费电量与目标电量对应的电价水平之差设定为补偿依据，从而弥补福利漏损，以满足公平法理和效率判定标准。

11.1　电力普遍服务收入补偿机制模型构建

我国现阶段电力普遍服务的范围是那些“用不上”电的人口和“用不起”电的贫困人口，包括城镇的低收入者和农村的贫困人口。电力属于生活必需品，所有居民都会有最基本的电能需求，但是由于各省各城市经济发展水平的不同，导致各地区居民最基本的电能需求也有很大的区别，从而需要制定相应的收入补偿的执行标准。

11.1.1　影响居民电能消费的因素

影响居民电能消费的因素比较多，基本上可以分为直接因素和间接因素两类。间接因素因时间、地点而异，范围非常广泛，且都要通过直接因素发生影响，例如替代能源因素，通过影响居民对电能的需求这一直接因素，最终影响居民的电能消费。相比之下，直接因素易于概括，且承载了间接因素的影响。在不失普遍性的前提下，这里主要讨论以下三种影响居民电能消费的直接因素。

（1）需求因素。需求因素的本质是人们要通过一定电器设备的工作，来满足自身生理、心理的需要。如通过使用电炊具来满足饮食的需要，使用空调机来满足舒适的需要，使用电视机来满足娱乐、资讯等的需要。由于需求因素产生于人的本能，它必然是人们消费电能最根本的动因。如果对需求因素进行细化，还可以分为基本的电能需求，如照明用电；较高级的电能需求，如影视娱乐用电等。人们对电能需求的满足，一般是遵循从基本到较高级的顺序。但基本需求与较高级需求没有绝对的标准，如在一般情况下使用电能调节室温是较高级的需求，但在天气特别酷热时使用电能降温也可能成为基本的需求。

（2）经济因素。经济因素主要包括电价和居民收入两个方面。一般来说，受国家政策和变动成本的影响，电价在一定范围内具有相对稳定性；而居民收入具有极大的个体差异，且可变性很强，是影响电能消费较活跃的因素。需要说明的是，经济因素既是一种影响消费的直接因素，也可以通过影响需求，而间接影响电能消费。例如，居民收入的增加可能导致家用电器设备的增加，而产生新的电能需求。

（3）服务因素。服务因素也可以称为质量因素，指居民能否获得供电服务及服务的水平。服务因素既包括有形的物品，如电能、供电设备、计量设备等，也包括提供体力、脑力劳动意义的服务，如用电咨询、故障处理等。服务对居民电能消费的影响，虽不如前面两种因素迅捷、显著，但由于其可控性较强，已越来越受到供电企业的重视。

11.1.2 电能消费主导因素分析

虽然居民电能消费存在着多种影响因素，但在一定的条件下，并不是所有因素都同等重要地产生影响，而是由一种或几种因素起主导作用。根据起主导作用因素的多少，主导的形式可以分为以下两类。

1. 单因素主导

当三种因素中只有一种因素对居民电能消费起制约作用的时候，则该因素成为居民电能消费的主导因素。

（1）需求因素主导。需求因素主导比较常见于收入较高、供电有保证的消费群体。由于电费在其支出中只占很小比例，他们完全根据自己的需要使用电能，即电能消费随其需求的变化而变化。需求主导的电能消费虽然有很大变动空间，但仍然是有上限的。因为在一定的条件下，人们的需求能够得到相对满足，此时消费的增长也趋于停滞。

（2）经济因素主导。经济因素主导常见于供电有保证，但收入较低的消费群体。他们虽然有大量的消费需求，但迫于经济原因不能得到充分满足。当收入增加的时候，他们的电能消费也会有所增长；反之，则电能消费也会下降。

（3）服务因素主导。服务因素主导主要存在于一些比较特殊的情况下。例如，农村电网改造前的一些农村，因为电能质量低，农民家中的很多电器无法使用，在电网改造实施后，这些地方的电能消费就会出现上升趋势。又如，由于电力紧缺，供电企业在夏季高峰时段对一些地方拉闸限电，也会使电能消费受到控制。

2. 多因素主导

在现实中，更多的情况是多因素（两种或两种以上的因素）共同主导居民电能消费。下面就比较典型的三种情况加以说明。

（1）需求—经济因素主导。这是最普遍存在的一种主导形式。普通人群在消费电能的时候，既要照顾自己的需求，也要考虑其经济承受能力。随着这两种因素的变化，他们总能动态地确定自己认为合理的电能消费量，例如，在需求比较强烈的时候，他们可能会调整自己的支出结构，增加电能的消费；而在一般情况下，他们可能坚持能省则省、基本够用的消费原则。

（2）经济—服务因素主导。在其他能源替代能力较强的情况下，人们对于电能的消费不仅要考虑经济因素，而且要考察服务因素。例如，人们从电和天然气中选择一种作为做饭的能源时，不仅要比较两种能源的消费支出，而且要比较两种能源供应的可靠性。

（3）需求—经济—服务因素主导。有时候，人们在电能消费中对需求、经济、服务三种因素都要考虑到。例如，购买空调对功率的选择，一般要考虑房间的面积（需求），可能发生的电费支出（经济），以及电力线路能否承载空调负荷，电能质量能否保证空调正常运转（服务）等。

11.1.3 电能消费与电价关系构建

由于电力普遍服务受助对象主要为偏远地区，因此本部分以云南省农村为例分析影响电力普遍服务受助对象电能消费量的因素。表 11－1 给出了云南省2003—2015 年农村人口人均年生活用电量（kWh/人・年）、居民电价（元/千 kWh）和农村居民人均可支配收入（元）的相关数据，为了能够在模型中体现出弹性的概念，将上述三个变量分别取自然对数。运用 Eviews8.0 软件对电力普遍服务受助对象用电量的影响因素进行分析。

表 11-1　　2003—2015 年云南省相关数据

年份	农村人均生活用电量 C		居民用电价格 P		农村居民人均可支配收入 I	
	原数据	取对数	原数据	取对数	原数据	取对数
2003	38.04	3.638 6	329.2	5.796 7	1687.2	7.430 8
2004	41.23	3.719 2	344.5	5.842 1	1906.8	7.553 2
2005	46.68	3.843 3	360.4	5.887 2	2041.8	7.621 6
2006	83.42	4.423 8	376.2	5.930 1	2250.5	7.718 9
2007	93.99	4.543 2	392	5.971 3	2643.09	7.879 7
2008	116.66	4.759 3	437.5	6.081 1	3102.6	8.040 0
2009	155.82	5.048 7	465	6.142 0	3369	8.122 4
2010	151.34	5.019 6	465	6.142 0	3952	8.282 0
2011	194.85	5.272 3	465	6.142 0	4722	8.460 0
2012	209.80	5.346 1	483	6.180 0	5417	8.597 3
2013	256.93	5.548 8	450	6.109 2	6141	8.722 7
2014	311.20	5.740 4	450	6.109 2	7456.1	8.916 8
2015	358.51	5.882 0	450	6.109 2	8242.1	9.017 0

数据来源：2004—2016 年《云南省统计年鉴》，国家发改委价格司网站

本部分实证分析基于时间序列回归理论。首先，需要对时间序列的平稳性进行检验，防止出现伪回归问题。其次，根据平稳性检验结果，确定变量长期均衡关系的估计方法。如果所有序列均为平稳序列，则直接采用最小二乘估计即可得到变量间的长期相关关系。如果序列不平稳，但为同阶单整序列，则通过协整检验判断序列间是否存在协整关系，进而确定序列间的长期均衡关系。如果序列不平稳且不是同阶单整，通过差分的方式构造同阶单整序列，之后再进行协整检验。

1. 序列平稳性检验

一个时间序列，如果其均值、方差没有系统的变化（无趋势），且严格消除了周期性变化，就称之是平稳的。如果一个时间序列是非平稳的，但其一阶差分序列是平稳的，称该序列为一阶单整序列，记为 I（1）。同理，一个非平稳时间序列经过 d 阶差分之后平稳，称该时间序列为 d 阶单整序列，记为 I（d）。平稳时间序列是时间序列分析中最重要的特殊类型，时间序列分析基本上是以平稳时间序列为基础的。对于一组非平稳时间序列，采用传统的计量经济学方法构造出来的变量间的回归模型，可能拟合优度、显著性水平等指标都很好，但是残差序列有可能是一个非平稳序列，使得这种回归关系不能够真实的反映因

变量和解释变量之间存在的均衡关系，而仅仅是一种数字上的巧合。因此，进行时间序列分析之前，需要检验时间序列的平稳性。

检验时间序列平稳性即为单位根检验，常见的检验方法有 ADF 检验，ERS 检验，PP 检验，KPSS 检验等。本部分采用 ADF 和 PP 检验两种方法检验变量间的平稳性，结果如表 11-2 所示，三个变量的原序列都是非平稳的，但其一阶差分序列都是平稳的，因此三个序列都是 I（1）的，即三个序列同阶单整，表明变量间可能存在反映其长期均衡的协整关系。

表 11-2　变量平稳性检验结果

变量	ADF			PP		
	统计量	p 值	结论	统计量	p 值	结论
LnC	-2.012 461	0.537 1	不平稳	-1.966 518	0.560 3	不平稳
ΔLnC	-4.473 753	0.006 6	平稳	-4.473 753	0.006 6	平稳
LnP	-0.410 473	0.971 2	不平稳	-0.313 943	0.976 9	不平稳
ΔLnP	-1.969 383	0.050 8	平稳	-1.911 352	0.056 7	平稳
LnI	-3.326 345	0.119 9	不平稳	-3.136 197	0.142 5	不平稳
ΔLnI	-3.305 614	0.043 5	平稳	-3.114 895	0.055 0	平稳

2. 协整检验及估计

同阶单整的非平稳时间序列，其线性组合有可能是平稳的，这一平稳的线性组合反映了变量间的长期均衡关系，即协整关系。根据单位根检验结果，农村人均电力消费、居民电价和农村人均可支配收入三个变量为同阶单整变量，因此需要进一步判断变量间是否存在协整关系。

常见的协整关系检验方法有两种：E-G 协整检验和 Johansen 协整检验。一般来说，前者主要用于两个变量间协整关系的检验，后者用于三个及以上变量间协整关系的检验。因此，本部分采用 Johansen 协整检验方法判断变量间是否存在协整关系。

Johansen 协整检验依赖于回归函数，其基本思想是将寻找最大似然函数问题转化为寻找 VAR 模型的最大特征值及对应的特征向量的问题。Johansen 协整检验包含两个统计量：迹统计量（Trace）和最大特征根统计量（Max-Eigen）。本部分实证分析的三个变量构成的 VAR 模型的最后滞后阶数为 2，相应地，协整检验的滞后阶数为 1，根据 SIC 准则，数据生成过程为第二种，检验结果如表 11-3 所示，表明变量间存在一个协整关系。

表 11－3　　Johansen 协整检验结果

协整关系个数	特征值	迹检验		最大特征根检验	
		统计量	p 值	统计量	p 值
没有	0.989 361	74.112 88	0.000 0	49.975 14	0.000 0
至少一个	0.796 472	24.137 74	0.013 9	17.511 45	0.027 6
至少两个	0.452 499	6.626 29	0.147 6	6.626 29	0.147 6

根据 Eviews8.0 软件计算结果，反映变量间长期均衡关系的标准化协整方程可以写为

$$\ln C = 0.476\ln P + 1.410\ln I - 8.374\,399 \qquad (11-1)$$

$$T\text{：}\quad 4.56 \qquad 37.82 \qquad 25.13$$

$$P\text{：}\quad 0.000\,7 \qquad 0.000\,0 \qquad 0.000\,0$$

根据协整方程，在云南农村地区，人均可支配收入和电价显著地影响人均生活用电量。具体而言，居民电价每增加 1%，人均生活用电量增加 0.492%；农村人均可支配收入每增加 1%，人均生活用电量增加 1.41%。因此，云南省农村地区人均生活用电需求的价格弹性为 0.476，收入弹性为 1.410。

需要注意的是，对于云南农村地区，电力消费的需求价格弹性大于 0，即电力需求随着电价的上涨而增加，这是典型的吉芬物品的特征。但是，电力需求的收入弹性大于 0，说明电力并不是低档品。根据西方经济学理论，吉芬品一定是低档品，因此，云南农村地区居民生活电力不是吉芬品。根据云南农村地区实际情况以及电力普遍服务原理，云南农村地区电力需求价格弹性大于 0 的原因主要在于：一方面，电力是一种基本的生活必需品，其需求量具有一定的价格刚性；另一方面，对于云南农村地区，原本由于农村地区网架结构限制而无法使用电力的农村人口，在实施电力普遍服务之后实现了正常用电。在电力价格不断增加的条件下，农村地区大量的基本生活用电需求（即刚性用电需求）随着电力普遍服务的实施而得到满足，用电量也随之增加。因此，云南农村地区生活用电量的需求价格弹性大于 0 的主要原因是电力普遍服务释放了刚性需求。

11.1.4　收入补偿机制模型

电力普遍服务收入补偿机制执行标准的确定思路为：在明确电力需求量与电力价格关系的基础上，计算在满足电力普遍服务社会福利最大化的目标电量之下，电力普遍服务受助对象所能接受的最高电价，将这一电价与当前销售电价进行对比，销售电价高出最高可接受电价的部分即为电力普遍服务收入补偿标准。

根据上述思路，确定电力普遍服务收入补偿机制执行标准的关键在于确定

电力普遍服务受助对象所能接受的最高电价。结合上一节电能消费影响因素实证分析结果，这一电价可以通过电力普遍服务受助对象的收入和用电量来确定。本书中，电力普遍服务受助对象的用电量设定为使电力普遍服务社会福利最大化的目标电量。由于电力普遍服务受助对象主要是偏远地区低收入群体，因此电力普遍服务受助对象的收入水平设定为当地政府向低收入群体提供的最低生活保障标准。表 11－4 给出了我国各省市现行最低生活保障发放标准。由表 11－4 可看出，不同地区的经济发展水平不同，低保发放标准相差较大。

表 11－4　　我国各省市现行最低生活保障发放标准　　单位：元/人·月

地区	城市低保标准	农村低保标准	调整日期
北京	710	710	2015 年 7 月 1 日
上海	790	790	2015 年 4 月 1 日
南京	700	700	2015 年 7 月 1 日
重庆	365～385	215～225	2014 年 10 月 1 日
天津	705	540	2015 年 4 月 1 日
太原	453～505	288～505	2015 年 1 月 1 日
杭州	660	660	2014 年 12 月 1 日
石家庄	500	2700 元/年	2013 年 12 月
呼和浩特	515～565	3644 元/年	2015 年 1 月 1 日
武汉	580	320	2015 年 1 月 1 日
长沙	450	450	2015 年 7 月 1 日
广州	600	560～600	2014 年 1 月 1 日
南宁	250	103	2014 年 1 月 1 日
海口	450	360	2013 年 7 月 1 日
成都	400～500	400～500	2014 年 11 月 1 日
贵阳	425～530	200～530	2015 年 1 月 1 日
昆明	475～530	215～295	2015 年 4 月 1 日
拉萨	640	2450 元/年	2015 年
西安	480～510	255～265	2014 年 10 月
兰州	387～515	2453 元/年	2015 年 5 月 30 日前
西宁	373	2345 元/年	2015 年 1 月 1 日
银川	380	2400 元/年	2015 年
乌鲁木齐	380	195	2015 年
沈阳	505～580	355～395	2015 年 7 月 1 日
长春	350～435	2650～2700 元/年	2014 年 10 月 1 日
哈尔滨	510	3000 元/年	2014 年 10 月 1 日
合肥	510	510	2015 年 1 月 1 日
福州	最低工资标准的 36%～42%	不低于 2300 元/年	—

续表

地区	城市低保标准	农村低保标准	调整日期
南昌	450～480	280	2015 年 1 月 1 日
济南	500～550	300	2015 年 4 月 1 日
郑州	520	290	2015 年 7 月 1 日

资料来源：民政部网站 http：//www.mca.gov.cn/

农村低保制度已在全国 31 个省、自治区、直辖市 2663 个涉农县（市、区、旗）全面实施。截至 2016 年底，全国农村低保对象 2635.3 万户、4586.5 万人，全年各级财政共支出农村低保资金 1014.5 亿元。2016 年全国农村低保平均标准 3744.0 元/人·年，比上年增长 17.8%。截至 2016 年底，全国农村特困人员救助供养 496.9 万人，比上年减少 3.9%。全年各级财政共支出农村特困人员救助供养资金 228.9 亿元，比上年增长 9.0%。针对云南地区，截至 2016 年年底，云南农村低保人数为 4 229 418 人，低保户数 2 514 310 户，农村特困人员 173 528 人，表 11－5 给出了云南省各地区现行农村低保标准数据。

表 11－5　　云南省各地区现行农村低保标准　　单位：元/人·年

州（市）	县（市、区）	农村低保标准	州（市）	县（市、区）	农村低保标准	州（市）	县（市、区）	农村低保标准
昆明市	五华区	6720	曲靖市	麒麟区	3220	保山市	隆阳区	3280
	盘龙区	6720		开发区	3220		施甸县	3280
	官渡区	6720		沾益区	3220		腾冲市	3280
	西山区	6720		马龙县	3220		龙陵县	3280
	呈贡区	6720		富源县	3220		昌宁县	3280
	安宁市	6720		罗平县	3250	昭通市	昭阳区	3175
	晋宁区	3840		师宗县	3250		鲁甸县	3180
	宜良县	3840		陆良县	3220		巧家县	3180
	石林县	3840		会泽县	3220		盐津县	3240
	富民县	3840		宣威市	3220		大关县	3175
	嵩明县	3840	玉溪市	红塔区	3420		永善县	3175
	东川区	3540		江川区	3420		绥江县	3175
	禄劝县	3540		澄江县	3420		镇雄县	3180
	寻甸县	3540		通海县	3420		彝良县	3180
	经开区	6720		华宁县	3420		威信县	3252
	高新区	6720		易门县	3420		水富县	3250
	度假区	6720		峨山县	3420	版纳州	景洪市	3300
	阳宗海	3840		新平县	3420		勐海县	3300
	倘甸两区	3540		元江县	3420		勐腊县	3300

续表

州（市）	县(市、区)	农村低保标准	州（市）	县(市、区)	农村低保标准	州（市）	县(市、区)	农村低保标准
大理州	大理市	3252	丽江市	古城区	3410	临沧市	临翔区	3300
	漾濞县	3252		玉龙县	3410		凤庆县	3300
	祥云县	3252		永胜县	3250		云县	3300
	宾川县	3252		华坪县	3410		永德县	3300
	弥渡县	3252		宁蒗县	3180		镇康县	3300
	南涧县	3180	普洱市	思茅区	3252		双江县	3300
	巍山县	3252		宁洱县	3252		耿马县	3300
	永平县	3252		墨江县	3252		沧源县	3300
	云龙县	3180		景东县	3252	红河州	个旧市	3180
	洱源县	3252		景谷县	3252		开远市	3180
	剑川县	3180		镇沅县	3252		蒙自市	3180
	鹤庆县	3252		江城县	3252		建水县	3180
楚雄州	楚雄市	3175		孟连县	3252		石屏县	3250
	双柏县	3175		澜沧县	3252		弥勒市	3180
	牟定县	3250		西盟县	3252		泸西县	3250
	南华县	3175	文山州	文山市	3250		屏边县	3180
	姚安县	3250		砚山县	3175		河口县	3180
	大姚县	3175		西畴县	3175		金平县	3180
	永仁县	3175		麻栗坡	3175		元阳县	3180
	元谋县	3175		马关县	3175		红河县	3180
	武定县	3175		丘北县	3250		绿春县	3180
	禄丰县	3175		广南县	3175	德宏州	芒　市	3180
怒江州	泸水市	3175		富宁县	3175		梁河县	3180
	福贡县	3175	迪庆州	香格里拉	3175		盈江县	3180
	贡山县	3175		维西县	3175		陇川县	3180
	兰坪县	3175		德钦县	3175		瑞丽市	3180

资料来源：云南省民政厅网站 http：//www.ynmz.gov.cn。

根据 11.1.3 得出的模型 $\ln C = 0.476\ln P + 1.410\ln I - 8.374\,399$，在已知农村居民年人均可支配收入 I 以及年人均生活用电量 C 的情况下，就可以计算各个收入水平下，居民的需求电价。针对电力普遍服务受助对象来说，在已知受助对象收入水平的情况下，结合用电量的数据，就可以计算出我国电力普遍服务受助对象所能承受的最高电价，具体计算过程如下

$$P' = \exp\left(\frac{\ln C - 1.410\ln I + 8.374\,399}{0.476}\right) \qquad (11-2)$$

$$S = P - P' \tag{11-3}$$

式中：I 为电力普遍服务受助对象的人均年可支配收入，由于电力普遍服务受助对象多为偏远地区农村低收入群体，可用当地政府对农村低收入居民的人均生活保障支出代表电力普遍服务受助对象的可支配收入；C 为电力普遍服务受助对象的最低生活用电需求，由此计算出的电价就为电力普遍服务受助对象在现有的收入水平下所能接受的最高电价 P'，将此电价与执行的销售电价 P 做对比，就可求出政府应对电力普遍服务受助对象每度电的补贴额 S。

由此，政府在比较电力普遍服务受助对象的最高接受电价和现行电价的基础上计算出差价，在目标电量的基础上计算出每个电力普遍服务受助对象需要的补贴额，从而对其进行收入补偿。

11.2 电力普遍服务收入补偿机制实证分析

运用云南省富民县农村低收入人口的相关数据进行实证分析，由 $\ln C = 0.476\ln P + 1.410\ln I - 8.374\,399$，根据电力普遍服务社会福利优化结果，社会福利最大化条件下云南省富民县农村低收入家庭每月每户用电量为 123.6kWh（即目标电量），云南省富民县每户家庭平均人数为 4 人。根据云南省民政厅公布的数据，富民县 2015 年实行的农村最低生活保障标准为每人每年 3840 元。根据上述数据，可得

$$P' = \exp\left(\frac{\ln(123.6\times 12 \div 4) - 1.410\ln 3840 + 8.374\,399}{0.476}\right) = 263 \text{（元/MWh）} \tag{11-4}$$

云南省 2015 年执行的销售电价为 0.45 元/kWh，由计算出的结果可以看出，云南省富民县农村贫困人口在满足基本需要的前提条件下都不能负担得起如此高的电价，所以需要政府对其进行相应的补贴，补贴额计算如下

$$S = (0.45 - 0.263) = 0.187 \text{（元/kWh）} \tag{11-5}$$

第 12 章　电力普遍服务补偿机制实施保障：电力普遍服务基金

自国家实施“电力扶贫共富工程”和农网建设、改造、升级工程以来，国家电网公司和南方电网公司通过采取各项措施和投入大量资金，提升了我国电力普遍服务的水平，为广大偏远落后地区居民提供了电力。当前，电网企业是电力普遍服务的主要实施者，其为偏远落后地区提供基本电力服务所产生的政策性亏损，主要通过不同区域间及不同用户间的电价交叉补贴形式予以弥补。然而，随着新一轮电力市场化改革的推进，输配电价改革、售电环节培育多元市场主体等核心改革内容将无法使电网企业继续获得原来用于补贴非盈利领域的超额利润，这将使原有的通过电价交叉补贴内部解决电力普遍服务亏损这一机制失效，导致电网企业亏损，影响电网企业履行电力普遍服务的积极性和主动性。与此同时，通过工商业高电价、居民农业低电价的交叉补贴机制解决电力普遍服务问题，已对工商业用户造成了较大的负担，影响了其在国际贸易和市场中的竞争力，制约了我国部分地区工商业发展和经济振兴。因此，在我国当前经济社会发展和电力市场化改革的背景下，电力普遍服务的有效性受到严峻考验，面临较大的资金缺口。当前，美国等国家已建立电信、电力普遍服务基金机制，我国也已在电信领域建立了普遍服务基金机制。国内外普遍服务实践的成功经验都表明普遍服务基金机制是最有效率的。因此，我国政府亟需构建新的电力普遍服务补偿机制，在电力领域建立普遍服务基金机制。本章对电力普遍服务基金进行研究，主要分析其内涵、使用路径和监管体系。

12.1　电力普遍服务基金的内涵

普遍服务基金是政府参与国民收入分配和再分配的一种形式，主要用于满足社会准公共需要，有“强制性、非补偿性”特点，其目的主要是支持某项特定产业或事业发展。普遍服务基金审批权集中在中央，其收入也纳入财政预算或预算外资金财政专户管理，但一般实行专款专用。

基金制是实现普遍服务的发展趋势，其优点表现在：

第一，经实践证明效果较好，是世界各国政府对公共行业的通行做法。各国电信方面的实践证明，普遍服务基金是各种法案中效果最好、负作用较少的选择。在打破垄断、市场开放、引入竞争以后，传统的交叉补贴难以为继，普遍服务基金逐渐成为实现电力普遍服务的主流方案，特别是像我国这样地域辽阔，存在巨大城乡差别和高成本地区的国家更是如此。

第二，具有透明度高、公平公正的特征。普遍服务基金由政府管理，基金运作独立于任何电力企业，基金的收缴、补贴制度将由专门的法律法规确定，管理制度公开，方法公开，来源流向公开，运行效果按年度公布。与其他方案相比更易于监督，符合技术中立、市场中立的原则。

第三，资金来源稳定，规模容易控制。面向电力企业的基金收缴方案（根据企业销售收入的一定比例提取）和面向电力用户的基金收缴方案（电价加价的电力附加费），只要企业不停止运作以及用户不停止用电，就能保证基金的按时供给，且基金规模随企业和用户的发展而增长。

第四，促进企业竞争。基金的分配采用招投标的方式，承诺履行同样普遍服务任务前提下，要价最小的电力企业可获得资金支持以开展业务的权力。与政府强制执行方案相比，普遍服务基金可以提供平等竞争的机会，并促进企业在竞争中努力降低成本。

第五，灵活性强，效率高。在基金的运用上，各国的实践证明，那种针对性强、补贴金额相对较小的项目最易取得明显效果和示范作用。基金由专门机构掌握投向和运作方式，专管部门可以做到掌管全局，力图以效益最大化为原则立项并确定补贴额，可以保证资金运用的高效率。

第六，具有可操作性。实现普遍服务是电力企业应尽的义务，缴纳普遍服务费比增值税或其他名目的收费更易为企业所接受和理解，引起的震荡较小。况且，责任与权力、利益相对应，履行普遍服务义务的企业并不是净付出，而是可以获得提高企业声誉，抢先进入市场，了解需求方信息，减少规划成本等好处。

12.2 电力普遍服务基金的使用路径

如何确定电力普遍服务基金的具体使用路径，是发展普遍服务基金机制的重要问题。不同的使用路径具有不同的特点，基金管理者需要结合我国国情以及各区域特定的情况选择效用最大化的方式进行最优决策。

12.2.1 直接拨款和贷款

普遍服务管理者可以通过直接拨款或贷款确定基金的使用路径，为电力普遍服务项目分配资助额，但是由于其在政治上的敏感性以及国家财政的负荷程度等给管理者自身也带来了极大的负担。此外，管理者通过这种方式使用普遍服务基金还必须预先制定出明确清晰并且受公众认同的规则。当然，如果所需要资助的项目较少，使用直接拨款或贷款发展普遍服务仍然是有效的方式之一。

12.2.2 向电力企业分配基金

普遍服务管理者可以向任何有能力实施普遍服务的电力企业分配基金。在这之前，管理者同样也需要制定出明确清晰的、可预知的、竞争中立的分配原则。一般来说，管理者在决定向某个电力企业分配资金时需要考虑诸多因素，包括所服务区域中无电人口、低收入居民或偏远落后地区用户数，配电网建设改造情况等。从全球发展分析，越来越多的国家采用预期成本方式估算对实施普遍服务的电力企业的补偿额。

12.2.3 补贴低收入用户

我国电力普遍服务还需要直接向终端用户提供普遍服务基金补贴，具体来说主要是针对我国城镇中的低收入居民和农村中的贫困人口。首先，由普遍服务管理者决定哪些居民应该受到补贴；其次，管理者决定补贴的额度和提供补贴的方法，如采取年终电价补贴或者采用生命线电价的方式。无论是采用直接补贴或者间接补贴的方法，都必须制定有效而且透明的分配机制。

12.2.4 竞标和拍卖

一些发达国家，如美国、法国、澳大利亚等普遍服务管理者通过公开竞标分配普遍服务，最终获得补贴的是那些满足所设定条件的电力企业，如它对即将实施的普遍服务项目所要求的资助量最低，或者电价较低等。这种方式简单、透明、公平，通过普遍服务的拍卖，使得电力普遍服务工作在成本最小化、效用最大化的环境中顺利地进行。但它同时也要求，普遍服务管理者若要准确的选出优先发展项目，就必须不断地向政府、其他中介机构、私人组织等咨询征求意见。

政府主管部门首先批准全国及各地区电力发展规划，发布项目招标书、投资限额、预期上网电价、基本外部条件、项目主要技术经济指标等内容，并向公众公布，公开向全社会招标，并进行公证的评标，按照项目投资人所需要的资金额进行补贴。

12.3 电力普遍服务基金的监管体系

在电力市场环境下，应该由国家电网公司和南方电网公司负责电力普遍服务的实施；基金的资金来源和投资支付由四大国有银行或者政策性银行负责；财政部负责资金使用的审批和发放授权；能源局负责全面监督，对国家电网公司和南方电网公司的电力社会普遍服务基金使用计划、年度财务决算及工程财务决算进行审核监督，切实保障专款专用，透明使用，最终实现电力普遍服务的目标。

12.3.1 电力普遍服务基金监管机构

关于基金的运作模式主要有四种形式：第一种是由政府相关部门成立一个普遍服务基金委员会负责电力普遍服务基金的运作；第二种是成立一个独立的委员会来管理；第三种是委托供电企业进行管理；第四种是成立一个混合的委员会，例如由政府相关部门、供电企业等多方成立的一个委员会进行管理。具体采用哪种监管模式需要结合我国的国情，表 12－1 给出了各种管理模式的优缺点比较。

通过表 12－1 分析可以得出，我国的基金模式应该选择由能源局成立普遍服务委员会来负责电力普遍服务基金的运作，其应该是一个垂直设置，分级管理的普遍服务管理机构。国家应该通过立法保障普遍服务委员会的监管权，同时也应该立法保障供电企业的专营权，只有这样才能在一个公开透明的环境下保证电力普遍服务的实现。

表 12－1　电力社会普遍服务基金管理模式比较

管理模式	优点	缺点
政府相关部门管理	职责清晰、目的明确； 熟悉电力普遍服务的相关政策法规； 运作、监管合二为一，更加利于普遍服务目标的达成； 容易协调各个供电企业，使在全国各个角落都可以落实普遍服务的政策	监管和运作是同一单位，内部审计难度加大
供电企业代管	供电企业积极性高； 十分了解各个地区普遍服务的情况，利于普遍服务的实施	信息不对称，不利于审计，监管难度加大
第三方	立场中立，比较公正； 可以专业化运作	由于单独成立，还需要分支机构，管理成本大幅上升
混合委员会	利于各方的协调； 资金使用比较透明，利于监管	如果委员会内部协调不好会造成各方冲突，不利于工作的开展

12.3.2 普遍服务基金监管原则

普遍服务基金管理的主要原则是基金的使用能够确保电力普遍服务的实现。因此，首先要明确基金的管理机构和监督机构；其次要对基金的使用进行合理的规划和独立的预算及预算控制，即电力监管机构在资金利用上必须有可持续发展的打算；三是要确保基金的保值、增值，明确基金的投资渠道，采取多元化投资的渠道实现基金的保值、增值；四是监管实施普遍服务的电力企业对资金的使用。要达到监管的长期有效，就必须定期核实，及时回防，严格考核，有长远的计划和措施，对领取普遍服务基金而不实施普遍服务的电力企业给与取消资格，并收回基金。

关于基金的使用应该注意遵守以下几个原则：

一是透明使用原则。无论电力普遍服务采用哪种渠道筹集资金，普遍服务基金征收和分配的所有程序、规定、文件和相关信息都应做到公开透明。电力普遍服务基金的管理机构应及时地向社会公布电力普遍服务基金的使用用途及数额，定期接受审计部门的审计。

二是非歧视原则。征收和分配普遍服务基金不能歧视或倾向于某些设施、地域、用户类型、所用技术以及用于传送电力的网络。

三是竞争中立原则。普遍服务机制不能偏向于任何电力服务提供者，也不能非公正的对待某项技术。

四是专款专用原则。电力普遍服务基金是为全社会实现电力普遍服务而设立的，因此应将其用于一切推动电力普遍服务工作开展的活动中。对于其他以任何目的调用电力普遍服务基金的行为都应予以抵制。

五是公平合理的原则。电力普遍服务基金征收不能对用户消费预算或者电力企业预算施加不适当的负担。普遍服务机制的运作成本应当是合理的。一般来说，要体现可承担性，在制定征收比例时就必须要考虑特定区域的用户数量、人均收入以及原始电力服务提供情况。

12.3.3 普遍服务基金监管框架

普遍服务基金管理框架从性质上来讲，电力普遍服务基金属于政府性基金，应纳入国家财政预算，严格收支两条线管理。普遍服务基金的形式来源于西方国家，在基金管理方面可以借鉴西方国家的管理体制和监管体制。西方国家普遍服务基金的监管是一个多层次的体系，主要包括两个层次：一是基金主管机关的行政监管，即最高层次的刚性监管，主要负责基金机构的设立审批和日常监管；二是基金机构的内部监控机制，分配基金管理人的内控和投资人的监管，也即基金监管最为基础的层次。

（1）政府监管。政府对电力普遍服务基金的监管主要包括基金管理机构设立的监管和基金使用和运作的监管。各国的电力管理部门是代表政府对基金实施监管的机构，如美国的联邦能源管理委员会等，他们主要依据有关的法律法规、公司章程、基金契约等对基金的募集、分配使用、投资运作等相关业务进行合规性监管，对违法行为有权责令纠正、处罚等。

（2）内部自控和投资人监督。由于普遍服务基金这个巨大的公共资产涉及基金管理人、基金使用者、基金筹集者之间的利益管理，诸多关系错综复杂，不乏冲突之处，因此必须建立有效的内部控制基金，形成权力、运作和监督的“三权分立”而又“三权结合”的管理体制，监管内容主要包括三个方面：人力资源管理控制情况，投资和交易风险控制情况以及关联交易控制情况，这样才能真正实现普遍服务的目标。

上缴电力普遍服务基金的主体对基金投资运作的监督工作，除了需要在组织结构设置专职人员岗位和技术系统设备配备等方面健全监督手段之外，在日常监督内容、方法和操作程序上有如下主要特点：

第一，基金使用运作独立性监督。根据有关法规规定，基金管理人应严格执行基金管理人和托管人相互独立的规定。

第二，基金发放行为合法合规的监督。基金发放是否遵守了相关法规对使用范围、投入比例和投入限制等方面的规定。

第三，合法合规管理基金资产并使资产安全完整的监督。包括基金管理人运作指令的合法合规，复核和确认基金净值，复核和确认基金费用支出范围和金额，复核和确认基金信息披露内容和事项，复核和确认基金终止清算等。

参 考 文 献

[1] Zhao H.，Guo S.，Fu L. Review on the costs and benefits of renewable energy power subsidy in China [J]. Renewable and Sustainable Energy Reviews，2014，37：538－549.

[2] Nussbaumer，P.，Bazilian，M.，& Modi，V. Measuring energy poverty：Focusing on what matters [J]. Renewable and Sustainable Energy Reviews，2012，16（1）：231－243.

[3] Romero JC，Linares P，López X. The policy implications of energy poverty indicators [J]. Energy policy，2018，115：98－108.

[4] Mueller M. Universal service in telephone history：A reconstruction. Telecommunications Policy [J]，1993，17（5）：352－369.

[5] 苏苗罕. 能源普遍服务的法理与制度研究 [J]. 法治研究，2007，1（10）：13－18.

[6] 马芸，赵会茹. 基于国际经验的中国电力普遍服务实施机制的研究 [J]. 工业技术经济，2005，24（7）：83－86.

[7] 叶泽，吴永飞，李成仁，尤培培. 我国电力普遍服务电价制度设计与实施建议——兼析国外普遍服务电价政策的做法 [J]. 价格理论与实践，2017，37（09）：20－25.

[8] Oğuz F. Universal service in Turkey：Recent developments and a critical assessment [J]. Telecommunications Policy，2013，37（1）：13－23.

[9] 欧阳葵，王国成. 社会福利函数与收入不平等的度量——一个罗尔斯主义视角 [J]. 经济研究，2014，49（2）：87－100.

[10] 廖华，唐鑫，魏一鸣. 能源贫困研究现状与展望 [J] . 中国软科学，2015，30（8）：58－71.

[11] Global Energy Assessment：Toward a Sustainable Future [M]. Cambridge University Press，2012.

[12] 唐鑫，廖华，魏一鸣，等. 国际组织应对能源贫困的方案与行动 [J]. 中国能源，2014，36（4）：30－34.

[13] Bunn D，Koc V，Sapio A. Resource externalities and the persistence of heterogeneous pricing behavior in an energy commodity market [J]. Energy Economics，2015，48：265－275.

[14] 罗国亮，职菲. 国外能源贫困文献综述 [J]. 华北电力大学学报：社会科学版，2012，5（4）：12－16.

[15] Sovacool B.K. The political economy of energy poverty：A review of key challenges [J]. Energy for Sustainable Development，2012，16（3）：272－282.

［16］ Groh S. The role of energy in development processes—The energy poverty penalty：Case study of Arequipa （Peru） ［J］. Energy for Sustainable Development，2014（18）：83－99.

［17］ Herrero S. T.，Bouzarovski S. Energy Transitions and Regional Inequalities in Energy Poverty Trends：Exploring the EU Energy Divide ［R］. USAEE Working Paper，2014.

［18］ 李慷，刘春锋，魏一鸣. 中国能源贫困问题现状分析 ［J］. 中国能源，2011，33 （8）：31－35.

［19］ 杨涛，郑勇维. 西藏那曲地区牧民能源贫困研究［J］. 中国藏学，2015，28（1）：127－133.

［20］ 姚建平. 中国农村能源贫困现状与问题分析 ［J］. 华北电力大学学报（社会科学版），2013，19 （3）：7－15.

［21］ 王卓宇. 能源贫困与联合国发展目标 ［J］. 现代国际关系，2015，35 （11）：52－59.

［22］ González-Eguino M. Energy poverty：An overview［J］. Renewable and Sustainable Energy Reviews，2015，47：377－385.

［23］ Miller C.A.，Altamirano-Allende C.，Johnson N.，Agyemang M. The social value of mid-scale energy in Africa：redefining value and redesigning energy to reduce poverty ［J］. Energy Research & Social Science，2015，5：67－69.

［24］ Sher F.，Abbas A.，Awan R.U. An investigation of multidimensional energy poverty in Pakistan：A province level analysis ［J］. International Journal of Energy Economics and Policy，2014，4 （1）：65.

［25］ Frank Adusah-Poku，Kenji Takeuchi. Energy poverty in Ghana：Any progress so far? ［J］. Renewable and Sustainable Energy Reviews，2019，112：853－864.

［26］ 孙威，韩晓旭，梁育填. 能源贫困的识别方法及其应用分析——以云南省怒江州为例 ［J］. 自然资源学报，2014，29 （4）：575－586.

［27］ 李慷，王科，王亚璇. 中国区域能源贫困综合评价 ［J］. 北京理工大学学报（社会科学版），2014，16 （2）：1－12.

［28］ 丁文广，于娟，卜红梅. 甘肃省能源资源禀赋与贫困关系的量化研究 ［J］. 经济地理，2007，06：1025－1029.

［29］ 张兴，乔召旗，林郁. 西部贫困地区农村能源刚性研究——基于滇西北的问卷调查 ［J］. 西南农业学报，2010，26 （3）：948－952.

［30］ Nussbaumer P.，Bazilian M.，Modi V. Measuring energy poverty：Focusing on what matters ［J］. Renewable and Sustainable Energy Reviews，2012，16 （1）：231－243.

［31］ Wang K.，Wang Y.X.，Li K.，Wei Y.M. Energy poverty in China：An index based comprehensive evaluation ［J］. Renewable and Sustainable Energy Reviews，2015，47：308－323.

［32］ Chaudhry M.O.，Faridi M.Z.，Riaz S. Energy Short-fall and Poverty：Evidence from

Pakistan. Pakistan Journal of Social Sciences（PJSS）[J]，2015，35（2）：83－90.

[33] Kim J.S.，Lee I.H.，Ahn Y.H.，Lim S.E.，Kim S.D. An analysis of energy consumption to identify urban energy poverty in Seoul [J]. International Journal of Urban Sciences，2016，20（1）：1－12.

[34] 张忠朝. 农村家庭能源贫困问题研究——基于贵州省盘县的问卷调查 [J]. 中国能源，2014，38（1）：29－33＋39.

[35] 郝宇，尹佳音，杨东伟. 中国能源贫困的区域差异探究 [J]. 中国能源，2014，38（11）：34－38.

[36] 谢美娥. 能源贫困与中国欠发达资源富集区的农村能源建设问题研究——以贵州毕节地区为例 [J]. 经济研究导刊，2010，6（3）：29－31.

[37] 肖运来，顾莉萍，张宏伟. 贫困、能源与环境：贫困县农村炊事能源使用分析 [J]. 华中农业大学学报（社会科学版），2010，12（5）：36－42.

[38] 乔召旗. 西部贫困地区农村发展替代能源研究——基于滇西北的问卷调查 [J]. 农业技术经济，2010，29（4）：78－85.

[39] 梁育填，樊杰，孙威，等. 西南山区农村生活能源消费结构的影响因素分析——以云南省昭通市为例 [J]. 地理学报，2012，79（2）：221－229.

[40] Ürge-Vorsatz D.，Herrero S.T. Building synergies between climate change mitigation and energy poverty alleviation [J]. Energy Policy，2012，49：83－90.

[41] Clancy J.S.，Skutsch M.，Batchelor S. The Gender-Energy-Poverty Nexus：Finding the energy to address gender concerns in development [R]. 2002.

[42] Barnes D.F.，Khandker S.R.，Samad H.A. Energy poverty in rural Bangladesh [J]. Energy Policy，2011，39（2）：894－904.

[43] 唐鑫，廖华，魏一鸣，朱帮助. 国际组织应对能源贫困的方案与行动 [J]. 中国能源，2014，38（4）：30－34.

[44] 赵爽，刘昌海. 新农村建设中能源贫困的制度困境与对策 [J]. 华南农业大学学报（社会科学版），2012，11（2）：14－22.

[45] 李默洁，王璐雯，米志付. 中国消除能源贫困的政策与行动 [J]. 中国能源，2014，38（8）：40－43.

[46] Sagar A.D. Alleviating energy poverty for the world's poor [J]. Energy Policy，2005，33（11）：1367－1372.

[47] Bouzarovski S.，Petrova S.，Sarlamanov R. Energy poverty policies in the EU：A critical perspective [J]. Energy Policy，2012，49：76－82.

[48] 罗国亮，刘涛. 中国西部农村地区的能源贫困与可再生能源资源利用 [J]. 华北电力大学学报（社会科学版），2013，19（6）：6－12.

[49] 吴大鹏. 推动我国农村地区新能源利用的对策研究 [J]. 农村经济，2012，30（6）：94-96.

[50] 李慧琴，胡敬韬. 内蒙古农村地区新能源联合发电系统的优化分析 [J]. 环境与发展，2014，20（4）：14-18.

[51] Pereira M.G., Freitas M.A., da Silva N.F. Rural electrification and energy poverty: empirical evidences from Brazil [J]. Renewable and Sustainable Energy Reviews, 2010, 14（4）：1229-1240.

[52] Bhide A., Monroy C.R. Energy poverty: a special focus on energy poverty in India and renewable energy technologies [J]. Renewable and Sustainable Energy Reviews, 2011, 15（2）：1057-1066.

[53] Obeng G.Y., Evers H.D., Akuffo F.O., Braimah I, Brew-Hammond A. Solar photovoltaic electrification and rural energy-poverty in Ghana [J]. Energy for Sustainable Development, 2008, 12（1）：43-54.

[54] 黄庆波，王孟孟，薛金燕，等. 碳关税对中国制造业出口结构和社会福利影响的实证研究 [J]. 中国人口. 资源与环境，2014，26（3）：5-12.

[55] 李光泗，郑毓盛. 粮食价格调控、制度成本与社会福利变化——基于两种价格政策的分析 [J]. 农业经济问题，2014，35（8）：6-15+110.

[56] 刘瑞明，石磊. 上游垄断、非对称竞争与社会福利——兼论大中型国有企业利润的性质 [J]. 经济研究，2011，57（12）：86-96.

[57] 逯进，陈阳，郭志仪. 社会福利、经济增长与区域发展差异——基于中国省域数据的耦合实证分析 [J]. 中国人口科学，2012，26（3）：31-43+111.

[58] 陈利锋，范红忠. 房价波动、货币政策与中国社会福利损失 [J]. 中国管理科学，2014，31（5）：42-50.

[59] 陈利锋. 异质性雇用成本、社会福利与劳动力市场结构性改革 [J]. 财经研究，2015，60（1）：49-61+131.

[60] 周兴，王芳. 中国城乡居民的收入流动、收入差距与社会福利 [J]. 管理世界，2010，26（5）：65-74.

[61] Mesa-Lago C., Vidal-Alejandro P. The impact of the global crisis on Cuba's economy and social welfare [J]. Journal of Latin American Studies, 2010, 42（4）：689-717.

[62] McKeeargue M. Budget crises, health, and social welfare programmers [J]. Bmj, 2010, 341：77.

[63] Lehnert K., Benmamoun M., Zhao H. FDI inflow and human development: analysis of FDI's Impact on host countries' social welfare and infrastructure [J]. Thunderbird International Business Review, 2013, 55（3）：285-298.

［64］ Tolman R.M.，Himle J.，Bybee D.，et al. Impact of social anxiety disorder on employment among women receiving welfare benefits ［R］. Psychiatric Services，2015.

［65］ 杨爱婷，宋德勇. 中国社会福利水平的测度及对低福利增长的分析——基于功能与能力的视角［J］. 数量经济技术经济研究，2012，29（11）：3－17＋148.

［66］ 欧阳葵，王国成. 社会福利函数与收入不平等的度量——一个罗尔斯主义视角［J］. 经济研究，2014，60（2）：87－100.

［67］ 胡志军. 基于分组数据的基尼系数估计与社会福利：1985—2009 年［J］. 数量经济技术经济研究，2012，29（9）：111－121.

［68］ 赵志君. 收入分配与社会福利函数［J］. 数量经济技术经济研究，2011，28（09）：61－74.

［69］ 万国威. 中国大陆弱势群体社会福利态度研究［J］. 公共管理学报，2015，12（1）：58－69＋155－156.

［70］ 余谦，高萍. 中国农村社会福利指数的构造及实测分析［J］. 中国农村经济，2011，27（7）：63－71＋84.

［71］ 万国威. 我国三类人群社会福利现状的定量研究［J］. 人口学刊，2012，32（3）：42－52.

［72］ 邱东. 探索经济福利测度的可行性和必要性［J］. 统计与信息论坛，2018，33（7）：3－13.

［73］ Fleurbaey M. Beyond GDP：The quest for a measure of social welfare［J］. Journal of Economic Literature，2009，（1）：1029－1075.

［74］ Maudos J.，de Guevara J.F. The cost of market power in banking：Social welfare loss vs. cost inefficiency［J］. Journal of Banking & Finance，2007，31（7）：2103－2125.

［75］ Dolan P.，Tsuchiya A. Determining the parameters in a social welfare function using stated preference data：an application to health［J］. Applied Economics，2011，43（18）：2241－2250.

［76］ Rolf A.，Magne M.，Vito P. Measuring long-term inequality of opportunity［J］. Journal of Public Economics. 2011，95：193–204.

［77］ Hanany E. The ordinal Nash social welfare function［J］. Journal of Mathematical Economics，2008，44，405–422.

［78］ Sethuraman J.，Teo C.P.，Vohra，R.V. Anonymous monotonic social welfare functions［J］. Journal of Economic Theory，2006，128，232–254.

［79］ Keller N. On the probability of a rational outcome for generalized social welfare functions on three alternatives［J］. Journal of Combinatorial Theory，Series A，2010，117，389–410.

［80］ Wada J. A divisor apportionment method based on the Kolm—Atkinson social welfare function and generalized entropy［J］. Mathematical Social Sciences，2012，63，243–247.

［81］ Zaharieva A. Social welfare and wage inequality in search equilibrium with personal contacts［J］. Labour Economics，2013，23，107–121.

[82] Bruce N.; Turnovsky S.J. Social security, growth, and welfare in overlapping generations economies with or without annuities [J]. Journal of Public Economics, 2013, 101, 12–24.

[83] Rousse O.; Sévi B. Citizen's participation in permit markets and social welfare under uncertainty [J]. Environmental Science & Policy, 2013, 27, 215–222.

[84] Kim M.H.; Kim S.P.; Lee S. Social-welfare based task allocation for multi-robot systems with resource constraints [J]. Computers & Industrial Engineering, 2012, 63, 994–1002.

[85] Mæstad O.; Norheim O.F. A universal preference for equality in health? Reasons to reconsider properties of applied social welfare functions [J]. Social Science & Medicine, 2012, 75, 1836–1843.

[86] Schlör H.; Fischer W.; Hake J.F. Measuring social welfare, energy and inequality in Germany [J]. Applied Energy 2012, 97, 135–142.

[87] Lipow J.; Simon J. Military reserves and social welfare [J]. Economic Letter, 2011, 113, 208–210.

[88] Murakami H. Time effect of low-cost carrier entry and social welfare in US large air markets [J]. Transportation Research Part E: Logistics and Transportation Review, 2011, 47, 306–314.

[89] Pirnia M.; Nathwani J.; Fuller D. Ontario feed-in-tariffs: System planning implications and impacts on social welfare [J]. Electricity Journal, 2011, 24, 18–28.

[90] Kanakasabapathy P. Economic impact of pumped storage power plant on social welfare of electricity market [J]. International Journal of Electrical Power & Energy Systems, 2013, 45, 187–193.

[91] 李春杰，程艳从. 电力能效及可再生能源补贴的福利效应分析 [J]. 华北电力大学学报（社会科学版），2011，12（6）：14－17.

[92] Li Hong-ze, Cheng Yan-cong. Study on the social welfare function and its application for electric power universal service based on prospect theory [C]. The 2012 International Conference on Smart Grid and Clean Energy Technologies. Oct. 2012, China: Hong Kong.

[93] 赵会茹，程艳从，李春杰. 基于对偶理论的电力普遍服务社会福利效应分析 [J]. 华东电力，2012，40（3）：0341－0344.

[94] 李春杰，程艳从，赵会茹. 基于效用函数的电力普遍服务综合效用评价 [J]. 电力系统自动化，2012，36（22）：50－54.

[95] 赵会茹，霍慧娟，李春杰. 基于因子分析和 Logistic 回归模型的电力普遍服务受助个体主客观诉求影响因素分析 [J]. 陕西电力，2014，19（8）：65－71.

[96] Zhao H., Guo S., Zhang Q., et al. Social Welfare Evaluation of Electric Universal Service in China: From the Perspective of Sustainability [J]. Sustainability, 2014, 6 (8):

4949 – 4965.

[97] Dinkelman T. The effects of rural electrification on employment：New evidence from South Africa [J]. The American Economic Review，2011，101（7）：3078 – 3108.

[98] Bhattacharyya S.C. Energy access problem of the poor in India：Is rural electrification a remedy? [J] Energy Policy，2006，34（18）：3387 – 3397.

[99] Urmee T.，Harries D.，Schlapfer A. Issues related to rural electrification using renewable energy in developing countries of Asia and Pacific [J]. Renewable Energy，2009，34（2）：354 – 357.

[100] Kanase-Patil A.B.，Saini R.P.，Sharma M.P. Integrated renewable energy systems for off grid rural electrification of remote area [J]. Renewable Energy，2010，35（6）：1342 – 1349.

[101] Shaahid S.M.，El-Amin I. Techno-economic evaluation of off-grid hybrid photovoltaic–diesel–battery power systems for rural electrification in Saudi Arabia—a way forward for sustainable development [J]. Renewable and Sustainable Energy Reviews，2009，13（3）：625 – 633.

[102] Bekele G.，Tadesse G. Feasibility study of small Hydro/PV/Wind hybrid system for off-grid rural electrification in Ethiopia [J]. Applied Energy，2012，97：5 – 15.

[103] Chaurey A.，Kandpal T.C. Assessment and evaluation of PV based decentralized rural electrification：An overview [J]. Renewable and Sustainable Energy Reviews，2010，14（8）：2266 – 2278.

[104] Chaurey A.，Kandpal T.C. A techno-economic comparison of rural electrification based on solar home systems and PV microgrids [J]. Energy Policy，2010，38（6）：3118 – 3129.

[105] Ulrich Nissen，Nathanael Harfst. Shortcomings of the traditional “levelized cost of energy” [LCOE] for the determination of grid parity [J]. Energy，2019，171：1009 – 1016.

[106] 苏剑，周莉梅，李蕊. 分布式光伏发电并网的成本/效益分析 [J]. 中国电机工程学报，2013，50（34）：50 – 56 + 11.

[107] 马艺玮，杨苹，郭红霞，等. 风 – 光 – 沼可再生能源分布式发电系统电源规划 [J]. 电网技术，2012，56（9）：9 – 14.

[108] Egbert Dierker，Hildegard Dierker. Welfare and efficiency in incomplete market economies with a single firm [J]. Journal of Mathematical Economics，2010，45（5）：652 – 665.

[109] Joseph Francois，Hugo Rojas-Romagosa. Household inequality，social welfare，and trade [J]. Journal of Development Economics，2011，96（2）：422 – 431.

[110] Vandyck T.，Van Regemorter D. Distributional and regional economic impact of energy taxes in Belgium [J]. Energy Policy，2014，72：190 – 203.

[111] Neyapti B.，Bulut-Cevik Z. B. Fiscal efficiency，redistribution and welfare [J]. Economic

Modelling，2014，41：375－382.

[112] Guzman L. A.，de la Hoz D.，Monzón A. Optimal and Long-Term Dynamic Transport Policy Design：Seeking Maximum Social Welfare through a Pricing Scheme [J]. International Journal of Sustainable Transportation，2014，8（4）：297－316.

[113] Mazumder D. B. Biofuel subsidies versus the gas tax：The carrot or the stick? [J]. Energy Economics，2014，44：361－374.

[114] 谢乔昕，孔刘柳. 社会公平、经济增长与财政支出关系探析—基于社会福利函数的角度 [J]. 山东财经学院学报，2011，18（3）：59－63.

[115] 彭开丽. 农地城市流转的社会福利效应——基于效率与公平理论的实证分析 [D]. 华中农业大学，2008.

[116] 程艳从，李春杰，李海滨. 电力普遍服务公平与效率协调机制设计 [J]. 水电能源科学，2012，30（7）：197－199.

[117] 程艳从，李春杰，崔爱巧. 电力普遍服务社会福利漏损研究 [J]. 科技和产业. 2012，12（3）：10－13.

[118] Li Hongze，Cheng Yancong，Li Chunjie. Incentive mechanism design of the cost compensation in electricity universal service [J]. Advanced Materials Research，ICEEP：2013：3118－3121.

[119] H. Cremer，F. Gasmi，A. Grimaud and J. J. Laffont. The economics of universal service：theory [R]. The Economic Development Institute of the World Bank，1998.

[120] H. Cremer，F. Gasmi，A. Grimaud，J. J. Laffont. Universal service：an economic perspective [J]. Annals of Public and Cooperative Economies，2001，72（1）：5－42.

[121] Tommaso M.，Valletti. Introduction：Symposium on universal service obligation and competition [J]. Information Economics and Policy，2000，12：205－210.

[122] Rossi. Universal Service in competitive retail electric markets：whether the duty to serve? [J] Journal of Regulatory Economics，2002，1（2）：169－190.

[123] Valletti T.M.，Hoernig S.，Barros P.P. Universal service and entry：the role of uniform pricing and coverage constrains [J]. Journal of Regulatory Economics，2002，21（2）：169－190.

[124] Helene Bourguignon，Thomas Cazenave. Service quality constraint and competition [J]. Revue Françoise deonomie，2006：125－151.

[125] George R. G. Celarke. Scott J. Wallsten. Universal service providing infrastructure service to rural and poor urban consumers. Development Research Group Regulation and Competition policy [R]. World Bank，2002.

[126] 朱成章. 电力的公共货物性质与普遍服务 [J]. 大众电力. 2004，20（5）：3－6.

［127］J.-J.拉丰，张昕竹. 发展中国家普遍服务义务的经济分析［J］. 当代财经，2004，25（1）：5-13.

［128］齐新宇. 普遍服务与电力零售竞争改革［J］. 产业经济研究，2004，2（2）：39-44.

［129］王俊豪. 中国垄断性产业普遍服务政策探讨——以电信、电力产业为例［J］. 财贸经济，2009，30（10）：120-125.

［130］John C. Panzar. A methodology for measuring the costs of universal service obligations［J］. Information Economics and Policy，2000，12：211-220.

［131］Antonio Estache，Jean-Jacques Laffont，Xinzhu Zhang. Universal service obligations in LDCs：the effect of uniform pricing on infrastructure access［J］. Journal of Public Economics，2006，90（8）：1155-1179.

［132］Scott J Wallsten. Reverse auctions and universal telecommunications service：lessons from global experience［J］. Federal Communications Law Journal，2008，61：373-394.

［133］Gary Madden. Economic welfare and universal service［J］. Telecommunications Policy，2010，34（1-2）：110-116.

［134］Christian Jag. Tendering universal service obligations in liberalized network industries［J］. Journal for Competition and Regulation in Network Industries. 2011，10(4)：313-332.

［135］Damian Conway，Blake Robinson，Patience Mudimu，Tawanda Chitekwe，Kweku Koranteng，Mark Swilling. Exploring hybrid models for universal access to basic solar energy services in informal settlements：Case studies from South Africa and Zimbabwe［J］. Energy Research & Social Science，2019，56：101202.

［136］葛翀. 激励相容视角下普遍服务补偿机制问题研究［J］. 求索，2011，31（9）：87-90.

［137］高伟娜. 垄断性产业普遍服务投资存在的问题及对策研究［J］. 经济论坛，2011，18（2）：136-140.

［138］吴立峰，杨乃定，杨芳. 邮政普遍服务成本测算研究［J］. 当代经济科学，2009，31（7）：76-79.

［139］宋绢. 邮政普遍服务补偿机制研究［D］. 北京邮电大学. 2011.

［140］张昕竹. 普遍服务机制先行［J］. 国家电网. 2007，2（12）：87.

［141］王俊豪. 中国电力产业的普遍服务及其管制政策［J］. 经济与管理研究，2008，29（8）：31-37.

［142］李国清. 我国电力普遍服务成本核算方法及政策建议［J］. 中国电力教育，2011，27（6）：78-79.

［143］李俊雄，李龙，黎灿兵，等. 智能电网建设环境下电力普遍服务的实施［J］. 电力需求侧管理，2011，13（4）：62-65.

［144］吴昌南. 发电企业参与电力普遍服务的规制及补贴方案［J］. 生产力研究，2010，25

（11）：195－ 196.

［145］王俊豪，高伟娜. 中国电力产业的普遍服务及其管制政策［J］. 经济与管理研究，2008，29（1）：31－37.

［146］蔡建刚. 价格歧视及其在电力工业的应用与评价——兼谈价格歧视与电力普遍服务的对立性［J］. 价格月刊，2014，35（2）：24－29.

［147］Egbert Dierker，Hildegard Dierker. Welfare and efficiency in incomplete market economies with a single firm［J］. Journal of Mathematical Economics，2010，45（5）：652－665.

［148］Joseph Francois，Hugo Rojas-Romagosa. Household inequality，social welfare，and trade［J］. Journal of Development Economics，2011，96（2）：422－431.

［149］王娜，冯均科. 经济快速增长、社会福利函数和公共投资项目绩效审计［J］. 西安财经学院学报，2011，24（6）：43－49.

［150］谢乔昕，孔刘柳. 社会公平、经济增长与财政支出关系探析—基于社会福利函数的角度［J］. 山东财经学院学报，2011，18（3）：59－63.

［151］彭开丽. 农地城市流转的社会福利效应一基于效率与公平理论的实证分析［D］. 华中农业大学，2008.

［152］桂彬翔. 基于哈伯格模型下的湖南省电力行业社会福利损失分析［J］. 改革与开放，2010，19（3）：126－127.

［153］王晓彦，胡德宝. 中国汽车产业市场势力与福利损失测度［J］. 财经问题研究，2018，420（11）：42－49.

［154］钟春平. 公共政策及其效率：信息与福利损失［J］. 征信，2018，36（6）：10－16.

［155］陆莹. 中国发电行业市场势力及福利损失效应研究——以上市企业为例［J］. 科技与管理，2018，20（3）：58－62.